TABLE DES MATIERES

© HATIER PARIS MAI 1986
Toute représentation, traduction, adaptation ou reproduction, même partielle, par tous procédés, en tous pays, faite sans auto-
risation préalable est illicite et exposerait le contrevenant à des poursuites judiciaires   Réf. : loi du 11 mars 1957.
ISBN 2.218 07390.8

INTRODUCTION

Ce manuel a été conçu tout spécialement en vue d'assurer la préparation au CER-TIFICAT PRATIQUE DE FRANÇAIS COMMERCIAL de la CHAMBRE DE COMMERCE & D'INDUSTRIE DE PARIS, d'étudiants de 3e année de collège. Pour ce faire, il est basé à 90 % sur les annales de cet examen, depuis sa création. La préparation de l'examen pose une question : jusqu'où peut-on, doit-on aller dans la « technicité » des affaires ?

On peut se référer à la définition qui nous est donnée dans la brochure (page 1) « Examens de français des affaires pour étrangers » de la Chambre de Commerce & d'Industrie de Paris, je cite : « Cet examen, de premier degré, sanctionne de bonnes connaissances de la langue courante, complétées par des notions de la langue des affaires. » Nous trouvons, plus loin (page 6) sous la rubrique **Programme :** « Le bon maniement du français général (connaissances des structures écrites et orales de notre langue et d'un lexique courant - fin niveau 2) sera complété par de bonnes notions du :

Vocabulaire commercial usuel : mesures, monnaies, publicité, relations télépho-niques, télégrammes, télex..., situations de la vie quotidienne : à la banque, à la poste, au magasin... ; rédaction de lettres simples ; etc.

Vocabulaire économique essentiel : celui couramment employé par les organes de presse pour grand public. »

Afin de nous éclairer davantage, qu'il me soit permis de citer ici M. Jacques Cartier, Directeur des Relations Internationales des Services d'enseignement de la CCIP : « Le Certificat Pratique a été créé pour sanctionner de bonnes connaissances de la langue courante complétées par une bonne connaissance de la langue des affaires... » (Discours prononcé au Colloque organisé par la Commission d'Amérique du Nord de la FIPF sur le Français des Affaires, à Princeton University, le 17 mars 1979).

« Ce certificat atteste de bonnes connaissances de la langue courante complétées par des notions de la langue des affaires. Il s'applique davantage à une connais-sance de la langue française pratique utilisée dans un environnement concret com-mercial et économique » (Discours prononcé au Colloque organisé par la Com-mission d'Amérique du Nord de la FIPF sur le Français des Affaires, à Los Ange-les, University of Southern California, les 11 et 12 avril 1980).

« Il est bien certain que l'étude de la langue reste prioritaire, mais que cette même langue devient également le support, le vecteur de connaissances susceptibles de préparer à une spécialisation ultérieure. » (Discours prononcé au Colloque orga-nisé par la Commission d'Amérique du Nord de la FIPF à Ypsilanti, Eastern Michi-gan University, les 22 et 23 octobre 1981).

Quelles sont ces bonnes notions ? Et s'agit-il uniquement de notions ? L'étude des annales permet d'apporter une réponse à ces questions et l'on s'aperçoit que les notions sont parfois bien approfondies...

Pour trancher la question, je crois que, plutôt que de notions, je parlerai d'opti-ques différentes pour caractériser le Certificat Pratique par rapport au Diplôme Supérieur de Français des Affaires.

En employant une image « nautique », je dirai que le point de vue de l'étudiant au niveau du Certificat Pratique est celui du passager, curieux et intéressé, qui visite le bateau de la cale à la passerelle, en posant des questions : qu'est-ce que c'est ? A quoi cela sert-il ? Comment est-ce que cela marche ? Pourquoi fait-on cela ? etc. A la fin de la croisière, il a appris beaucoup de choses et connaît un vocabulaire étendu, sans pouvoir pour autant se substituer au capitaine. Le point de vue du candidat au Diplôme supérieur étant l'optique du capitaine qui, lui, doit savoir tout ce qui se passe à bord, mais qui doit aussi être capable de diriger le navire, de l'amener à bon port, en évitant les écueils et en sachant ce qu'il convient de faire lorsque surviennent des difficultés imprévues.

Optiques différentes sur un même corpus.

FRENCH
FOR BUSINESS
LE FRANÇAIS DES AFFAIRES

Claude Le Goff,

Professeur associé,
Directrice de la section « Français » de MIBS
(Master in International Business Studies)
University of South Carolina.

C'est pourquoi j'ai choisi la fiction du stagiaire qui visite la firme et pose des questions, s'intéresse à tous les rouages de l'entreprise, mais reste toujours « en dehors », même s'il « aide », il ne sera jamais impliqué dans la gestion, ni appelé à prendre des décisions, à prendre « la barre ». Dans certains cas, il m'a semblé nécessaire de donner quelques explications un peu poussées pour ne pas avoir un simple catalogue de termes techniques, mais sans toutefois entrer dans le domaine fonctionnel proprement dit.

Ce manuel présente aussi l'originalité d'être « à deux vitesses » pour tenir compte de l'hétérogénéité de ces classes préparatoires qui ne sont pas composées que de « majors » de français, car elles attirent aussi des étudiants de l'Ecole de Commerce, des spécialistes de journalisme, de communications, d'affaires internationales dont le niveau de français n'est pas toujours aussi bon que celui des spécialistes de français. Toute l'information passe donc sous forme de dialogue dans un français courant de niveau assez facile, alors que des textes authentiques présentés sous forme de « lectures » permettent aux spécialistes de français de travailler sur des morceaux nettement plus difficiles.

Autre originalité, quelques documents commerciaux ont été ajoutés au manuel afin de permettre aux étudiants d'avoir en main des chèques bancaires, postaux, des traites, des télégrammes, et de pouvoir les remplir correctement.

Une longue expérience de cet enseignement m'a amenée à concevoir une certaine souplesse d'utilisation de ce manuel pour faire face aux besoins très divers de ces classes qui, d'années en années, se suivent sans pourtant se ressembler !

Chaque leçon est prévue pour une semaine de travail au niveau collégial. Le professeur aura toute liberté de diviser le dialogue en 2 ou 3 sections, ou de le faire étudier dans son ensemble, selon le niveau de sa classe, il pourra exiger la mémorisation de tout ou partie du vocabulaire, quitte à faire des vérifications fréquentes par la suite. La quantité d'exercices, tirés en presque totalité des examens, permet au professeur de faire un choix, d'en assigner certains par écrit, d'interroger oralement sur d'autres et d'en garder pour des tests et des examens. Il est souhaitable de faire un test toutes les quatre leçons.

Le niveau de langue des étudiants est très important, car la préparation ne laisse pas au professeur le temps d'enseigner de la grammaire de façon systématique, c'est pourquoi il est conseillé d'imposer comme « prerequisites » à l'inscription dans cette classe, un cours (si possible avancé) de grammaire et composition et un cours de conversation. S'il s'avère néanmoins nécessaire de faire de la grammaire corrective, il y aura lieu d'adjoindre, à la demande, une grammaire comme, par exemple, le Nouveau Bescherelle ou la Grammaire française de base, publiés chez le même éditeur.

Il est aussi vivement recommandé d'utiliser Le Journal français d'Amérique pour la discussion des articles sur l'économie et les affaires.

Si les commentaires de texte semblent trop ardus au début du cours (ce sont des textes d'examen normalement donnés à la fin du semestre), il convient que le professeur guide les étudiants d'assez près au commencement, pour les laisser ensuite « trotter devant lui », la bride sur le cou, quitte à ne commencer à les noter que vers le milieu du semestre.

Très souvent, des collègues des Ecoles Secondaires m'ont demandé dans les Colloques, si je pensais qu'il leur serait possible de dispenser cet enseignement à leurs élèves. Je crois qu'avec de bons étudiants on doit pouvoir utiliser le manuel sur deux semestres, et peut-être même présenter les meilleurs sujets à l'examen. Il faut cependant souligner une fois de plus que cet enseignement se fonde sur une bonne connaissance de la langue française, de la culture et de la civilisation mais qu'il ne saurait en aucun cas s'y substituer.

Claude Le Goff

1.
La banque

Paul Jones, étudiant américain, titulaire d'un M.B.A., est en France pour faire des stages dans des firmes industrielles et commerciales et se familiariser avec les techniques françaises.

Il va à la banque, il y a une agence de la Société Générale à deux pas du foyer d'étudiants où il réside.

Les clients font la queue aux guichets. Paul attend son tour.

Paul : Mademoiselle, j'ai un chèque à toucher...

La guichetière : Il faut endosser votre chèque, Monsieur, c'est-à-dire écrire « Pour acquit » au dos et signer.

Paul : Voici.

La guichetière : Il faut remplir un bordereau de versement à votre compte, en voici un.

Paul : Mais, je n'ai pas encore de compte, je vais justement en ouvrir un...

La guichetière : Si vous n'avez pas encore de compte, vous ne pouvez pas toucher ce chèque, il est pré-barré.

Paul : Qu'est-ce que cela veut dire ?

La guichetière : Vous voyez ces deux barres parallèles en travers du chèque, cela veut dire que ce chèque doit être déposé sur un compte : on ne peut pas vous donner d'argent liquide.

Paul : Que c'est compliqué ! Alors, je vais commencer par ouvrir un compte, j'ai 3 000 dollars.

La guichetière : Mais, Monsieur, je ne peux pas accepter des dollars pour ouvrir un compte en francs français. Il faut d'abord changer vos dollars. Attendez, je vais me renseigner... »

Quelques instants plus tard, la jeune fille revient :

La guichetière : « Excusez-moi, Monsieur, de vous avoir fait attendre, mais je suis seulement en stage dans cette banque, et je ne connais pas encore bien tous les services, alors je préfère demander.

Paul : Vous êtes stagiaire, vous aussi !

La guichetière : Oui, pourquoi ?

Paul : C'est merveilleux, moi aussi ! Je suis venu en France pour faire des stages dans l'industrie et le commerce ! Mais, dites-moi ce que je dois faire de mon chèque.

La guichetière : C'est l'heure de la fermeture, maintenant...

Paul : Permettez-moi de vous inviter à prendre un verre, vous m'expliquerez le fonctionnement de la banque.

La guichetière : D'accord. Je vais vous rejoindre à la terrasse du café en face dans quelques minutes.

A la terrasse du café.

Paul : Je ne me suis pas présenté : je m'appelle Paul Jones, j'ai une maîtrise en administration commerciale et je viens de New York.

La jeune fille : Je m'appelle Virginie Lefranc, j'ai un diplôme d'H.E.C. et j'habite Paris.

Paul : Vous savez, la banque, en Amérique, c'est beaucoup plus simple ! Le même employé peut tout faire : encaisser un chèque, verser de l'argent...

Virginie : Ouvrir un compte ?

Paul : Non, pour cela il faut s'adresser à la personne chargée des nouveaux comptes, il faut remplir un formulaire avec toutes sortes de renseignements, déposer sa signature et une somme d'argent pour ouvrir le compte et l'on reçoit un petit chéquier provisoire en attendant que les chèques définitifs soient imprimés avec votre nom, votre adresse, votre numéro de téléphone et aussi votre numéro de compte...

Virginie : Ici, aussi, sauf que vous n'avez pas de chèques provisoires, mais vous pouvez retirer de l'argent de votre compte avec des chèques omnibus en attendant votre carnet de chèques qui vous est envoyé une dizaine de jours après l'ouverture de votre compte.

Paul : Tout à l'heure vous m'avez dit que mon chèque était pré-barré, pourquoi fait-on cela ?

Virginie : Pour votre protection. C'est pour décourager les voleurs.

Paul : Je ne comprends pas.

Virginie : Si vous perdez votre portefeuille et votre chéquier, celui qui les trouve, ou celui qui les a volés, ne peut plus se présenter à la banque pour encaisser un chèque en imitant votre signature, car il ne peut pas obtenir d'argent liquide et s'en aller. Il doit déposer ce chèque sur son compte. S'il a un compte, il est connu. On peut suivre le chèque et retrouver son bénéficiaire.

Paul : Ah, je comprends, c'est comme aux Etats-Unis lorsqu'on écrit « For deposit only » au verso d'un chèque avant de l'endosser.

Virginie : Oui, mais comme les chèques sont pré-barrés depuis 1978, c'est-à-dire que les barres sont imprimées sur tous les chèques, on est sûr de ne pas oublier.

Paul : On ne peut pas faire de chèque au porteur alors ?

Virginie : Si, mais le porteur doit avoir un compte. Il peut endosser le chèque au profit d'un autre bénéficiaire, et ainsi de suite, mais le dernier devra déposer le chèque sur son compte. Ainsi, on pourra toujours remonter d'endossataire en endossataire jusqu'au premier bénéficiaire. En tout cas, ce qu'il ne faut pas faire, c'est un chèque en blanc !

Paul : Qu'est-ce que c'est ?

Virginie : C'est un chèque signé, mais sans montant indiqué.

Paul : Oui, bien sûr, le bénéficiaire peut écrire le montant qu'il veut ! A ce propos, comment appelle-t-on un « mauvais » chèque ?

Virginie : Vous voulez dire un chèque dont le montant est supérieur à la somme que vous avez en dépôt à la banque ? C'est un chèque sans provision. C'est interdit par la loi et vous pouvez passer en correctionnelle pour émission de chèque sans provision, c'est considéré comme un acte d'escroquerie.

Paul : En correctionnelle ?

Virginie : Oui, vous êtes passible d'une peine de 1 à 5 ans de prison et le tribunal correctionnel peut également vous condamner à une amende de 3 600 à 36 000 francs.

Paul : Ah, voici le garçon, que désirez-vous boire ?

Virginie : Un Coca.

Paul : Alors, deux Cocas, s'il vous plaît. C'est ainsi que l'on dit « Coke » en France ?

Virginie : C'est plus vite dit que Coca-Cola ! Demain, dès l'ouverture de la banque, je vais prendre rendez-vous pour vous avec le sous-directeur de l'Agence, Mme Leblanc, pour votre ouverture de compte, comme cela vous n'attendrez pas. Il faudra apporter votre carte d'identité nationale, enfin, je veux dire, votre passeport, dans votre cas, ainsi qu'un certificat de domicile ou une quittance de loyer et une feuille de paye.

Paul : Mais, je n'ai pas tout cela !

Virginie : En tout cas, il faut faire la preuve que vous êtes stagiaire et que vous demeurez dans un foyer d'étudiants. De toutes façons, vous allez déposer 3 000 dollars, enfin l'équivalent en francs français, c'est une provision suffisante.

Paul : Merci, Virginie, pour tous ces renseignements, j'ai l'impression que maintenant, je comprends beaucoup mieux le système bancaire français.

Virginie : Merci, Paul, pour ce bon Coca, et à demain.

Le lendemain, dans le bureau de Mme Leblanc.

Mme Leblanc : Vous avez maintenant un compte dans notre banque. Nous vous enverrons un relevé bancaire deux fois par mois. En plus des avantages bien connus que votre qualité de client vous confère, je désire attirer votre attention sur d'autres services de la banque. Nous pouvons, par prélèvement automatique, régler pour vous vos factures de gaz, d'électricité, votre redevance de téléphone, votre taxe de télévision, votre loyer etc... sans que vous ayez à vous en préoccuper. Voici des R.I.B., des relevés d'identité bancaire, que vous pourrez remettre aux administrations intéressées si vous voulez bénéficier de ce service. De même vous pouvez en donner un à votre employeur pour que votre salaire soit viré directement à votre compte. Si vous êtes temporairement gêné financièrement, la banque peut vous consentir un découvert, c'est-à-dire que nous honorerons vos chèques, même si la provision est insuffisante, moyennant un intérêt, bien entendu. J'attire aussi votre attention sur notre service du portefeuille : un expert financier peut vous conseiller dans vos investissements, dans le placement de vos disponibilités et effectuer vos transactions boursières, c'est-à-dire vos achats et ventes d'actions et d'obligations. Je peux aussi vous conseiller un très bon placement : notre contrat épargne-logement à 7 % d'intérêts nets d'impôts.

Paul : Merci beaucoup, Madame, mais je ne suis ici que temporairement.

Paul redescend du bureau de Mme Leblanc, tout joyeux :

Paul : Voilà, c'est fait, j'ai un compte ouvert maintenant, grâce à vous. Merci, Virginie ! Je vais même avoir une Carte Bleue qui, à ce que j'ai compris, est non seulement une carte de crédit, mais aussi une carte qui va me permettre d'avoir accès aux D.A.B., aux distributeurs automatiques de billets, 24 heures sur 24 et de tirer jusqu'à 1 500 francs par semaine où que

je me trouve en France ! Mais, je ne sais pas si je vais m'en servir...

Virginie : Pourquoi ? C'est très pratique !

Paul : Mais, je n'aurai plus le plaisir de vous voir ! En attendant, voici mon chèque endossé à verser au crédit de mon compte et voici un chèque omnibus de 500 francs à mon ordre.

Virginie : Parfait, il n'y a plus de problème. Voici votre reçu.

Paul : Et mon argent ?

Virginie : Il faut attendre que le caissier vous appelle. Quand ce sera votre tour, vous irez à la caisse pour toucher votre argent. Au revoir Paul.

Paul : Merci. Au revoir Virginie, et à bientôt, j'espère.

comment utiliser
CAISSE-ECLAIR

L'utilisation de Caisse Eclair est simple. Il suffit de suivre les indications qui s'inscrivent sur le cadran lumineux.

1.

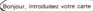

Bonjour, introduisez votre carte

2.

Composez votre code confidentiel

3.

Choisissez le montant désiré

4.

Prenez les billets

5.

Veuillez retirer votre carte - Merci

V
VOCABULAIRE

faire la queue : *to stand in line*
un guichet : *a window (in a bank)*
toucher un chèque : *to cash a check*
le guichetier : *the teller*
endosser : *to endorse*
remplir : *to fill*
un bordereau de versement : *a deposit slip*
un compte : *an account*
l'argent liquide (m) : *cash*
un stage : *an internship*
un(e) stagiaire : *an intern*
la fermeture : *closing time*
prendre un verre : *to have a drink*
H.E.C. : *Ecole des Hautes Etudes Commerciales, one of the most famous French graduate schools of business.*
encaisser (un chèque) : *to cash (a check)*
verser : *to pay*
un formulaire : *a form*
déposer sa signature : *to give an authorized signature*
un chéquier : *a check-book*
un carnet de chèques : *a check-book*
un chèque omnibus : *a counter check*
le bénéficiaire : *the beneficiary*
au verso : *on the back*
au porteur : *to the bearer*
un endossataire : *an endorsee*
un chèque en blanc : *a blank check*
le montant : *the amount*
un chèque sans provision : *a check with insufficient funds*
passer en correctionnelle : *to appear in a district court for criminal cases*
une émission de chèque sans provision : *(writing) bad checks*

une escroquerie : *swindling*
passible de : *liable to*
une peine : *a penalty, punishment, sentence*
une amende : *a fine*
une carte d'identité nationale : *an I.D. card issued by the Police Headquarters (Préfecture de Police)*
un certificat de domicile : *is delivered by the Police station or the townhall to verify your address*
une quittance de loyer : *a rent receipt*
une feuille de paye : *a payroll sheet*
faire la preuve : *to show proof*
un relevé bancaire : *a bank statement*
attirer l'attention de... sur... : *to call sb's attention to...*
le prélèvement automatique : *automatic deduction*
une facture : *an invoice, a bill*
une redevance : *a tax, dues*
le loyer : *rent*
le salaire : *salary, wages*
virer : *to transfer*
un découvert : *an overdrawn account*
consentir un découvert : *to grant an overdraft*
honorer : *to honor, meet, accept*
un intérêt : *an interest*
le service du portefeuille : *investment department*
un investissement : *an investment*
un placement : *an investment*
les disponibilités (f) : *available funds, liquid assets*
une transaction boursière : *stock exchange transaction*
une action : *share, stock*
une obligation : *a bond*
épargne-logement : *a special savings plan to buy a house*
net d'impôt : *tax-free*
une carte de crédit : *a credit card*
un distributeur automatique de billets / D.A.B. : *automatic teller machine, A.T.M.*
un reçu : *a receipt*
le caissier : *the cashier*
la caisse : *the cashier's window*

QUESTIONS ORALES

1. Qui est Paul Jones ?
2. Pourquoi est-il en France ?
3. Où habite-t-il ?
4. Comment appelle-t-on un(e) employé(e) de banque qui prend soin des clients derrière un guichet ?
5. Pourquoi la guichetière va-t-elle se renseigner ?
6. Pourquoi les chèques sont-ils pré-barrés maintenant ?

7. Qu'est-ce qu'un portefeuille bancaire ?
8. Peut-on aller en prison si on émet des chèques sans provision en Amérique ?
9. Comment dit-on « Coke » en français ?
10. Quels sont les autres services de la banque ?
11. Pourquoi est-ce pratique d'avoir une Carte Bleue ?
12. Est-ce le même employé qui prend le chèque à encaisser et qui donne de l'argent ?

EXERCICES ECRITS

1. Terminez la phrase de façon significative :

1. Il est défendu d'émettre un chèque . . . .
   - barré
   - en blanc
   - au porteur
   - sans provision

2. Certaines banques envoient tous les jours . . . .
   . . . . . à leurs clients.
   - une identification
   - un relevé bancaire
   - un chéquier
   - un chef-comptable

3. Le chèque est essentiellement un moyen de . . . . . .
   . . . .
   - vérification
   - émission
   - règlement
   - présentation

4. Pour . . . . un chèque, il suffit de tracer
   sur le chèque deux traits parallèles.
   - annuler
   - barrer
   - valoriser
   - encaisser

5. Notre banque finance 90 % des . . . .
   dans le secteur agricole.
   - bilans
   - intérêts
   - prêts
   - revenus

6. C'est en . . . . que vous pouvez constituer
   un patrimoine à votre banque.
   - économisant
   - épargnant
   - dilapidant
   - dépensant

7. De nombreux étudiants font pendant leurs vacances
   scolaires . . . . dans une entreprise.
   - une tentative
   - un emploi
   - un stage
   - une visite

8. Comme je n'avais pas d' . . . . je l'ai payé
   avec un chèque bancaire
   - avances
   - espèces
   - acomptes
   - acquits

9. Il est poursuivi parce que son chèque était
   . . . .
   - à découvert
   - barré
   - sans provision
   - consigné

10. Le compte en banque donne droit à l'utilisation d'un
    . . . .
    - ordre de virement
    - carnet de chèques
    - paiement
    - découvert

2. Mettez les phrases suivantes au pluriel :

1. N'inscris pas la somme, fais-moi un chèque en blanc.
2. Je règle la taxe de télévision, la redevance du téléphone
et mon loyer par prélèvement automatique.
3. Il a déposé son argent à la banque.

3. Complétez les phrases ci-dessous :

1. Veuillez vous . . . . à ce bureau . . . .
. . . . . vous donnera . . . . les informations
nécessaires à . . . . sujet.
2. Si j'étais certain de recevoir cet argent . . . .
. . . . .

4. Faites une phrase en employant les mots suivants :

- Banques - multiplier - agences.
- Chèque - encaisser - banque.

5. Lisez la phrase suivante puis COMPLETEZ la seconde phrase pour qu'elle ait le même sens que la première :

Les banques sont <u>disposées à donner leur appui.</u>
Les banques sont . . . . à . . . .

6. Vrai ou faux ?

1. "Payer en liquide" signifie
"payer par chèque" | VRAI | FAUX |
2. Un chèque en blanc ne
mentionne pas le nom du
bénéficiaire | VRAI | FAUX |
3. L'endossataire est celui
qui signe le chèque | VRAI | FAUX |

7. Donnez un synonyme des mots suivants :

épargner :
financer :

8. Donnez un antonyme des mots suivants :

emprunt ≠
débiteur ≠

9. Version :

1. C'est leur banquier qui leur a conseillé d'acheter des
obligations et des actions.

2. Julie a fait un bon placement, elle a souscrit un contrat d'épargne-logement à 7 % d'intérêts, nets d'impôts.

3. La réforme du système bancaire doit favoriser les investissements productifs et renforcer la productivité
industrielle.

4. Où que vous soyez en France, vous pouvez retirer
jusqu'à 1 500 francs d'argent liquide par semaine avec
notre Carte Bleue.

5. Au fur et à mesure que se développent le commerce
et l'industrie, les banques ont vu leur rôle s'accroître
prodigieusement.

6. Malgré de nombreux rappels, je n'ai toujours pas reçu
de relevé de compte depuis mon dernier retrait.

7. La carte de l'American Express est acceptée dans des
milliers de magasins partout dans le monde.

8. Je vais demander à ma banque de me prêter une partie de la somme nécessaire.

9. Ils auront à rembourser leur emprunt avant la fin de l'année.

10. Je n'ai pas tiré sur mon compte depuis un mois.

10. Thème :

1. Société Générale is a leading French bank providing a comprehensive range of international banking services in the world.

2. I am Ron Davis, writing to you on behalf of Citibank, to invite you to a top level round table discussion next month.

3. Lloyd's has always been one of the best known financial institutions in the world.

4. We send out the accounts at the end of every month.

5. The trading profits of the bank and its subsidiaries for the year ended 31 December 1985 were $ 195,3 million.

6. You buy with an account card so there is no need to carry cash or write out cheques.

7. We supply medium and long term financing in yen or other currencies.

8. Banks provide their customers with letters of credit and travellers cheques.

9. Savings account earn a 5.8% interest.

10. The last decade had seen increasing competition between banks and other financial institutions and the development of new financial techniques.

11. Vous devez la somme de F 1 470,35 à Tourisme Total, votre agence de voyages. Etablissez, en règlement, le chèque ci-dessous.

BNP	BANQUE NATIONALE DE PARIS	B.P.F. . . . .
F.	PAYEZ CONTRE CE CHÈQUE NON ENDOSSABLE, SAUF au profit d'une banque, d'une caisse d'épargne	
	ou d'un établissement assimilé LA SOMME DE	
Ordre :	. . . .	
. . . .	A l'ordre de	
Date :		A. . . . . , le. . . . .
	Payable BNP Champs-Elysées	
N° 892 101	CHÈQUE N° 892 101	

12. Lors de la rédaction de ce texte, un certain nombre de mots ont été « effacés ».

Avant l'impression définitive, COMPLETEZ LE TEXTE à l'aide des mots donnés ci-dessous dans l'ordre alphabétique :

compte	équivalent	profit	talons	valables
confidentiel	portefeuille	réclamation	trace	voleur

LES CONSEILS DU BANQUIER

Ne conservez pas sur vous, bien plié au creux de votre . . . ., un chèque déjà signé que le . . . . éventuel n'aurait plus qu'à remplir à son . . . .

Inscrivez soigneusement les . . . . de vos chéquiers de manière à pouvoir facilement retrouver la . . . . de chaque chèque.

Chaque fois que vous entamez un nouveau chéquier, notez-en les numéros sur un papier séparé, surtout quand vous utilisez plusieurs chéquiers en même temps, en compte-joint par exemple.
Vérifiez vos relevés de . . . . dès que vous les recevez. Le délai de . . . . n'est que de un mois ; au-delà, vos observations risquent de ne plus être . . . .
Une carte bleue est l'. . . . . d'un chéquier. N'inscrivez jamais sur la carte elle-même le numéro de code . . . . qui vous permet d'utiliser les distributeurs automatiques.

SOCIÉTÉ GÉNÉRALE
RELEVÉ D'IDENTITÉ BANCAIRE

A remettre à tout organisme demandant vos références
bancaires pour éviter retards ou erreurs d'exécution.

Cadre réservé au destinataire du R.I.B.

1103190J0000801 1

Titulaire du compte

LIBRAIRIE A. HATIER

Domiciliation

Agence
SG U CX ROUGE PARIS

Code banque	Code guichet	Numéro de compte
30003	03190	000200160

La direction de votre agence est à votre disposition
pour tout renseignement que vous souhaiteriez den
sur le présent relevé.

SOCIÉTÉ GÉNÉRALE

COMPTE D'ENTREPRISE

	du	au	B.P.F.
1103190J0000801 1	21 05 85		

REPORT

SOLDE

MONTANT
DU CHÈQUE

SOLDE
A REPORTER

Date J M	Nature de l'opération*					Valeur J M A
21 05	EFFETS DOMICILIES					20 05 85
21 05	VIREMENT POSTAL					22 05 85
21 05	COMMISSION D'ENCAISS					14 06 85
21 05	COMMISSION D'ENCAIS					04 06 85
21 05	PAIEMENT CHEQUE...					19 05 85
21 05	PAIEMENT CHEQUE..					19 05 85
21 05	PAIEMENT CHEQUE N					19 05 85
21 05	PAIEMENT CHEQUE					19 05 85
21 05	PAIEMENT CHEQUE					19 05 85
21 05	PAIEMENT CHEQUF					19 05 85
21 05	PAIEMENT CHEQU					19 05 85
21 05	PAIEMENT CHEQ					19 05 85
21 05	PAIEMENT CHEC					19 05 85
21 05	PAIEMENT CHE					
21 05	PAIEMENT CH					
21 05	CHEQUE NUMF					
22 05	PRELEVEMEN					

CIC PARIS — Crédit industriel et commercial de P

NO: 6251206 SERIE: C 09/1985

payez contre ce chèque
non endossable sauf au profit d'une banque, d'une caisse d'épargne ou d'un établissement assimilé

le

à
Payable à
77370 Nangis

MELLE JACQUELINE DUMAS
175, rue de Paris
77000 MELUN

001234 J

Compensable
A MELUN
n° du chèque

Crédit

‖6251206 ‖000000066171‖620612697390‖

BANQUE NATIONALE DE PARIS

N° DU SIÈGE

DATE D'ENTRÉE EN RELATION

CLASSEMENT

NOM DU SIÈGE

NOM ET PRÉNOMS OU DÉNOMINATION - Début.

NOM ET PRÉNOMS OU DÉNOMINATION - Suite

TYPE COMPTE — NUMÉRO DE COMPTE

Élément de vérification du domicile :

Justificatif d'identité :

Réponse B.D.F. telex du :

ou formulaire du

Les informations recueillies dans le présent questionnaire ne seront utilisées que pour les
seules nécessités de la gestion interne ou pour satisfaire aux obligations légales et
réglementaires. Elles pourront donner lieu à l'exercice du droit d'accès dans les conditions
prévues par la loi n° 78-17 relative à l'informatique, aux fichiers et aux libertés du
6 janvier 1978, par l'intermédiaire des services ayant recueilli les présentes informations.

Préciser éventuellement "conjointe" ou "séparée" ou "compte joint"

SIGNATURE

MANDATAIRES

Préciser éventuellement "conjointe" ou "séparée"

M
Date du mandat :
Signature :

M
Date du mandat :
Signature :

* Rayer la ou les mentions inutiles.

Particularités de fonctionnement : OUI ou NON (Rayer la mention inutile)
VOIR **AU VERSO** LES INSTRUCTIONS "CONTENTIEUX" ET LES AUTRES COMPTES
COMPORTANT LES MÊMES SIGNATAIRES BÉNÉFICIANT DE POUVOIRS SEMBLABLES

CA. 0010 - 01.84

REMISE DE CHÈQUES

Nous vous prions de trouver ci-joint :

☐ Chèques   ☐ Effets en (2)
                ☐ ESCOMPTE
que nous vous   ☐ ESCOMPTE EN VALEUR
remettons pour ☐ ENCAISSEMENT

Veuillez :
☐ Procéder à la cession de nos devises et prélever le total
  de vos agios en Francs sur le produit de cette cession.

☐ Créditer notre compte
  en Francs/Devises n°

☐ Débiter de vos agios
  en Francs notre compte n°

LIEU DE PAIEMENT	ÉCHÉANCE	MONTAN

TOTAL

CB carte bleue / VISA CLASSIC
4979 1234 5678
MR CHRISTIAN DUVAL

ATTESTATION
sur l'honneur

établie en conformité du décret du 26 septembre 1953,
article 6

Je soussigné,

NOM : _____

Prénoms : _____

déclare sur l'honneur

qu'aucune séparation de corps n'a été prononcée judiciairement

contre moi (1)

_____ (2)

être domicilié ou

à _____

rue _____

département _____

depuis le _____

A _____

LIVRET A
Caisse d'Epargne de Paris

(1) Rayer la mention inutile.
(2) En cas de séparation de corps, modifier la formule et produire un extrait de jugement.

IMP. PLANCASSAGNE - MANDE

13. Compréhension de texte :

N.B. Ce texte ne traite pas de la banque, mais il se place assez bien en début d'une étude sur le monde des affaires.

LE MANQUE DE FORMATION, UN DANGER POUR LES NOUVEAUX VENUS DU COMMERCE.

Qui sont les 28 600 nouveaux commerçants entrés l'an dernier dans la profession ? Une étude, réalisée par le Centre d'étude du commerce et de la distribution à la demande du Ministère du Commerce et de l'Artisanat, essaie de répondre à la question avec pour but de mieux apprécier les besoins en formation de ces commerçants. Le secteur du commerce est un des rares secteurs qui créent aujourd'hui des emplois ; il mérite à ce titre qu'on s'y intéresse et qu'y soient encouragées les initiatives.

Première constatation : moins de 20 % seulement de ces nouveaux commerçants (4 500 en 1978) ont suivi un stage d'initiation. C'est dire que la plupart d'entre eux s'engagent dans cette profession sans y avoir été préparés. Le nouveau commerçant s'entoure de conseils dans un cas sur deux seulement et encore le fait-il auprès d'interlocuteurs variés, les structures professionnelles les plus à même de l'aider n'étant pas les plus sollicitées. Rien d'étonnant dans ces conditions que leur mortalité soit extrêmement élevée : 30 % des inscriptions au registre du commerce se soldent chaque année par un échec.

Ces nouveaux commerçants sont jeunes : 63 % ont moins de 35 ans, 86 % moins de 45 ans. Ils viennent d'horizons très différents. Un sur deux est un ancien salarié formé sur le tas. 12 % ont un niveau d'instruction supérieur. La forte proportion de jeunes commerçants tend à prouver que l'obstacle financier lui-même est plus facilement surmontable aujourd'hui que par le passé.

La majorité d'entre eux ont le même mobile : devenir leur propre patron. Le commerce n'apparaît comme un refuge au chômage que pour 20 % d'entre eux. Les nouveaux commerçants se manifestent sur l'ensemble du territoire aussi bien en ville qu'en milieu rural. Ils s'intéressent surtout aux types de commerces liés à l'élévation du niveau de vie de la population et à marges élevées : 20 % se tournent vers la culture et les loisirs ou le commerce d'agrément et de luxe, 22 % vers l'équipement de la personne et 18 % vers l'équipement du foyer. Néanmoins, et bien qu'il s'agisse d'un marché plutôt fermé, les créateurs sont relativement nombreux (18 %) dans l'alimentaire.

A travers cette étude, le commerce continue à apparaître aux yeux des futurs commerçants comme une activité facile à exercer, nécessitant plus de capitaux que de savoir. Seule une minorité se prépare convenablement à son nouveau métier. Préparation insuffisante, contraintes du marché, peu ou pas prises en compte dans le choix de la localisation de la branche expliquent sans doute la trop forte mortalité infantile des nouvelles entreprises et mettent en évidence la nécessité d'accentuer l'effort en matière de formation préalable.

G.P. (*Les échos*, 2 avril 1979)

[A] RÉPONDEZ aux questions suivantes
1. Donnez un autre titre à ce texte.
2. Pourquoi le Ministère du Commerce et de l'Artisanat a-t-il fait réaliser une étude ?
3. Quelles sont les raisons qui expliquent l'échec important de ces nouveaux venus du commerce ?
4. Certains types d'activités sont préférés à d'autres. Dites pourquoi ?
5. A votre avis, est-il nécessaire de se préparer à l'exercice d'un nouveau métier ?

[B] COMPLÉTEZ le tableau suivant :

NOUVEAUX COMMERÇANTS		% oui	% non	% total
Stage d'initiation				100
		30	70	100
âge			37	100
	moins de 45 ans			100
Ancien salarié formé sur le tas				100
Refuge au chômage				100
domaine d'activités	culture, loisirs, agréments ou luxe			100
			82	100
				100
	autres activités			100
Créateurs dans l'alimentaire				100

14. Correspondance

Vous avez égaré votre carnet de chèques.
Il comportait 25 formules de la série AM numérotées de 702 301 à 702 325. Vous aviez utilisé 3 chèques de ce carnet. Vous écrivez à votre banque pour qu'elle prenne les mesures qui s'imposent.

15. Jeu de rôle

On vous a remis un chèque à votre ordre en paiement, mais vous n'avez pas remarqué que votre nom est mal orthographié, que votre client s'est trompé de date : il a écrit 5 janvier 1984, au lieu de 1985 et de plus il y a une différence entre la somme portée en chiffres (qui est le montant de la facture) et la somme qu'il a écrite en toutes lettres. Vous allez à votre banque pour déposer ce chèque. Vous parlez d'abord à la guichetière, puis au sous-directeur de l'agence.

Pour quels services s'adresse-t-on aux banques?

*Les services
qu'offre la banque à ses clients sont conçus
de manière à ce qu'elle puisse accumuler dans son réservoir
le maximum de disponibilités.*

SERVICE DE CAISSE

La banque a augmenté le nombre de ses guichets pour être plus près du domicile de ses clients et assurer leur service de caisse sans gêne pour eux. Elle leur fournit gratuitement les formulaires de chèques permettant le retrait en espèces pour les paiements courants, le règlement des dettes par envoi au créancier et donc l'alimentation du compte de ce dernier. Un autre procédé, le virement de compte à compte, suppose connus à l'avance les éléments permettant de situer le compte du créancier. Ce virement peut être « automatique », c'est-à-dire résulter d'un ordre donné une fois pour toutes avec des échéances périodiques. Tel est le cas du virement de salaire mensuel et, dans l'autre sens, de la domiciliation des quittances de gaz, électricité, téléphone, eau, radio, télévision, bimestrielles ou annuelles, ainsi rendues payables au guichet de la banque. La carte de crédit permet des achats sans manipulation d'espèces ou de chèques, les factures étant débitées au compte périodiquement. Les paiements de dépannage permettent les retraits dans les sièges autres que celui où est tenu le compte. Enfin, les lettres de crédit et accréditifs et surtout les chèques de voyage, facilitent les transferts pour se procurer des moyens de paiement à l'étranger. En leur adressant aussi fréquemment qu'ils le désirent, des relevés de toutes les opérations passées à leur compte, la banque fournit à ses clients un support de gestion et de contrôle de leur budget.

Bien qu'elle subisse la concurrence des services financiers de la Poste (mandats et chèques), la banque a vu augmenter considérablement son travail matériel par sa fonction d'intermédiaire dans les opérations de règlement, et l'alourdissement consécutif de ses frais généraux lui cause des soucis.

LES SERVICES AUX ENTREPRISES

L'octroi de crédits

Tout règlement requiert l'existence d'une provision préalable, c'est-à-dire d'un crédit au compte ou d'une autorisation de la banque de rendre le compte débiteur.

Les crédits à court terme

Lorsqu'une entreprise vend ses produits à terme, elle doit attendre un, deux ou trois mois pour recevoir le prix convenu, mais elle peut émettre un effet de commerce ou traite demandant au débiteur de payer à son banquier. Si elle la garde jusqu'à l'échéance, la traite servira de moyen de recouvrement et elle est assortie de sanctions en cas de non-paiement. Si elle préfère recevoir plus rapidement son montant, déduction faite de certains frais, l'entreprise demande à son banquier d'escompter la traite, ce qu'il fera s'il recueille de bons renseignements sur le débiteur, et il la présentera à l'échéance pour se rembourser.

Plutôt que d'escompter des traites, opération qui comporte des manipulations assez onéreuses, la banque peut accorder un crédit en compte courant. Le montant en est fixé par accord entre banquier et client, en tenant compte de l'importance et de la cause du besoin, des perspectives et des délais de remboursement. Le risque du banquier est évidemment de n'être pas remboursé, ou de subir un retard dans les prévisions de remboursement, c'est pourquoi il étudie avec soin la situation du client, surveille son évolution et fixe une limite maximale à son concours. Dans le crédit en compte courant, les versements faits au compte reconstituent une marge disponible pour de nouveaux retraits, et le client ne paie d'intérêts débiteurs que sur le montant effectif du débit.

Ces crédits servent à reconstituer la trésorerie du client, à pallier les décalages entre les paiements (sorties) et les rentrées attendues, entre les achats de matières et d'énergie et les ventes de produits finis, dans un cycle qui dépasse rarement 6 mois à un an. C'est le domaine du court terme, dont la durée maximale a été fixée à 2 ans.

Les crédits à moyen terme

Lorsqu'il s'agit de régler des investissements, c'est-à-dire des sommes immobilisées en moyens de production, il faut parfois compléter les moyens propres de l'entreprise par des crédits plus longs, qui seront remboursés sur les bénéfices attendus des nouveaux moyens de production. L'équipement en matériel courant doit être, en principe, amorti en quelques années : un crédit à moyen terme (maximum 7 ans) suffira donc et sera remboursé par fractions échelonnées. Au contraire, s'il s'agit de construire une usine ou d'acquérir un matériel lourd, le délai de remboursement pourra s'étaler jusqu'à 10 ou 15 ans, voire davantage : c'est du long terme.

Les crédits à l'exportation

Il existe une classe de concours pour lesquels peuvent être utilisées toutes les formules à court, moyen et long terme, ce sont les crédits à l'exportation. Pour développer ses marchés, une entreprise est amenée à accorder des facilités de plus en plus longues, surtout si elle veut obtenir la clientèle de pays en voie de développement dont les besoins sont sans commune mesure avec leurs moyens actuels, s'ils n'ont pas de pétrole en contrepartie.

La contrepartie pour la banque

Bien que la banque s'efforce de trouver des ressources qui restent à sa disposition aussi longtemps que nécessaire pour servir de contrepartie à des crédits à moyen ou long terme, elle n'aurait pas pu faire face à la demande accrue par les besoins de la reconstruction il y a 30 ans, puis de la modernisation constamment nécessaire de l'industrie et de l'aide aux pays en voie de développement, sans l'autorisation implicite que lui donnait la pratique de la transformation.

La technique de la mobilisation apporte une soupape de sécurité au banquier. Elle consiste à convertir un débit en engagement d'escompte, en faisant signer au débiteur des billets que la banque peut réescompter à la Banque de France ou au marché monétaire, ce qui lui permet de faire face à l'éventualité où des demandes de remboursement émanant de ses clients excéderaient son encaisse.

Autres formes de concours

• En dehors des crédits par caisse et des crédits par escompte, une autre classe de services à la clientèle ne suppose aucun décaissement au moment de leur octroi, ce sont les crédits par signature. La banque prête son propre crédit, concrétisé par une signature, à un client qu'elle sait solvable, mais qui est moins connu qu'elle, par exemple d'un fournisseur étranger avec lequel il souhaite passer un contrat important. Ou bien c'est l'Etat qui cherche à avoir le maximum de quiétude sans faire une longue enquête, et pour cela demande un cautionnement bancaire garantissant soit la bonne fin d'un marché administratif, soit le paiement à terme d'un impôt ou d'un droit de douane. La banque se substituera au débiteur principal si celui-ci ne verse pas les fonds à l'échéance, et ce sera à elle de poursuivre le recouvrement de sa créance.

• La banque enfin, prête son concours aux entreprises qui cherchent à accroître leurs ressources à long terme en les aidant soit à augmenter leur capital par appel aux souscriptions du public, soit à lancer une émission d'obligations. Ces opérations exigent le recours à des techniques spécifiques.

LES SERVICES AUX PARTICULIERS

• La banque reçoit une bonne part de ses ressources du particulier, qui passera par elle pour placer son épargne, en compte à terme ou en valeurs mobilières. La banque prête ses guichets et ses démarcheurs pour leur placement lors des émissions mais aussi elle assure le paiement des coupons et des remboursements, ainsi que toute les opérations se situant aux différentes phases de leur existence ; elle se charge de la conservation des titres ou loue des compartiments de coffre-fort. Le particulier pourra lui confier la gestion de son patrimoine.

• Le particulier utilise aussi le concours à court, moyen et long terme que la banque met à sa disposition. A court terme, sous forme de crédit personnel pour faire face à une grosse dépense facile à régler en étalant le remboursement sur plusieurs mois (mariage et installation, déménagement, etc.), à court ou moyen terme, pour financer des achats à crédit (voiture, caravane, bateau, équipement du foyer), à moyen ou long terme, pour acquérir un logement. Citons enfin des services annexes tels qu'assurances, bureau de voyages, etc.

Charles LOMBARD
Bilan d'une réforme,
Cahiers français, 9 juin 1978.

Notes sur la lecture :

La domiciliation : indication du lieu de paiement, en général la banque du débiteur.

Une quittance : est un document libérant le débiteur de sa dette et prouvant le paiement. On emploie aussi le mot quittance comme synonyme de note à payer : quittance d'électricité.

Un paiement de dépannage : la possibilité de tirer de l'argent dans une agence autre que celle où le tireur a un compte.

Une lettre de crédit : est adressée par un banquier à un de ses correspondants pour lui demander de payer une somme d'argent ou de consentir un crédit au bénéficiaire de la lettre, en général, la lettre est remise par le banquier à son client qui pourra ainsi percevoir la somme dans un autre lieu.

Un accréditif : est une lettre de crédit permettant à un exportateur de percevoir à sa banque le crédit qui lui a été ouvert sur l'ordre du banquier de l'importateur en règlement des marchandises expédiées à ce dernier.

L'octroi de crédits : l'avance de crédits.

Un effet de commerce : les lettres de change, les billets à ordre et les chèques sont des effets de commerce.

Une lettre de change : ou traite est un effet de commerce par lequel le créancier (ou tireur) invite le débiteur (ou tiré) à payer à une certaine personne le bénéficiaire (en général le banquier du tireur) une certaine somme à une certaine date.

La souscription du capital : pour qu'une société anonyme soit valablement constituée, tout son capital social doit être souscrit, c'est-à-dire que les futurs actionnaires se sont engagés, par un bulletin de souscription, à effectuer un versement correspondant au nombre d'actions souscrites.

Une obligation : est un titre de créance contre une société, elle est négociable et fait partie d'un emprunt collectif, elle donne droit à des intérêts et au remboursement du montant nominal à échéance fixée.

Un coupon : est un ticket numéroté détachable de l'action et qui représente le dividende, c'est-à- dire la part de bénéfices qui revient aux actionnaires chaque année.

Un titre : toute action ou obligation émise par des sociétés ou collectivités publiques.

Un coffre-fort : la banque met à la disposition de ses clients des cases permettant d'y enfermer titres, bijoux et objets précieux.

2. Le secrétariat

Paul s'est rendu à Montreuil dans une P.M.E. afin de s'initier à tous les rouages de l'entreprise dans laquelle il va faire son stage : une fabrique de meubles dont la raison sociale est "Les GALERIES DU MEUBLE". Il demande à voir le gérant, M. Perrier.

Paul : Bonjour Madame, je m'appelle Paul Jones et je voudrais voir M. Perrier.

Mme Moreau : Bonjour Monsieur. Je suis Suzanne Moreau, Secrétaire de Direction. Soyez le bienvenu, M. Perrier est absent aujourd'hui, mais il m'a chargée de vous accueillir et de vous faire les honneurs de la maison... Il a dû se rendre à Perpignan pour affaires, mais je pense qu'il sera là demain ou après-demain au plus tard. Avez-vous des questions à me poser ?

Paul : Oui, en fait, j'ai remarqué que sur votre papier à en-tête il y avait "LES GALERIES DU MEUBLE", S.A.R.L., j'ai étudié dans mon cours de français des affaires, les différentes formes de sociétés françaises, mais j'ai un peu oublié... Que veut dire ce sigle ?

Mme Moreau : C'est une société à responsabilité limitée mais si vous voulez plus de détails juridiques, M. Perrier est licencié en droit et il se fera un plaisir de répondre à vos questions, il est beaucoup plus calé que moi dans ce domaine.

Paul : Eh bien, j'en profiterai pour préciser mes notions sur les sociétés... C'est l'organigramme qui est affiché derrière vous ? Il est impressionnant !

Mme Moreau : Vous trouvez ! Nous avons 4 services principaux : le service technique, le service commercial, le service administratif et le service juridique...

Paul : Tiens, je remarque qu'il n'y a pas de responsable dans le service administratif.

Mme Moreau : Eh bien, vous avez l'œil comme on dit ! C'est exact, et c'est la raison pour laquelle mon bureau disparaît sous le courrier. Notre Directeur Administratif prend sa retraite et de plus Hélène, une de nos sténo-dactylos, vient de donner sa démission pour se marier et partir pour la province avec son mari. Nous avons fait passer des annonces dans les journaux et nous

nous sommes adressés aux bureaux de placement. Nous avons reçu toutes ces demandes d'emploi. Il faut faire une première sélection et convoquer les candidats les plus qualifiés pour leur faire passer une entrevue. Pouvez-vous m'aider à trier ces candidatures. Vous vérifierez que chaque demande est bien accompagnée d'un curriculum vitae, que le candidat ou la candidate a indiqué ses prétentions, les diplômes dont il ou elle est titulaire ainsi que les postes qu'il ou elle a occupés.

Paul : Ses prétentions ?

Mme Moreau : Oui, cela veut dire le salaire désiré pour commencer, et aussi en ce qui concerne la carrière, l'avancement possible par la suite...

Paul : Quels diplômes exigez-vous pour le Directeur Administratif ?

Mme Moreau : C'est un poste de cadre supérieur, qui aura des responsabilités à assumer, donc des diplômes d'H.E.C., de SupdeCo, de l'ESSEC par exemple, pour la dactylo, soit un C.A.P. avec de l'expérience, soit un B.T.S.. Installez-vous à ce bureau. Voici les dossiers... Je dois m'absenter pour aller à l'atelier de montage, et à la comptabilité, mais je repasserai à mon bureau avant midi. Voici une agrafeuse et si vous avez besoin de chemises, il y en a dans ce tiroir...

Paul : Mais... j'en porte déjà une !

Mme Moreau : C'est le même mot, mais avec un sens différent : je crois qu'en anglais vous dites : "folder"...

Paul : Ah oui, je vois, les papiers sont habillés, ils ont aussi leur chemise !

Une heure plus tard.

Mme Moreau : L'ordinateur était en panne, le réparateur est venu et maintenant ça marche ! Il n'y a pas eu d'appels téléphoniques pendant mon absence ?

Paul : Deux, j'ai fait des fiches et dit que vous rappelleriez, voici...

Mme Moreau : Merci.

Paul : J'ai classé dans la chemise bleue les dossiers des candidats au poste de Directeur Administratif et dans la chemise jaune ceux des candidates sténo-dactylos. J'ai mis de côté les applications incomplètes sans résumé ou dont les diplômes ne correspondaient pas.

Mme Moreau : Les applications sans résumé ?

Paul : Ah ces faux amis ! Je veux dire les demandes d'emploi sans curriculum vitae, bien sûr !

Mme Moreau : En tout cas, je vois que vous mettez beaucoup d'application à retenir ce vocabulaire technique. Bravo !

Paul : J'ai remarqué qu'un candidat demandait s'il y avait des prestations. Qu'est-ce que cela veut dire ?

Mme Moreau : Des prestations en nature ? C'est par exemple un logement de fonction si l'entreprise loge son personnel, ou bien une voiture de service... Nous n'en accordons pas, mais nous avons un restaurant pour le personnel avec des repas à un prix modique parce qu'il est en grande partie subventionné par l'entreprise. De plus, les frais de déplacements du Directeur administratif sont entièrement pris en charge par la maison. Mais il est midi passé, venez vite déjeuner dans notre "trois étoiles" !

Après le déjeuner.

Sophie : Monsieur Jones ? Madame Moreau m'a demandé de vous faire visiter notre service. Je m'appelle Sophie Durand et je suis Correspondancière.

Paul : Bonjour mademoiselle. Correspondancière ?

Sophie : Oui, je suis chargée de la correspondance.

Paul : C'est-à-dire que vous prenez le courrier en sténographie sous la dictée et qu'ensuite, vous le dactylographiez ?

Sophie : Non, cela c'est le travail des sténo-dactylos. Moi je rédige un certain nombre de lettres en tenant compte des annotations portées dans la marge par les chefs de service concernés, mais il y a beaucoup de courrier que je fais seule ! J'ai mis en mémoire dans la machine à traitement de textes un certain nombre de lettres type et je n'ai qu'à ajouter les renseignements appropriés.

Paul : Par exemple ?

Sophie : Oh, toutes les lettres d'accompagnement de documents, comme les chèques, les traites à l'acceptation, les confirmations de commande, les envois de catalogues, de prix courants, les accusés de réception, de paiement, les avis d'expédition de marchandises, etc. même les lettres de rappel.
Avant d'avoir cet ordinateur, j'avais des dossiers avec des modèles de lettres et un formulaire pour les débuts et les fins de lettres, si cela vous intéresse, je peux vous le prêter...

Paul : Avec grand plaisir !

Sophie : Vous remarquerez que toutes ces lettres sont normalisées et que nous utilisons le normolettre pour la présentation. C'est beaucoup plus facile ainsi de trier le courrier à l'arrivée et de le distribuer dans les différents services après l'avoir enregistré.

Paul : Enregistré ?

Sophie : Oui, le courrier est ouvert avec cette machine à décacheter et chaque lettre est timbrée avec le dateur qui indique la date d'arrivée et inscrite dans un registre sur lequel on portera la date de départ de la réponse.

Paul : Est-ce que les services conservent les lettres que vous leur envoyez ?

Sophie : Non, nous centralisons dans ce service les dossiers avec les lettres traitées et les doubles des réponses et nous les archivons : vous savez que la loi nous oblige à conserver toute la correspondance pendant 10 ans. En cas de litige, la correspondance commerciale peut servir de preuve, c'est assez dire à quel point il faut être prudent quand on écrit !

Paul : Ah, c'est incroyable ! Si mon prof de français des affaires voyait cela ! Une lettre avec la vedette à gauche... Ce serait un F. ! (*)

Sophie : Pourquoi ?

Paul : Oh, parce qu'elle était féroce pour la correspondance et qu'elle nous faisait aussi utiliser le normolettre...

Sophie : Mais cette lettre vient de notre fournisseur de bois du Québec. Là-bas, ils présentent les lettres à l'américaine, enfin, en ce qui concerne la vedette et les Pièces jointes qui sont indiquées en bas à gauche.

Paul : Oui, tiens, je n'avais pas remarqué ! En France, il faut les mettre sous les références.

Sophie : Le format aussi est différent au Canada : 21×28 au lieu de 21×29,7 cm en France.

Paul : Mais à part cela, les lettres ressemblent beaucoup aux lettres françaises. Et, en plus du courrier, qu'est-ce que vous faites ?

Sophie : Je tape aussi les notes de service...

Paul : Vous notez les services ?

Sophie : Mais non, une note de service, c'est une communication écrite que l'on utilise à l'intérieur d'une entreprise. Elle contient des prescriptions ou des directives de l'administration aux différents services.

Paul : Ah oui, je vois, c'est ce que nous appelons "memo".

Sophie : Et puis, il y a aussi le télex... Depuis que nous l'avons, nous n'envoyons presque plus jamais de télégrammes, vous savez... seulement aux gens qui n'ont pas de téléscripteurs.

Paul : Il faudra que vous m'appreniez à utiliser cette machine, car je n'ai encore jamais "téléxé".

Sophie : Eh bien, justement, écoutez le téléscripteur vient de se mettre en marche, nous recevons un télex, venez voir :

```
*
GALMEUBLE 750002 F
260 0914
H NORD 5443621 F


ATTN SECRETAIRE GENERAL

RETOUR PREVU DEMAIN MATIN VOL AI 5439 ORLY OUEST.

PREVOIR ACCUEIL ET TRANSPORT SUR PARIS, ORGANISER
REUNION DES ARRIVEE AU SIEGE.

PREVENIR TOUTE L'EQUIPE.
PREPARER DOSSIER CLIENT (MAISON DU BONHEUR)

SALUTATIONS
                          PERRIER GAL MEUBLES
*
GALMEUBLE 750002 F
H NORD 5443621 F
```

Paul : C'est assez semblable à un télégramme, finalement.

Sophie : Oui, mais... cela peut se faire directement sans passer par la poste et aussi, quand il y a une réponse, on peut la faire parvenir presque instantanément de la même manière !
Pouvez-vous porter ce télex à Mme Moreau ? Elle doit prévenir le chauffeur et préparer la réunion etc. Je vous saurai gré de le faire avant 4 h...

Paul : Avec plaisir, mais comme vous êtes formelle... "Je vous saurai gré.."

Sophie : Déformation professionnelle !! A force de taper des formules de ce genre, on finit par les employer dans la conversation !

(*) F. une mauvaise note.

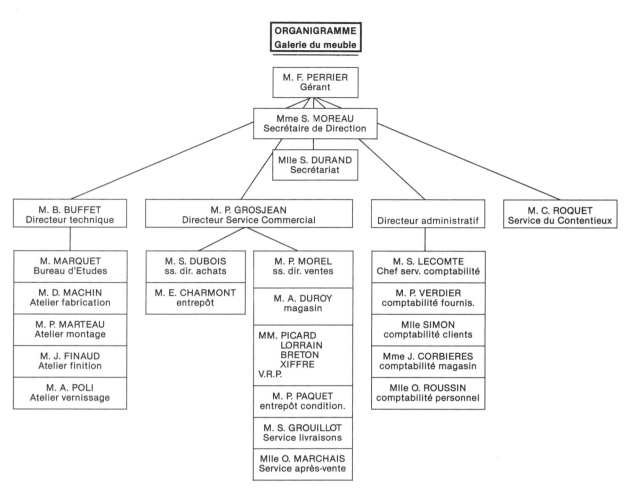

ORGANIGRAMME
Galerie du meuble

M. F. PERRIER
Gérant

Mme S. MOREAU
Secrétaire de Direction

Mlle S. DURAND
Secrétariat

M. B. BUFFET
Directeur technique

M. P. GROSJEAN
Directeur Service Commercial

Directeur administratif

M. C. ROQUET
Service du Contentieux

M. MARQUET
Bureau d'Etudes

M. D. MACHIN
Atelier fabrication

M. P. MARTEAU
Atelier montage

M. J. FINAUD
Atelier finition

M. A. POLI
Atelier vernissage

M. S. DUBOIS
ss. dir. achats

M. E. CHARMONT
entrepôt

M. P. MOREL
ss. dir. ventes

M. A. DUROY
magasin

MM. PICARD
LORRAIN
BRETON
XIFFRE
V.R.P.

M. P. PAQUET
entrepôt condition.

M. S. GROUILLOT
Service livraisons

Mlle O. MARCHAIS
Service après-vente

M. S. LECOMTE
Chef serv. comptabilité

M. P. VERDIER
comptabilité fournis.

Mlle SIMON
comptabilité clients

Mme J. CORBIERES
comptabilité magasin

Mlle O. ROUSSIN
comptabilité personnel

VOCABULAIRE

se rendre à : *to go to*
les P.M.E. (petites et moyennes entreprises) : *Small & medium-size firms (can be used in the singular : une P.M.E.)*
une entreprise : *a firm*
une fabrique : *a factory, a manufacture*
un meuble : *a piece of furniture*
la raison sociale : *the name of the firm*
le gérant : *the manager*
la Secrétaire de Direction : *the executive secretary*
le papier à en-tête : *letter-head stationery*
une S.A.R.L. (Société à Responsabilité Limitée) : *a limited liability company (no real equivalent)*
un sigle : *an acronym*
un licencié en droit : *bachelor of laws*
calé(e) en... (fam.) : *knowledgeable, well up in...*
un organigramme : *an organization chart*
affiché : *posted*
un responsable : *person in charge*
avoir l'œil : *to have an eye for*

prendre sa retraite : *to retire*
donner sa démission : *to resign*
une annonce : *an advertisement, classified ad.*
le bureau de placement : *employment bureau, agency*
une demande d'emploi : *a job application*
convoquer : *to call*
trier : *to sort*
une candidature : *a candidacy, an application*
vérifier : *to check*
un curriculum vitae : *C.V., or resume*
les prétentions (f) : *the applicant's expectations*
titulaire (adj.) : *holder*
occuper un poste : *to hold a position*
le salaire : *the salary*
l'avancement (m) : *promotion*
un cadre : *an executive*
HEC. : *Hautes Etudes Commerciales*
SupdeCo : *Ecole supérieure de Commerce*
ESSEC : *Ecole Supérieure de Sciences Economiques et Commerciales*
un C.A.P. : *Certificat d'Aptitude Professionnelle (a proficiency certificate)*
un B.T.S. : *un Brevet de Technicien Supérieur*
un dossier : *a file, a record, dossier*
s'absenter : *to leave*
repasser au bureau (fam.) : *to come back to the office*

19

une agrafeuse : *a stapler*
une chemise : *a folder*
un ordinateur : *a computer*
en panne : *down, out of order*
le réparateur : *the repair man*
ça marche (fam.) : *it's working*
un appel téléphonique : *a telephone call*
une fiche : *a memo*
rappeler : *to call back*
mettre de côté : *to set aside*
un résumé : *a summary*
une application : *attention, care*
une prestation : *benefits*
modique : *moderate*
subventionné : *subsidized*
les frais (m) de déplacement : *travel expenses*
prendre en charge : *to take over*
un trois étoiles : *a three star restaurant*
un(e) correspondancier/correspondancière : *a correspondance clerk*
le courrier : *mail*
prendre le courrier sous la dictée : *to take dictation*
la sténographie : *short hand*
la dactylographie : *typing*
dactylographier : *to type*
taper à la machine : *to type*
mettre en mémoire : *to store (in a computer)*
une machine à traitement de textes : *a word processor*
une traite/une lettre de change : *a bill of exchange*
l'acceptation (f) : *acceptance*

présenter une traite à l'acceptation : *to present a bill for acceptance*
un prix courant : *current price*
un accusé de réception : *acknowledgement of receipt*
un avis d'expédition : *a delivery note*
une lettre de rappel : *a reminder*
un formulaire : *a form*
normaliser : *to standardize, to normalize*
distribuer (le courrier) : *to remit, deliver*
enregistrer : *to record, to enter (incoming mail)*
une machine à décacheter : *letter opening machine*
le dateur : *date stamp*
archiver : *to file*
en cas de litige : *in case of a litigation*
un litige : *a litigation, a dispute, a suit*
une preuve : *a proof*
la vedette : *name and address of addressee*
les pièces jointes (f) : *enclosures*
une note de service : *a memo*
les prescriptions (f) : *the regulations*
les directives (f) : *the general lines (of a policy)*
un télex : *telex*
un télégramme : *a telegram, a cable, a wire*
un téléscripteur : *a teleprinter*
A.I. : *Air Inter (domestic airline)*
prévenir : *to inform*
le chauffeur : *the chauffeur, the driver*
savoir gré à quelqu'un de + inf. : *to be grateful to sb for doing sthg*
la déformation professionnelle : *professional idiosyncrasy*
à force de... : *by dint of, by means of professional*

QUESTIONS ORALES

1. Que voit-on sur un organigramme ?
2. Que peut-on faire quand on cherche du travail ?
3. Qui fait-on venir quand l'ordinateur (ou une machine) est en panne ?
4. Dans quoi Paul a-t-il mis les dossiers des candidats ?
5. Est-ce que le restaurant de l'entreprise est vraiment un "trois étoiles" ?

6. Que fait un correspondancier ?
7. A quoi servent un "normolettre" ? un "dateur" ?
8. Combien de temps doit-on garder la correspondance ?
9. Qu'appelle-t-on la "vedette" ?
10. Qu'est-ce qu'une note de service ?

EXERCICES ECRITS

1. Ecrivez le mot ou l'expression qui vous paraît convenir :

1. Pour cet emploi la . . . . sera en rapport avec les compétences et l'expérience du candidat.

• qualification
• adéquation
• prestation
• rémunération

2. Directeur de société, âgé de 49 ans, largement expérimenté cherche . . . . où il aura des responsabilités à . . . .

• logement
• véhicule
• situation
• famille
• présumer
• assumer
• faire face
• diriger

3. En 1985, plus de 1 000 offres d'emplois sont parvenues au bureau de . . . . de notre association.

• placement
• travail
• financement
• recherche

4. Société recherche comptable. Adresser C.V., photo et . . . . au journal qui transmettra.
- ambitions
- prétentions
- solutions
- confirmation

5. Il est cadre supérieur. Son . . . . annuel s'élève à quelque 90 000 F par an.
- salaire
- traitement
- bénéfice
- solde

6. Notre société est à la recherche d'un . . . . administratif possédant de réelles qualités d'organisation.
- comptable
- contribuable
- incapable
- responsable

7. Si vous êtes intéressé par notre annonce, veuillez nous faire parvenir votre . . . .
- cursus
- curriculum vitae
- petite annonce
- catégorie sociale

8. Depuis qu'elle est au chômage, elle lit . . . . dans les journaux.
- les petites annonces
- les offres d'emploi
- les demandes d'emploi
- les publicités

9. Nous avons le regret de vous annoncer que votre . . . . n'a pas été retenue pour le poste de contrôleur interne.
- candidature
- application
- choix
- assistance

10. Nous avons le plaisir de vous confirmer votre . . . . à compter du premier de ce mois.
- travail
- compromission
- engagement
- commencement

11. Veuillez . . . ., Monsieur, l'expression de nos sentiments distingués.
- agréer
- honorer
- connaître
- utiliser

12. Dorénavant, tous nos documents seront . . . . afin que leur forme et leur dimension soient identiques.
- avalisés
- régularisés
- normalisés
- formalisés

13. Nous tenons à vous remercier de la . . . . avec laquelle vous avez répondu à notre lettre.
- compétitivité
- rapidité
- dextérité
- continuation

14. Je vous . . . . gré de me fournir cette documentation le plus rapidement possible.
- saurai
- serai
- saurais
- serais

15. Notre service télex permet la liaison directe de deux . . . .
- abonnés
- préposés
- destinataires
- expéditeurs

16. Nous vous remercions . . . . pour la bonne suite que vous ne manquerez pas de donner à cette affaire.
- auparavant
- d'avance
- en avance
- plutôt

17. Avec nos remerciements, nous vous prions d'agréer, Messieurs, l'expression de nos . . . . dévoués.
- salutations
- respects
- compliments
- sentiments

18. Nous avons envoyé deux cents invitations et nous avons déjà reçu des réponses de plusieurs personnalités confirmant leur . . . .
- acceptation
- invitation
- acception
- réception

2. Mettez au pluriel les phrases suivantes :

1. La société dispose d'un bureau central commun à chaque filiale. C'est le siège social où se tient l'assemblée générale.
2. Le projet d'expansion doit être sérieusement calculé.
3. Je vous prie d'agréer, Monsieur, l'expression de ma considération.

3. Finissez logiquement les phrases ci-dessous :

1. Vous trouverez ci-joint . . . .
2. . . . . à l'assurance de nos sentiments dévoués.
3. Dans l'attente de vos nouvelles, ...
4. Restant à votre disposition . . . .
5. Veuillez nous faire savoir par téléphone . . . .

4. Ecrivez en toutes lettres :

1. Paris, le 08.01.1986

. . . .

2. Veuillez payer la somme de 1 878 F

. . . .

5. Faites une phrase en employant les mots ou groupes de mots suivants :

- Candidature - travail - l'année prochaine.
- Secrétaires - travailler - classement - dossiers en retard.
- Remercier - votre commande du - bien recevoir.
- Faire parvenir - urgent - prévisions de ventes.

6. Vrai ou faux :

1. Preuve juridique, la correspondance commerciale doit être conservée pendant 10 ans. VRAI FAUX
2. L'objet d'une lettre est le résumé de ce qu'elle contient. VRAI FAUX

7. Version :

1. Ce n'est pas de cadres dont nous manquons, mais bien d'ouvriers qualifiés.

2. En 1986, plus de 600 offres d'emploi sont parvenues au bureau de placement de notre association.

3. Notre société est à la recherche d'un responsable administratif possédant de bonnes qualités d'organisation et capable d'assumer des tâches variées.

4. Il faut favoriser l'expansion des petites et moyennes entreprises.

5. Je n'aurai pas le temps de repasser à mon bureau avant mon départ : préparez-moi le dossier tout de suite.

6. Sait-elle taper à la machine ? Je ne le pense pas car elle n'en a rien dit dans son curriculum vitae.

7. Les petites annonces dans un journal permettent de trouver quelquefois un emploi.

8. Pour être retenus, les candidats devront être âgés de 30 à 35 ans et de préférence titulaires d'un diplôme universitaire.

9. Notre succès commercial est dû principalement à l'expérience et à la formation de nos salariés.

10. Nous vous confirmons notre télégramme du 28 courant et nous vous prions de nous excuser pour le désagrément que vous a causé cet incident.

11. La note de service est un message écrit destiné à transmettre, à l'intérieur de l'entreprise, des informations, des instructions ou directives.

12. Nous avons bien reçu votre lettre du 15 mars qui a retenu toute notre attention.

13. Nous vous prions d'agréer, Messieurs, l'expression de nos sentiments dévoués.

14. Si vous avez besoin de plus amples renseignements, veuillez nous le faire savoir.

15. Nous avons bien reçu votre dernière lettre.

8. Thème

1. A staff of over 700 from seventeen countries coordinate the company's diverse interests in Europe.

2. The new organization chart has been posted since last Monday.

3. We must stop work a whole day to repair the computer.

4. We accept your resignation with regret but with deep appreciation for your dedicated and effective service to our company.

5. The reason for changing my job is that I do not earn enough.

6. Partner or purchaser sought for garment production facility in rural Irish Republic.

7. French speaking secretary to work in Africa on a two year contract, all expenses paid.

8. A leading and rapidly growing company is looking for highly qualified individuals.

9. British graduate, aged 43, fluent in French. Background in systems and organization. Currently responsible for all administrative functions of London based UK subsidiary of major French Company, including finance, personnel, data processing, general services. Seek alternative position in London area due to closure of company. Available immediately.

10. We look forward very much to hearing from you.

11. Will you please send me a copy of your latest illustrated catalogue ?

12. I look forward with pleasure to our long and successful cooperation.

13. I acknowledge receipt of your letter of the 25th of this month.

14. Thank you again for your kindness. Yours sincerely.

9. Correspondance

1 Vous présentez votre candidature à une firme française dans laquelle vous souhaiteriez effectuer un stage au cours de vos prochaines vacances.

TRAVAIL A FAIRE

Rédigez brièvement votre curriculum vitae ainsi que la lettre d'accompagnement.

2 Vous venez de recevoir un courrier d'un de vos correspondants français vous demandant de lui trouver un stage pour l'été dans une entreprise industrielle.
En fonction des recherches que vous avez effectuées, vous lui répondez en lui décrivant, par la même occasion, la situation actuelle de l'emploi dans votre pays.

TRAVAIL A FAIRE

Rédigez la lettre demandée.

3 Vous êtes à la recherche d'un emploi. Après avoir consulté les petites annonces dans la presse et les offices spécialisés, vous avez écrit à plusieurs entreprises. Dans les réponses que vous recevez, deux vous offrent un rendez-vous le même jour, sensiblement à la même heure.

TRAVAIL A FAIRE

Dans l'obligation de faire un choix, vous écrivez à l'entreprise auprès de laquelle vous ne pouvez vous rendre, la lettre conforme à vos intérêts.

4 Fiche téléphonique
A l'aide de la fiche téléphonique qui vous est proposée ci-dessous, vous laissez par écrit à M. ANDRE tous les renseignements utiles obtenus après la conversation de Mme GRAND avec M. BARTOLI.
— ''Allô, bonjour... Ici M. BARTOLI, Directeur des Etudes de la Chambre de Commerce et d'Industrie de Reims. Je souhaiterais parler à M. ANDRE.
— Bonjour Monsieur. Je suis Mme GRAND, sa secrétaire... M. ANDRE est absent cet après-midi. Puis-je prendre un message ?
— C'est-à-dire que... de passage à Paris, demain dans la journée, j'aurais voulu le rencontrer...
— A quel sujet, s'il vous plaît ?
— C'est à propos de la visite qu'il doit effectuer chez nous le mois prochain... la banque de données commune... vous voyez ?

CURRICULUM VITAE

Nom BARON, née DUPRE

Prénom Marie-Pierre

Adresse 15, rue Victor Hugo 69100 VILLEURBANNE

née le 23 février 1963 à Perpignan (22 ans)

mariée (sans enfant)

nationalité : française

profession du mari : informaticien

FORMATION

1981   Baccalauréat, série B
        lycée JB Say à Perpignan

1983   B.T.S. de Secrétariat
        Supdeco de Lyon

Langues : espagnol (écrit et parlé)
          anglais (écrit et parlé)
          allemand (notions)

EMPLOI ACTUEL

        Secrétaire sténo-dactylogra

Marie-Pierre BARON
15, rue Victor Hugo
69100 . VILLEURBANNE

Monsieur le Chef du Personnel
Les Galeries du Meuble
35, rue du Faubourg Saint-Antoine
75012 . PARIS

Lyon, le 15 septembre 1985

Objet : poste de secrétaire
P.J. : curriculum vitae.

Monsieur le Chef du Personnel,

J'ai lu votre annonce dans "Le Monde" du 14 septembre et je me permets de solliciter le poste de secrétaire sténo-dactylo actuellement vacant dans votre entreprise.

Ma formation et mon expérience me semblent bien correspondre à celles requises pour cet emploi, comme vous pourrez le voir sur mon curriculum vitae. Si vous voulez obtenir des renseignements complémentaires, vous pouvez vous adresser à M. Ducreux, Directeur administratif chez Batimat sous les ordres de qui je travaille depuis 1983.

Mon mari vient d'être nommé à Paris et c'est une des raisons pour lesquelles je désire trouver un emploi dans cette ville. Je recherche aussi une entreprise qui me permette d'utiliser mes connaissances en langues à l'avenir et qui m'offre des possibilités d'évolution de carrière.

En espérant qu'il vous sera possible de prendre ma demande en considération, je vous prie d'agréer, Monsieur le Chef du Personnel, l'expression de mes sentiments dévoués.

M. P. Baron

— Bien sûr. Est-il possible de vous rappeler en fin de journée ?

— Impossible, hélas ! Je prends la route dans quelques minutes.

— Bien... attendez... je consulte son agenda. Voyons... demain à 16 heures... cela vous convient-il ?

— Pas de problème. J'y serai. Merci beaucoup.

— De rien. Au revoir, M. BARTOLI.

— Au revoir, Madame, A demain.''

5 Rédigez sous forme de télégramme le message suivant :

Messieurs,

Comme suite à votre livraison du 15 courant, nous vous confirmons que nous avons bien reçu la machine d'essai commandée.

Celle-ci nous ayant donné entière satisfaction, veuillez nous expédier au plus tôt, par la S.N.C.F., 10 exemplaires du même modèle. Nous en effectuerons le règlement aux conditions habituelles.

Veuillez agréer, Messieurs, l'expression de nos salutations distinguées.

6 Ecrivez le télégramme suivant en langage normal :

Cause grève, arrivée Paris retardée/
Annuler réservation chambre hôtel/
Confirmation séjour dès que possible/
Merci/

7 En raison de l'urgence de la situation, vous décidez de remplacer la correspondance ci-dessous par un télégramme que vous rédigerez dans le cadre prévu à cet effet :

Messieurs,

Le 20 janvier dernier nous vous avons adressé la commande n° 376, portant sur des ensembles (blousons et pantalons) en toile coton luxe (modèles Eilat, Luxor et Californie).

A la date de ce jour et malgré nos différents appels téléphoniques, nous n'avons rien reçu de vous.

Comme vous le savez, les pièces commandées sont des articles de vente saisonnière pour lesquels nous commençons à recevoir des commandes. Il va sans dire que tout retard supplémentaire de livraison nous causerait un sérieux préjudice.

Si vous êtes dans l'impossibilité de nous donner satisfaction immédiatement, nous vous prions de nous le faire savoir aussitôt afin que nous puissions envisager de nouvelles dispositions.

Bien entendu, une réponse rapide et un règlement satisfaisant de cette affaire nous paraissent indispensables au maintien de nos bonnes relations.

Nous vous prions d'agréer, Messieurs, l'expression de notre considération distinguée.

Le Président-Directeur Général
Jean LAMBERT

8 Correspondance :
Vous avez commandé à une maison de vente par correspondance un survêtement de sport en fournissant la référence, la taille, le coloris et son montant. Un mois après la commande — alors que le catalogue prévoit un délai de livraison de 8 jours — vous n'avez rien reçu. Vous écrivez à l'entreprise pour lui en faire part, en fournissant toutes les précisions utiles.

9 Note de service
En raison de légers travaux de rénovation et de la mise en place progressive de nouveaux services rendus à ses utilisateurs, la bibliothèque municipale sera fermée au public tous les jours de la semaine prochaine. A cette occasion, le personnel est invité à suivre un stage de formation, organisé pendant les heures de travail.

TRAVAIL A FAIRE

Rédigez les notes pour information et affichage destinées :
a. au personnel de la bibliothèque
b. au public.

N° 698 TÉLÉGRAMME

	Étiquettes		Timbre à date	N° d'appel :
				INDICATIONS DE TRANSMISSION

Ligne de numérotation		N° télégraphique	Taxe principale.	
ZCZC				

Taxes accessoires

Ligne pilote					N° de la ligne du P.V. :

Total . .

| | | | | Bureau de destination | Département ou Pays |

Bureau d'origine	Mots	Date	Heure	Mentions de service

Services spéciaux demandés :
(voir au verso)

Inscrire en **CAPITALES** l'adresse complète (rue, n° bloc, bâtiment, escalier, etc...), le texte et la signature (une lettre par case ; **laisser une case blanche entre les mots**).

Nom et adresse

TEXTE et éventuellement signature très lisible

728678 Y - Cy. Paris - 7/80.

Pour accélérer la remise des télégrammes indiquer le cas échéant, le numéro de téléphone (1) ou de télex du destinataire
TF _____ TLX _____

Pour avis en cas de non remise, indiquer le nom et l'adresse de l'expéditeur (2) :

10. Lors de la rédaction de cet article sur l'informatique, un certain nombre de mots ont été "oubliés". Avant l'impression définitive, complétez le texte à l'aide des mots donnés ci-dessous dans l'ordre alphabétique.

communication	quotidienne
démontrer	robots
développement	sociaux
individuels	société
modifiera	travail

LA REVOLUTION INFORMATIQUE

Que l'informatique envahisse progressivement tous les aspects de notre vie . . . . n'est presque plus à . . . . tant est puissant son . . . . actuel. Et pourtant nous ne voyons que la partie émergée de l'iceberg, l'essentiel du développement des ordinateurs se trouvant dans les centres de calcul des entreprises malgré la diffusion récente des ordinateurs . . . . et de la micro-informatique.

L'informatique aujourd'hui, c'est la calculette de poche et les jeux électroniques, mais aussi le premier homme sur la lune, les . . . . intelligents, les missiles pour la Défense Nationale, la monnaie électronique et bien d'autres applications qui touchent de plus en plus notre vie quotidienne. L'ordinateur modifie, et . . . . plus encore, l'organisation du travail, les rapports entre les individus, les rapports de pouvoir entre les différents groupes . . . . Sera-t-il facteur de chômage ou permettra-t-il une réduction du temps de . . . . . ., introduira-t-il une société autoritaire et dictatoriale, ou sera-t-il un moyen de libération et de . . . . entre les hommes ? Parce qu'il met en cause toutes les facettes de la vie sociale, l'ordinateur pose un problème de . . . .

11. Compréhension de texte :

LA NOTION D'ENTREPRISE

Pour une personne étrangère à la vie des entreprises, elles se ressemblent toutes. On ne voit que des bureaux avec leurs traditionnels moyens de communication : téléphone, machines à écrire, machines à reproduire... quelquefois des ateliers et des laboratoires.

Leur organisation interne se traduit par des organigrammes détaillés, mais sur lesquels n'apparaissent pas les échanges, les transferts, le mouvement des hommes et des informations. En bref, tout ce qui fait l'activité de l'entreprise.

Et pourtant, l'entreprise a une vie propre. Elle naît, croît, se développe, arrive à maturation et meurt. Elle peut être représentée par une seule personne (un avocat ou un artiste par exemple), ou prendre la forme d'un regroupement d'artisans ou d'une entreprise agricole. Dans cette optique plus générale, est entreprise toute activité qui aboutit à vendre un produit ou un service sur le marché des biens de consommation ou de production.

L'entreprise exerce donc deux fonctions principales. L'une au niveau des individus : la production de biens et de services utiles à la satisfaction des besoins et des hommes. L'autre, au niveau de la société : créer de la richesse et contribuer ainsi à l'élévation du niveau de vie de la population d'un pays.

*D'après Joël de Rosnay
L'entreprise, cette inconnue
(cahiers français, n° 180, mars/avril 1977.
Documentation Française)*

Ⓐ RÉPONDEZ aux questions suivantes :

1. Qu'est-ce qu'une entreprise vue de l'extérieur ?
2. Quelle est, en fait, la véritable activité d'une entreprise ?
3. Quelles sont les différentes formes que peuvent prendre les entreprises ?
4. Quelles sont les fonctions principales des entreprises ?
5. Donnez une définition personnelle de l'entreprise.

Ⓑ RÉSUMEZ le texte ci-dessus en 8 lignes maximum

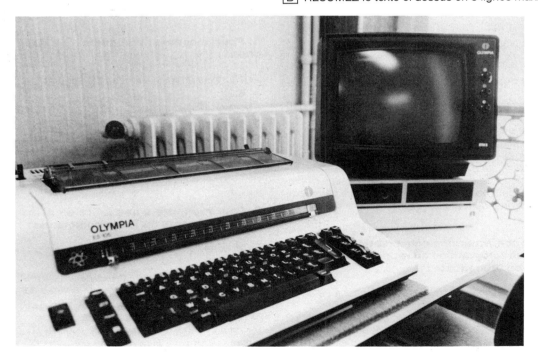

CORRESPONDANCE COMMERCIALE FORMULAIRE

Un commerçant, un patron de petite entreprise, éventuellement le gérant d'une petite S.A.R.L., emploient généralement "Je", alors que les grosses entreprises, les chefs de service des sociétés, etc., choisissent d'utiliser la première personne du pluriel "Nous". Quelle que soit la personne choisie, il faut s'y tenir d'un bout à l'autre de la lettre. **JAMAIS DE JE/NOUS DANS UNE LETTRE COMMERCIALE.**

Présentation matérielle :

On juge une maison sur son courrier, il faut donc en soigner la présentation matérielle.
Utiliser le NORMOLETTRE pour la présentation matérielle d'une lettre commerciale.
La vedette, c'est-à-dire le nom et l'adresse du destinataire, figure à droite. Présentation identique à celle de l'enveloppe (voir p. 28).
Le lieu d'origine et la date figurent SOUS la vedette.
A gauche, se trouvent : les références
l'objet
les pièces jointes
Au-dessus se trouve l'appel :
Le nom propre ne figure JAMAIS dans l'appel, mais le titre doit suivre (s'il y en a un).
Madame,
Messieurs,
Monsieur le Président-Directeur,

Style :

Il doit être simple, mais soigné, EVITER LES TERMES FAMILIERS, il doit être agréable et aisé, précis et concis, toujours courtois et poli, même lorsque vous exprimez un désaccord ou que vous présentez une réclamation. Un seul sujet par lettre, une seule idée par paragraphe. Si vous avez une commande à faire, une réclamation au sujet d'une livraison, une question pour le service de comptabilité, ces trois services étant dans la même entreprise, ECRIVEZ TROIS LETTRES, vous recevrez des réponses beaucoup plus rapidement.
Votre lettre doit être convaincante, mais aussi diplomate et... extrêmement PRUDENTE. Ne promettez pas plus que vous ne pouvez tenir, même pour plaire au client. La correspondance est un moyen de preuve en cas de contestation devant le Tribunal de Commerce (art. 109 du Code de Commerce). Et l'article 11 du Code oblige les commerçants à conserver leur correspondance pendant 10 ans.

Formules de début de lettre :

1. Pour débuter une correspondance, pour offrir ses services :

J'ai le plaisir de vous annoncer que...
J'ai l'avantage de vous informer...
Je prends la liberté de vous faire connaître que...
J'ai l'honneur de vous faire savoir que... (est une formule un peu vieillie, surtout utilisée dans la correspondance administrative).
ou bien : *Nous avons l'honneur, le plaisir...*

2. Pour demander des renseignements

Nous vous serions obligés de nous faire connaître, si possible par retour du courrier...
Je vous prie de me faire parvenir, dans les meilleurs délais, votre catalogue...
Vous nous obligeriez beaucoup en nous donnant des renseignements sur...
Nous aimerions savoir s'il est toujours possible d'obtenir... qui faisait l'objet de votre annonce parue dans (journal, magazine) du (date).

3. Pour confirmer une conversation téléphonique ou un télégramme ou rappeler une correspondance précédente :

Comme suite à notre conversation téléphonique de ce jour (d'hier), j'ai le plaisir de vous confirmer que...
Nous vous confirmons notre lettre du (date de la lettre) par laquelle nous vous faisions savoir que...
Je vous rappelle ma lettre du (date) au sujet de...

4. Pour passer une commande :

Nous vous serions obligés de nous faire parvenir dans le plus bref délai possible...
Veuillez, je vous prie, m'expédier le plus tôt possible...
Prière de nous envoyer immédiatement...

5. Pour recommander quelqu'un ou quelque chose :

J'ai l'honneur de vous recommander tout particulièrement M. X...
C'est avec plaisir que je recommande chaleureusement M. Z. qui m'a donné toute satisfaction pendant les nombreuses années pendant lesquelles il a collaboré avec moi...
Nous recommandons à votre bienveillant accueil...

6. Pour répondre à une lettre de demande de renseignements ou à une commande :

En réponse à votre lettre du (date), nous avons l'avantage de...
Je vous remercie de votre lettre du (date) et je m'empresse de vous communiquer les renseignements demandés.
Conformément à votre demande du (date), vous trouverez ci-inclus les documents voulus...
Me conformant à vos instructions données le (date), j'ai l'avantage de vous faire parvenir (savoir)...

Je viens de recevoir votre lettre du (date) et je vous confirme la mienne du (date) qui s'est croisée avec la vôtre...
J'accepte les conditions que vous me proposez par votre lettre du (date)...
Nous avons examiné la demande (la proposition) formulée dans votre lettre du (date) et c'est avec plaisir que...
En exécution de vos ordres, nous vous expédions aujourd'hui même...
Nous sommes disposés à donner suite à votre demande du (date)...

7. Lettre d'accompagnement de documents :

Veuillez trouver, ci-joint, notre catalogue (prix courant, brochure publicitaire), etc.
Nous vous prions de trouver, ci-joint, un chèque n°... de F. (montant du chèque), tiré sur (nom de la banque), en date de ce jour, en règlement de votre facture n°... Nous vous serions obligés, pour la bonne règle, de nous accuser bonne réception de cet envoi.
En possession de votre relevé du (date), j'ai l'avantage de vous envoyer ci-inclus un chèque... (un mandat-poste de F...).

8. Accusé de réception :

Nous avons bien reçu votre lettre du (date)...
Nous avons bien reçu votre chèque de F. (montant) en règlement de notre facture n°... et nous vous en remercions bien vivement.
Nous sommes en possession de votre commande du (date) et nous vous en remercions vivement.
Nous prenons bonne note du désir exprimé dans votre lettre du (date) et nous nous empressons de...
Je m'empresse de vous remercier pour le chèque de F.... que je viens de trouver dans mon courrier.

9. Envoi de traite à l'acceptation :

En couverture de nos factures n°..., n°..., et conformément à notre entente préalable, nous avons tiré sur vous une traite de F...., à 30 jours fin de mois.
Nous vous serions obligés de bien vouloir nous la retourner, dûment munie de votre acceptation, dans les meilleurs délais.

10. Pour réclamer le paiement d'une facture :

Je prends la liberté d'attirer votre attention sur ma facture n°... qui n'a pas encore été réglée, et je vous serais reconnaissant de bien vouloir faire le nécessaire.
Notre comptable nous fait remarquer que votre compte est débiteur de F...., que vous restez devoir sur notre relevé du mois dernier.
Nous vous serions obligés de bien vouloir...

11. Pour s'excuser, refuser, ou reconnaître une erreur :

Nous avons le regret de vous informer que...
C'est avec regret que...
Je suis au regret de ne pouvoir donner une suite favorable à votre requête du...
Malgré mon vif désir, il m'est impossible de donner suite à vos propositions...
Nous nous voyons dans la nécessité de décliner votre offre de...
Nous croyons devoir vous faire remarquer, en réponse à votre lettre du (date) que...
J'apprends avec un vif regret qu'une erreur s'est glissée dans...

Formules finales de politesse :

La formule finale doit toujours former un paragraphe séparé.
On calculera la longueur de la lettre afin de ne pas être obligé de renvoyer la salutation en tête d'une nouvelle page. Il faudrait s'arranger pour faire passer en haut de cette page, la fin de la phrase précédente, si l'on ne peut faire tenir la salutation en bas de page, tout en laissant un espace suffisant pour la signature.
Si l'on doit utiliser une deuxième page, indiquer dans le bas de la première page à droite : ...|...

1. Formules courantes employées par le client :

Veuillez agréer, Monsieur, nos salutations distinguées.
Je vous prie d'agréer, Messieurs, l'expression de mes sentiments distingués.
Agréez, Madame, mes salutations distinguées. (Cette finale est un peu sèche).
Agréez, Monsieur, mes sincères salutations.

2. Formules courantes employées par le fournisseur :

Nous vous prions de bien vouloir agréer, Messieurs, l'expression de nos sentiments dévoués.
Veuillez croire, Monsieur, à l'assurance de nos sentiments dévoués.
Dans l'espoir d'être favorisés de vos ordres, nous prions d'agréer, Messieurs...

Dans l'espoir de vos prochains ordres, je vous prie de croire, Madame, à l'assurance de mes sentiments dévoués.
Dans l'espoir que vous accepterez ces conditions, nous vous présentons, Messieurs, nos salutations les plus empressées.
En attendant le plaisir de vous lire, nous vous prions d'agréer, M...
Toujours dévoués à vos ordres, nous vous présentons, M...
Nous serions particulièrement heureux de traiter avec vous d'autres affaires, et, dans cette attente, nous vous prions d'agréer, Messieurs, l'expression de nos sentiments distingués.
Dans l'attente d'une prompte réponse, je vous prie d'agréer, M...
Veuillez agréer, Monsieur, l'expression de mes sentiments les meilleurs. (Cette formule suppose des relations plus cordiales, plus amicales, plus anciennes aussi, même en affaires).

3. Formules à utiliser pour écrire à une personnalité, à un supérieur hiérarchique :

Je vous prie de croire, Monsieur le Président, à mes sentiments respectueux.
Je vous prie de croire, Monsieur le Directeur, à mes sentiments respectueux et dévoués.
Je vous prie d'agréer, Monsieur le Directeur, l'expression de mon respectueux dévouement.

4. Formule finale d'un homme à une femme :

Je vous prie d'agréer, Madame, mes salutations respectueuses (l'expression de mes sentiments respectueux).
N.B. On peut toujours faire précéder la salutation proprement dite d'une formule d'usage de ce genre :
Nous espérons que ces renseignements vous donneront satisfaction et nous vous présentons, Messieurs, nos salutations distinguées.
En vous remerciant d'avance de votre amabilité...

L'enveloppe

L'enveloppe porte en général en haut à gauche, l'en-tête de la firme avec l'adresse complète de l'expéditeur.
Le nom du destinataire se place au centre de l'enveloppe. Monsieur, Messieurs, Madame, Mesdames, Mademoiselle, Mesdemoiselles, doit toujours être écrit en toutes lettres. On peut mettre le prénom entier ou en abrégé :
Monsieur Jean Dupré
Monsieur J. Dupré
au-dessous se placent le numéro et le nom de la rue :
14, rue de l'Opéra
au-dessous le code postal suivi sans virgule du nom de la ville :
75001 PARIS

Les grandes entreprises possèdent généralement un numéro CEDEX (courrier d'entreprises à distribution exceptionnelle) qui figure dans l'adresse, il est bon de l'ajouter après le nom de la ville afin de faciliter la distribution du courrier :
75008 PARIS CEDEX 006

Pour éviter toute erreur lors de la mise sous enveloppe des lettres, les entreprises emploient bien souvent des enveloppes à fenêtres et l'on plie la lettre de manière à faire apparaître la vedette derrière la fenêtre.

RAISON SOCIALE OU DÉNOMINATION COMMERCIALE DE L'EXPÉDITEUR

Forme Juridique de la société et montant du capital social

Adresse complète

Zone 1

Boîte postale
Adresse télégraphique enregistrée
Compte-courant postal
N° d'inscription au R.C. ou à la Ch. des m.

Numéro d'appel téléphonique
Numéro de télex
Références bancaires
Numéro d'identification INSEE

— 10

Zone 2
(renseignements complémentaires ou motif publicitaire)

NOM ET TITRE
Société ou organisme

N° voie, éventuellement localité

Département. Bureau distributeur
La zone 2 et la zone 3 peuvent être inversées.

Zone 3
(nom et adresse du destinataire)

Zone 4
— 20
(références)

VOS RÉF. :

NOS RÉF. :

OBJET :

P.J.-ANN. :

Lieu de départ
Le (date dactylographiée)

Zone 5
(texte)

— **Repère de pliage**
— 30

Place en hauteur du titre de civilité (à déterminer d'après la longueur du texte)

Zone 3. Indiquer le département par son numéro suivi d'un espace.
— Alinéas séparés par un interligne double de celui du texte.
— Retraits à la première ligne de chaque alinéa : non obligatoires. Longueur du retrait : non fixée.
— Sous-titres : précédés d'un interligne double de celui du texte,
    suivis par un interligne simple ou double.
— Signes « à suivre » : si une page comporte une suite, l'indiquer par trois points ou par deux groupes identiques de points séparés par une barre de fraction. Ce signe est placé à 25 mm du bord droit de la feuille et à un interligne double au-dessous de la dernière ligne du texte.
— Signes de fin de texte : indique qu'il ne reste plus normalement que la place nécessaire à une ligne de texte, à la formule de politesse, à la signature.
— Signe de bas de page : on ne peut dactylographier qu'une ligne !
— Lettre dépassant une page. Éviter d'utiliser le verso. Reporter tout ou partie du dernier alinéa, la formule de politesse et la signature sur la page « suite ».
— Signature. Réserver une hauteur de 30 mm. Faire précéder ou suivre la signature des noms et qualités du signataire. Porter ces mentions à l'alignement de la marge de gauche ou à la verticale de la date de la lettre.
— Post-scriptum : il doit être précédé de P.S.
— Page « suite ». Elle peut porter sur la première ligne : la référence abrégée de l'expéditeur, la date de la lettre, le n° du feuillet.

— 40

Marge de gauche

Marge moyenne de droite

— 50

NORMOLETTRE A4

210×297

MODÈLE DÉPOSÉ

LES ÉDITIONS FOUCHER

128, Rue de Rivoli   PARIS (1ᵉʳ)

Placer Normolettre sur la feuille à dactylographier et pointer au crayon, les repères indispensables.

Signe fin de texte

— 60

Signe bas de page

Zone 6

Renseignements complémentaires préimprimés.

Demain, la bureautique

La Bureautique, est-ce simplement un mot made in France pour inciter à vendre des équipements de bureau le plus souvent importés de l'extérieur ? Ou bien ce vocable traduit-il une étape capitale dans les méthodes d'organisation du travail de bureau ?

LA BUREAUTIQUE : QU'EST-CE QUE C'EST ?

La bureautique représente des projets de réorganisation du travail de bureau qui tentent de répondre à l'évolution des contraintes économiques des entreprises, en mettant en œuvre des outils techniques nouveaux.

Concrètement, la bureautique, aujourd'hui, c'est surtout le traitement de texte. La gamme de produits proposés va de la machine à écrire *électronique* (machine à écrire normale dotée d'une mémoire de travail) au *mini-ordinateur* avec plusieurs postes de travail (terminaux écran/claviers et imprimantes) en passant par la *machine à traitement de texte* proprement dite (un écran, un clavier et une imprimante).

Ceci dit, les entreprises doivent savoir que les possibilités d'automatisation offertes par les matériels et les logiciels se multiplient :

• Les machines à traitement de texte permettent de saisir, de traiter (ajouter, insérer, corriger, centrer, justifier, césurer des mots), de stocker et de restituer (sur écran ou sur imprimante) du texte tels que des lettres ou des rapports.

• Les systèmes de courrier électronique : à partir du terminal d'un ordinateur, on peut expédier des messages vers un autre ordinateur ; inversement, on peut recevoir sur son terminal les messages émis par d'autres terminaux au sein d'un réseau de télécommunication.

• Les télécopieurs permettent la reproduction instantanée à distance via une ligne téléphonique, de tout document (imprimé, photographie ou dessin).

• Les agendas électroniques permettent des inscriptions de rendez-vous ou recherche automatique de plages horaires communes à plusieurs personnes.

• Les autocommutateurs programmables régulent l'activité téléphonique (rappel automatique de postes occupés, filtrage, numérotation extérieure abrégée...).

• Les systèmes de photocomposition offrent, par rapport aux machines à traitement de texte, des possibilités de composition des textes plus précises et plus variées (choix des paramètres typographiques, des corps et types de caractères...) et une sortie "photo" des documents.

Ainsi donc, la bureautique se présente comme une extension du phénomène informatique dans l'entreprise : l'information touche des tâches et des procédures jusque là "protégées" de l'informatique.

LA BUREAUTIQUE EST-ELLE RENTABLE ?

Les applications de type bureautique sont potentiellement rentables pour l'entreprise : les changements envisageables sont de nature à améliorer la productivité et, d'une manière plus large, la qualité du travail de bureau.

Des gains potentiels de productivité

Ils peuvent résulter de la conjonction de phénomènes tels que notamment :

• La suppression, par automatisation, de tâches manuelles répétitives (pour envoyer une lettre personnalisée à 100 destinataires, avec une machine à écrire classique, il faut taper 100 fois la lettre ; avec une machine à traitement de texte, il suffit de taper une fois la partie commune de la lettre et une fois la partie personnalisée, la "fusion" du texte de base et des parties spécifiques se faisant à l'impression.

• Le raccourcissement des circuits et des procédures (un système intégrant traitement de texte et photocomposition permet d'économiser les procédures classiques de composition : on entre le texte au terminal avec seulement en plus, les codes nécessaires pour composer le texte).

• La "banalisation" des tâches : grâce à la facilité et la rapidité d'utilisation permises par le logiciel de traitement de texte,

les corrections d'un texte peuvent être réalisées plus rapidement par "l'auteur" lui-même.

• Les gains de place par rapport au système d'archives ou de pelurier : le stockage de texte dans la mémoire de l'ordinateur ou sur des microfiches, permet de gagner de la place et d'économiser des allées et venues dans le service et entre les services.

Des gains potentiels de qualité

Ils peuvent concerner notamment :

• La présentation des informations et des documents : la possibilité de personnaliser et de soigner par justification à droite — la présentation d'un texte peut avoir un impact commercial appréciable.

• Les délais de réponse aux événements : le courrier électronique permettra d'accélérer la communication au sein de l'entreprise et entre celle-ci et son environnement.

• La fiabilité des informations, les possibilités de modification des textes offertes par les machines à traitement de texte rendent plus aisées, donc plus spontanées, les procédures de rectification et d'actualisation des informations stockées et diffusées.

• L'enrichissement du travail de conception et de prise de décision : il est permis par la possibilité de stocker, trier, combiner, comparer et diffuser des données numériques, textuelles et graphiques.

Des effets pervers

Des chiffres circulent à propos de la rentabilité des diverses applications de la bureautique. Mais on doit savoir que l'expérience montre notamment que :

• Ces gains sont plus ou moins importants selon le type d'activité concernée (pour ce qui concerne le traitement de texte, ces gains seront plus significatifs pour de volumineux rapports que pour de courtes lettres non répétitives).

• La recherche de gain maximum implique des solutions techniques intégrant un maximum de fonctions bureautiques et informatiques (gestion de fichiers, traitement de texte, comptabilité, courrier électronique, photocomposition...).

• Les changements peuvent avoir des "effets pervers" (l'auteur profitant des possibilités de modification des textes peut provoquer une augmentation du volume de papier).

• Les gains seront de plus en plus recherchés au niveau des "activités nobles", celles de conception et décision : le travail du cadre sera de plus en plus modifié.

• Les critères classiques de mesure de la productivité et de la qualité du travail de bureau sont mal adaptés par rapport à ces changements (comment apprécier l'impact commercial de la présentation d'un texte ?).

• Enfin, n'oublions pas que ces gains sont POTENTIELS ; ils peuvent être hypothéqués en particulier par des facteurs sociaux ; des personnels mal formés ou peu motivés "sous-utiliseront" les systèmes techniques.

PROGRES TECHNIQUES ET BAISSE DE COUTS

Le développement des outils bureaucratiques est une manifestation concrète des récents PROGRES TECHNIQUES enregistrés tans sur le plan de l'intégration des composants (ex : micro-processeur) que sur l'imbrication de plus en plus poussée des techniques informatiques et de télécommunication (télématique). Donnons-en simplement un exemple. Une machine de traitement de texte est dans sa forme la plus simple, une machine à écrire, capable en plus d'enregistrer un texte frappé aù kilomètre par un opérateur, puis de le restituer autant de fois que nécessaire, mis en page, justifié, les titres centrés, avec en plus la possibilité de le corriger, d'en modifier le découpage en paragraphes et en pages, d'y insérer des phrases, et d'y inclure par exemple des noms et adresses qui changent à chaque restitution. Tout ceci au moyen de quelques commandes simples et dans un temps très court.

L'équivalent en matériel électronique de la matière grise pour réaliser de telles fonctions, qui ne supposent pas de comprendre le texte traité, mais plus simplement de savoir reconnaître le début d'un mot ou les signes de ponctuation, est grossièrement d'environ cinquante mille transistors associés à une mémoire électronique contenant l'équivalent d'une vingtaine de pages dactylographiées, pour le texte lui-même et pour le programme de traitement.

Aujourd'hui, cette électronique qui est un peu le cerveau de la machine, occupe une carte de vingt centimètres de longueur sur quinze de large, et se vend au prix de dix mille francs. Il y a seulement huit ans, cet encombrement et ce prix étaient multiplié par dix.

LA BAISSE DE COÛTS des composants électroniques de base explique l'intérêt économique que peuvent représenter d'ores et déjà ces outils pour les entreprises.

D'après "Le Courrier de la Chambre de Commerce et d'Industrie de Paris"

A technique nouvelles, définitions nouvelles

Informatique : Désigne tout ce qui a trait au traitement électronique de l'information par ordinateur.

Ordinateur : Machine électronique permettant le traitement automatique de l'information à partir de programmes enregistrés.

Logiciel : Désigne la matière grise de l'ordinateur : ensemble de tous les programmes qui sont à sa disposition.

Télématique : Résultat du mariqge entre TÉLÉCOMMUNICATION et INFORMATIQUE donnant la possibilité d'accès immédiat et à distance, à l'information gérée par un ordinateur, grâce à un terminal : une télévision, un téléphone, après adaptation, peuvent être utilisés dans ce but.

Bureautique : Automatisation des tâches de secrétariat et de Bureau grâce à des matériels électroniques, similaires aux ordinateurs mais en plus petits (mini-informatique). Une certaine polyvalence est requise pour recouvrir au niveau du bureau, ces tâches aussi variées que le traitement de textes, le courrier répétitif, le traitement de l'information (gestion de fichiers, archivage, recherche documentaire), la comptabilité, la paie, etc.

Terminal : Poste de travail constitué par un écran et un clavier, relié à distance à un ordinateur (éventuellement par ligne téléphonique) et permettant d'entrer ou de recevoir de l'information.

Base de données et banques de données : Une base de données bibliographiques est un système de recherche d'informations permettant de retrouver des références d'articles ou d'ouvrages à partir de mots clés.
Une banque de données par contre, permet de retrouver directement l'information : elle peut être numérique (séries chronologiques, etc.), textuelle (texte juridiques, etc.), factuelle (renseignements sur les entreprises, etc.).

Producteur et serveur : Le producteur de bases ou de banques de données fournit les informations. Le serveur en assure la diffusion commerciale à partir d'un ordinateur accessible à distance.

Programme : Suites ordonnées d'instructions destinées à traiter des informations pour obtenir des résultats.
Ces instructions sont rédigées dans un langage accepté par l'ordinateur.

13. Notes sur la lecture :	
matériel	hardware
logiciel	software
insérer	to insert
césurer	couper un mot - to hyphenate
une plage horaire	une heure convenable pour tous les gens concernés
le filtrage	screening
une tâche	un travail - a task, a chore
une pelure	on gardait tous les doubles de la correspondance sur papier pelure (onion skin copies)
une micro-fiche	a microfilm
la fiabilité	reliability
un effet pervers	an adverse effect

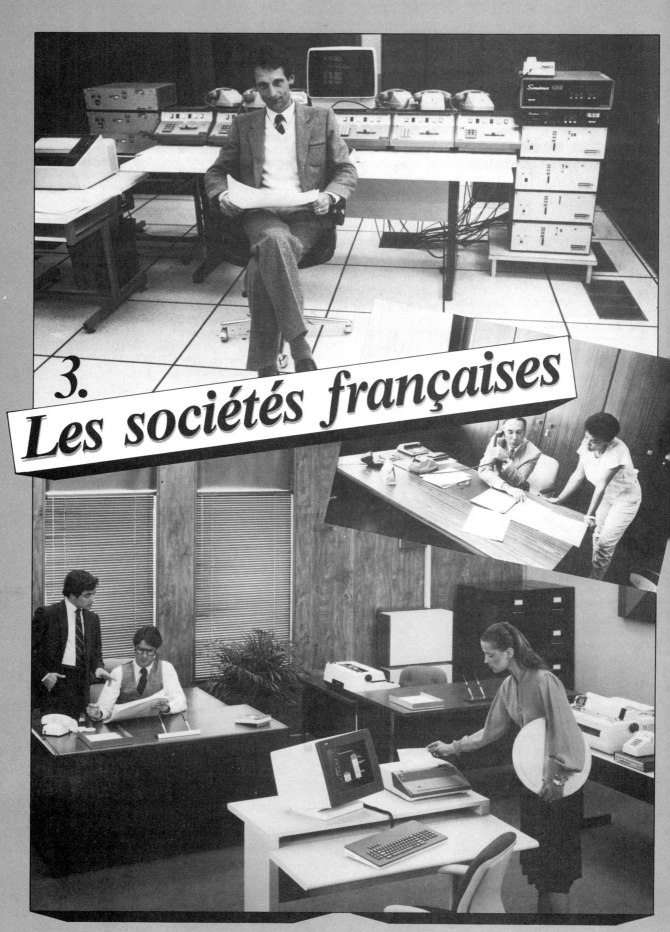

3.
Les sociétés françaises

M. Perrier : Bonjour, cher Monsieur. J'espère que vous ne m'en voulez pas trop de n'avoir pu vous accueillir moi-même, mais ce voyage à Perpignan ne pouvait pas être remis à plus tard.

Paul : Je comprends fort bien et je dois dire que Mme Moreau m'a reçu très aimablement.

Perrier : Oui, elle m'a même dit qu'elle vous avait donné du travail dès le premier jour !

Paul : Mais, je suis là pour cela, et c'était très intéressant...

Perrier : Elle m'a dit aussi que vous vouliez me poser des questions sur les sociétés françaises.

Paul : Dans mon cours de français des affaires, j'ai étudié les différentes formes de sociétés françaises, mais je ne suis pas sûr d'avoir tout compris, c'est assez différent chez nous ! Puisque vous êtes gérant, je pense que les "Galeries du Meuble" sont une S.A.R.L., une société à responsabilité limitée. Mais quelles différences y a-t-il entre une S.A.R.L. et une Société Anonyme ?

Perrier : Une Société Anonyme est une société beaucoup plus importante. C'est une société de capitaux. Son capital social est représenté par des actions cessibles et souvent cotées en bourse. A sa tête, il y a un P.D.G. et un Conseil d'Administration, ou bien depuis 1966, un Directoire de cinq membres au plus assisté d'un Conseil de Surveillance, qui est composé d'actionnaires. Les actionnaires participent — de loin — à la gestion, car ils ont le droit de vote lors des Assemblées Générales et ils touchent des dividendes, c'est-à-dire une part de bénéfices proportionnelle au nombre d'actions qu'ils possèdent. Les sociétés anonymes doivent envoyer aux actionnaires le procès-verbal de chaque assemblée générale et publier un rapport annuel à la fin de l'exercice comptable...

Paul : Pourquoi dites-vous que les actionnaires participent de loin à la gestion ?

Perrier : Parce que ce sont les membres du Conseil d'Administration qui dirigent la société avec le Président-Directeur Général. Les actionnaires ont une voix par action et ils sont consultés pour un certain nombre de décisions : une éventuelle fusion avec une autre société, une augmentation de capital, un changement dans la raison sociale, etc. Les grandes décisions sont prises par le P.D.G. en conseil d'administration.

Paul : Pourquoi parle-t-on de Société Anonyme ? Moi, cela me fait penser à une société secrète, vraiment très louche ! Un peu comme une lettre anonyme...

Perrier : C'est tout simplement pour la distinguer nettement de la Société en nom collectif qui comporte généralement dans sa raison sociale le nom de famille des associés, alors que dans la S.A., tout comme dans la S.A.R.L. d'ailleurs, la raison sociale reflète plutôt l'activité de la société, par exemple COGENEL (Compagnie Générale d'Electricité), USINOR, etc., ou le lieu d'exploitation : CREUSOT-LOIRE, LA REDOUTE, etc. La société en nom collectif est une société de personnes, et tous les associés sont commerçants et responsables sur la totalité de leurs biens du passif de l'entreprise alors que les actionnaires d'une S.A. ne peuvent perdre, en cas de dépôt de bilan, que la valeur des actions qu'ils possèdent. La S.A.R.L. est aussi une société de personnes, le capital social est représenté par des parts d'intérêt non négociables et non librement cessibles. Le nombre d'associés est limité à 50, au maximum, mais en général, il y en a beaucoup moins, nous ne sommes que quatre. Mais notre responsabilité est limitée à notre apport de capital. Si l'historique de notre entreprise vous intéresse, c'est mon grand-père qui en est le fondateur. Il s'agissait d'une entreprise individuelle et il était commerçant. A sa mort, ses deux fils ont hérité de l'affaire, mon père et mon oncle se sont associés et ont créé une société en nom collectif « PERRIER FRERES, FABRIQUE DE MEUBLES ». Quand ils ont décidé de se retirer des affaires, mon cousin et moi avons pris la décision de dissoudre la société en nom collectif pour en créer une autre, une S.A.R.L., cette fois, en raison de la conjoncture économique actuelle qui présente bien des dangers pour les commerçants, les entreprises sont à la merci des crises économiques, des faillites qui font "boule de neige" et qui peuvent en entraîner d'autres... si vos débiteurs ne peuvent pas vous payer, vous risquez fort de ne pas pouvoir payer vos créanciers ! Pour augmenter le capital de cette nouvelle société, nous avons admis comme associés ma femme et son frère, nous sommes donc quatre...

Paul : Est-ce au prorata des parts d'intérêts que vous répartissez les bénéfices entre les partenaires ?

Perrier : Oui mais je vous arrête ! Attention au mot "partenaire", il existe en français, mais avec un sens un peu différent : on parle de ses partenaires au bridge, au tennis, mais de ses <u>associés</u> en affaires...

Paul : Ah bon, mais j'ai entendu parler de "partenaires sociaux"...

Perrier : Oui, alors là, il s'agit des représentants du patronat, des <u>syndicats</u>, des <u>délégués du personnel</u>, de l'administration, etc., c'est un autre contexte, politique celui-là...

Paul : Et la <u>commandite</u> ? Vous ne m'en avez pas parlé.

Perrier : Non, parce que c'est une forme en voie de disparition. Il y en a deux types : la commandite simple et la commandite par actions. Deux catégories d'associés dans chaque type, les <u>commandités</u>, qui ont un <u>statut</u> identique à celui des associés en nom collectif, qui sont donc commerçants et responsables sur la totalité de leurs biens. Ce sont eux qui sont chargés de la gestion. Les <u>commanditaires</u> sont ceux qui ont investi de l'argent dans l'affaire. Ils ne sont pas commerçants et leur responsabilité s'arrête au montant de leur investissement. Dans la commandite simple, ils restent associés jusqu'à la dissolution de la société et leur apport est représenté par des parts d'intérêt, tandis que dans la commandite par actions, les commanditaires sont comparables aux actionnaires d'une S.A.

Paul : Merci beaucoup, cela devient beaucoup plus clair ! J'ai encore une petite question : qui touche des <u>tantièmes</u> ?

Perrier : Ils sont interdits depuis le 1er janvier 1978 ! C'était une <u>quote-part</u> des bénéfices qui était distribuée aux administrateurs d'une S.A. Maintenant, pour leur <u>rémunération</u>, ils ne touchent plus que des <u>jetons de présence</u> dont le montant est fixé par l'Assemblée Générale.

Paul : Tout à l'heure vous avez parlé de "dépôt de bilan", je croyais que le bilan était une pièce comptable...

Perrier : C'en est une, en effet, qui fait apparaître l'<u>actif</u> et le passif, mais pendant une période difficile, de <u>stagnation</u> ou de <u>récession</u>, le <u>chiffre d'affaires</u> d'une entreprise peut baisser à tel point que celle-ci ne peut plus faire face à ses <u>échéances</u>, c'est-à-dire payer ses créanciers, elle doit déposer son bilan au tribunal de commerce et le juge prononcera soit le <u>règlement judiciaire</u>, soit la <u>liquidation des biens</u>, ou la faillite.

Paul : Encore une question, on a beaucoup parlé récemment de "nationalisations", est-ce que vous risquez d'être nationalisé ?

Perrier : Ah non ! Le gouvernement ne nationalise que de grosses <u>entreprises de pointe</u>, dans l'aviation, l'électronique, l'<u>informatique</u>, ou bien les banques...

Paul : Je vous remercie de tous ces renseignements et du temps que vous avez bien voulu m'accorder. Permettez-moi, maintenant, de <u>prendre congé</u>.

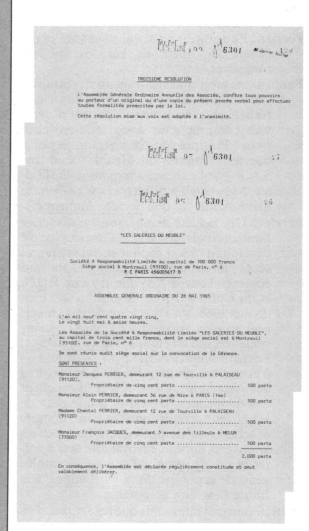

V VOCABULAIRE

une Société Anonyme : *a corporation (no real equivalent)*
une société de capitaux : *a joint stock company*
le capital social : *nominal capital, stock holder's equity, capital stock*
cessible : *transferable*
coté : *quoted*
un P.D.G. (Président-Directeur Général) : *Chairman of the Board of Directors*
le Conseil d'Administration : *Board of Directors*
un Directoire : *a directorate*
un Conseil de Surveillance : *a board of supervisors*
un actionnaire : *a stock holder*
une Assemblée Générale : *a General Meeting of shareholders*
toucher des dividendes : *to receive dividends*
le bénéfice : *profit*
le procès-verbal : *the minutes, the report*
le rapport annuel : *the yearly report*
un exercice comptable : *financial year*
une voix : *a vote*
une fusion : *a merger*
une augmentation : *an increase*
louche : *shady (adjective)*
une société en nom collectif (S.N.C.) : *a general partnership*
une société de personnes : *a partnership*
un commerçant : *a trader, a merchant*
le passif : *the liabilities*
le bilan : *the balance sheet*
une part d'intérêt : *a stake, a share*

se retirer des affaires : *to retire from business*
dissoudre : *to dissolve*
la conjoncture économique : *the economic situation*
la faillite : *bankruptcy*
prorata ; *proportional part*
répartir : *to share, to divide*
un partenaire : *a partner, (sports, game)*
un associé : *a partner, an associate (business)*
un délégué du personnel : *a personnel representative*
un syndicat : *a union*
la commandite : *limited partnership (no real equivalent)*
le commandité : *active partner*
le statut : *regulation, statute*
le commanditaire : *the sleeping partner*
un tantième : *a percentage (no real equivalent)*
une quote-part : *a quota*
une rémunération : *a salary*
un jeton de présence : *director's fees*
l'actif (m.) : *the assets*
la stagnation : *stagnation, dullness*
la récession : *recession*
le chiffre d'affaires : *the turnover*
une échéance : *date of maturity*
le règlement judiciaire : *judiciary settlement*
la liquidation des biens : *liquidation*
une entreprise de pointe : *high technology firm, leading firm*
l'informatique (f.) : *computer science*
prendre congé : *to leave*

QUESTIONS ORALES

1. Qui est à la tête d'une S.A.R.L. ? d'une Société Anonyme ?
2. Comment appelle-t-on les associés d'une Société Anonyme ?
3. Quand les actionnaires peuvent-ils voter ?
4. Qu'est-ce qu'un dividende ?
5. Qu'appelle-t-on Société de personnes ?
6. Comment répartit-on les bénéfices dans une S.A.R.L. ?

7. Qu'est-ce qu'un commandité ?
8. Qu'est-ce qu'un commanditaire ?
9. Que fait un commerçant qui ne peut plus payer ses créanciers ?
10. Quelles sont les entreprises qui peuvent être nationalisées par le gouvernement ?

EXERCICES ECRITS

1. Terminez la phrase de façon significative :

1. Le (la) . . . . est la dénomination sous laquelle un commerçant exerce son activité.
- label
- marque
- raison d'être
- raison sociale

2. Une société désigne le groupement des . . . .
- associés
- sociétaires
- partenaires
- tributaires

3. La . . . . de notre société est régulière et constante puisqu'elle a décuplé son chiffre d'affaires en dix ans.
- modération
- récession
- progression
- stagnation

4. La Régie Renault est une entreprise . . . .
- nationalisée
- privatisée
- privée
- gouvernementale

5. C'est . . . . qui assume la gestion d'une Société Anonyme.
- le directoire
- le conseil de surveillance
- l'assemblée générale
- le commanditaire

6. Le . . . . de cette société, réuni au mois de décembre, a examiné les résultats de l'exercice en cours.
- conseil de l'ordre
- conseil d'administration
- conseil des prud'hommes
- conseil d'état

7. Les actionnaires touchent des . . . . pour chaque action.
- intérêts
- dividendes
- bénéfices
- agios

8. Une bonne entreprise sait tirer . . . . des évolutions avant les autres.
- défi
- profit
- délit
- sur elle

9. Lors de la dernière Assemblée Générale, les comptes 1984 ont été adoptés . . . .
- conformes
- au prorata
- à l'unanimité
- ad nutum

10. En cette période de crise, les entreprises n'ont jamais été si nombreuses à . . . . leur bilan.
- disposer
- déposer
- exposer
- établir

2. Mettez au pluriel les phrases suivantes :

1. La société dispose d'un bureau central commun à chaque filiale. C'est le siège social où se tient l'assemblée générale.
2. Le projet d'expansion doit être très sérieusement calculé.

3. Faites une phrase en employant les mots ou groupes de mots suivants :

- Assemblée Générale - réunir - le mois dernier
- Actionnaires - toucher - dividendes.

4. Vrai ou faux ?

1. Les membres d'un conseil de surveillance perçoivent pour leur travail des tantièmes. ☐ VRAI ☐ FAUX

2. Une société en nom collectif est une société de capitaux. ☐ VRAI ☐ FAUX

3. La S.A.R.L. est une société anonyme à responsabilité limitée. ☐ VRAI ☐ FAUX

5. Choisissez dans la liste des mots ci-dessous celui qui correspond à sa définition et écrivez-le sur la ligne correspondant au bon choix.

chiffre d'affaires - bilan - bénéfice - raison sociale - actionnaire

— . . . . : inventaire périodique de ce qui est dû par une entreprise.

— . . . . : détenteur d'une fraction du capital d'une société.

— . . . . : appellation sous laquelle fonctionne une entreprise.

— . . . . : montant total des ventes pour une période donnée.

— . . . . produit net d'une entreprise au terme d'un exercice.

6. Version :

1. Avez-vous lu le procès-verbal de la séance ?

2. Leur bilan montre que c'est une entreprise en pleine expansion.

3. Il faut favoriser l'expansion des petites et moyennes entreprises.

4. Notre P.D.G. doit se rendre à Bruxelles lundi et mardi prochains.

5. Les entreprises de taille moyenne sont souvent des entreprises familiales.

6. Son nom n'apparaît pas dans l'organigramme.

7. On pense que la fusion aura lieu prochainement.

8 Un commerçant est responsable des dettes de son entreprise.

9. Le rapport annuel a été approuvé à l'unanimité.

10. C'est le P.D.G. d'une S.A. dont les actions sont cotées en bourse.

7. Thème :

1. A staff of over 700 from seventeen countries coordinate the company's diverse interests in Europe.

2. A merger occurs when 2 or more companies of approximately equal size join forces to form a single, larger and consequently stronger unit.

3. The annual general meeting will be held at Winchester House.

4. If you would like to receive a copy of the annual report, please complete the coupon.

5. A sole trader is one who owns a business alone.

6. Many small firms, hit by the recession, have had to file their petitions in bankruptcy.

7. Most of the time, Directors agree with the President of the Board.

8. It is an American firm whose Head office is in New York.

9. Our new subsidiary is doing quite well, the results are encouraging.

10. The modification of the articles of Association will have to be submitted to the General Meeting.

8. Correspondance :

Pour améliorer vos capacités linguistiques et votre connaissance de l'entreprise, vous désirez effectuer, l'été prochain, un stage dans un établissement commercial français.

A cet effet, vous vous proposez de faire publier une annonce dans un journal hebdomadaire français de grande diffusion, en donnant toutes les informations utiles sur vous-même et ce que vous cherchez.

TRAVAIL A FAIRE

Rédigez et présentez cette <u>annonce</u> comme vous souhaiteriez qu'elle paraisse dans ce journal.

9. Compréhension de texte :

OUVERTURE DES CONSEILS D'ADMINISTRATION AUX CONSOMMATEURS

Qui mieux que le consommateur lui-même peut savoir quels sont les produits dont il a besoin, ceux qu'il préfère et ceux qu'il souhaite acheter ? Personne. Les entreprises l'ont bien compris puisqu'elles font un large usage des études de marché qui sont précisément là pour leur apporter l'opinion du consommateur et les informer sur les chances de vente de leurs produits.

Pourquoi dans ces conditions limiter cette consultation au consommateur individuel et ne pas l'étendre systématiquement aux organisations représentatives des consommateurs ? Les firmes y gagneraient dans la définition de leur stratégie industrielle et les consommateurs seraient assurés de trouver sur le marché les produits répondant à leurs besoins.

Les partenaires de la production étaient jusqu'ici au nombre de deux : le patronat d'un côté et les organisations syndicales de l'autre. Il devrait y avoir aujourd'hui une place pour l'usager, expliquent les responsables représentatifs de 5 000 associations familiales locales de consommateurs.

Présents aujourd'hui dans les organismes sociaux, ils demandent à l'être également dans les organismes économiques, dans les conseils d'administration des firmes ou dans les organisations professionnelles. C'est, à leur avis, le moyen de laisser les consommateurs intervenir dans la vie économique non plus seulement comme critiques mais comme partenaires majeurs. Dans le but de réaliser des économies de matières premières et de mieux répondre aux besoins des consommateurs, ils souhaitent que soit définie et mise en œuvre une nouvelle stratégie industrielle qui donne la priorité à une conception des produits orientée en fonction de leur "utilité sociale" réelle.

Il est grave, expliquent-ils, de constater que les termes de l'échange dépendent essentiellement des producteurs qui orientent les fabrications et la vente des produits sans réflexion sur leur utilité. Ils souhaitent ouvrir la chasse aux gadgets[(1)] et à la fausse innovation. Mais toute la difficulté consiste à savoir comment définir cette notion d'"utilité sociale" qui est obligatoirement subjective. En attendant, les consommateurs risquent d'avoir beaucoup de mal à convaincre les industriels qu'innovation ne rime pas toujours avec progrès.

Les Echos, 22 mars 1979

(1) gadget : n.m. (mot anglais) objet, ustensile plus ou moins utile, mais suscitant de l'intérêt par son caractère ingénieux, amusant, nouveau.

A RÉPONDEZ aux questions suivantes :
1. Quel est le rôle des études de marché effectuées par les entreprises ?
2. Quels devraient être, selon les représentants des consommateurs, les partenaires de la production ?
3. Pourquoi est-il souhaitable qu'une nouvelle stratégie industrielle soit définie ?
4. Que veulent exactement les consommateurs qui s'expriment dans ce texte ?
5. Selon vous, le consommateur doit-il être un partenaire de la vie économique ? Pourquoi ?

B RÉSUMEZ le texte ci-dessus en une dizaine de lignes.

Bilan au 31 décembre 1984

Actif

Actif	Brut	Amortissement et provisions	1
Actif immobilisé			
Immobilisations incorporelles			
Frais d'établissement	5 406 108	1 835	
Brevets, licences, marques	197 920		
Fonds commercial	47 772 814	50	
Autres	94 760	14	
Immobilisations corporelles			
Terrains	35 974 593	124 545	
Constructions			
Installations techniques, matériel et outilla			
Autres			
Immobilisations corporelles en cours			
Avances et acomptes			
Immobilisations financières [1]			
Participations			
Créances rattachées à participations			
Autres titres immobilisés			
Prêts			
Autres			
Total actif immobilisé			
Actif circulant			
Stocks en cours :			
☐ Matières consommables			
Avances et acomptes versés sur command			
Créances d'exploitation :			
☐ Créances clients et comptes rattachés			
☐ Autres			
Créances diverses			
Valeurs mobilières de placement			
Disponibilités			
Total actif circulant			
Comptes de régularisation			
Charges constatées d'avance			
Charges à répartir sur plusieurs exercices			
Total comptes de régularisation			
Ecarts de conversion Actif			
Total général			
(1) dont à moins d'un an.			

Passif

Passif	1984	1983
Capitaux propres		
Capital	136 630 500	124 209 600
Primes d'émission, de fusion, d'apport	274 176 409	162 388 309
Ecarts de réévaluation	11 864 573	12 502 673
Réserves :		
☐ Réserve légale	16 432 933	11 386 524
☐ Réserves réglementées	51 080 110	46 319 863
☐ Autres	59 567 304	19 788 081
Report à nouveau	16 570 842	10 164 754
Résultat de l'exercice	43 391 324	100 928 200
Subventions d'investissement	8 357 189	11 337 329
Provisions réglementées	5 781 288	5 319 728
Total capitaux propres	623 852 472	504 345 061
Provisions pour risques		
Provisions pour risques	11 986 720	9 802 137
Provisions pour charges	1 664 128	—
Total provisions pour risques	13 650 848	9 802 137
Dettes [1]		
Dettes financières		
Emprunts obligataires convertibles	206 191 920	—
Emprunts et dettes auprès des établissements de crédit [2]	121 111 982	237 051 383
Emprunts et dettes financières divers	56 843 023	71 835 617
Avances et acomptes reçus sur commandes en cours	443 177	—
Dettes d'exploitation		
Dettes fournisseurs et comptes rattachés	15 506 748	9 209 613
Dettes fiscales et sociales	12 831 079	23 597 411
Autres dettes	5 182 767	—
Dettes diverses		
Dettes sur immobilisations et comptes rattachés	1 992 866	304 410
Dettes fiscales (impôt sur les bénéfices)	6 962 406	3 193 888
Autres	1 002 259	
Produits constatés d'avance	—	114 464
Total des dettes	428 068 227	345 306 786
Ecarts de conversion Passif	58 110	58 110
Total général	1 065 629 657	859 453 984
(1) dont à plus d'un an.	347 086 371	253 952 698
dont à moins d'un an.	80 981 856	91 354 088
(2) dont concours bancaires courants et soldes créditeurs de banques.	1 428 660	1 428 837

Les sociétés commerciales

On dénombre en France un peu plus de cent cinquante mille sociétés commerciales. Les neuf dixièmes sont des affaires familiales moyennes et plus souvent petites, ou même de pures façades pour des entreprises individuelles, voire des sociétés de fait ou des sociétés fictives. Mais deux mille de ces sociétés, cotées en Bourse, placent leurs titres dans le public, drainent une part importante de l'épargne privée, dominent la vie de milliers de salariés, tiennent en main tous les secteurs de l'économie nationale. Les revues financières qui dressent l'inventaire périodique des sociétés françaises les plus notables ou des valeurs clefs de la Bourse permettent de fixer des ordres de grandeur. Mais la première société française vient, en Europe, loin derrière Royal Dutch Shell, Unilever, British Petroleum, National Coal Board, l'E.N.I., Imperial Chemical Industries, Philips, Volkswagen, Fiat, Siemens. Et il y a encore plus important que ces sociétés commerciales européennes. Que l'on y songe : la General Motors — il est vrai la plus puissante des sociétés commerciales — réalise chaque année un chiffre d'affaires égal au budget de la France, des bénéfices équivalents au chiffre d'affaires de la S.N.C.F., emploie plus d'un demi-million de salariés et voit son personnel varier d'une amplitude égale au personnel de la Régie Renault.

L'importance des sociétés commerciales n'est pas seulement économique et quantitative. Elle est aussi politique. L'entreprise est le terrain où se joue la lutte des classes, qui prend son tour le plus significatif dans les entreprises privées, c'est-à-dire les sociétés commerciales. Sauf révolution politique, la transformation des conflits sociaux passe par la réforme de l'entreprise et des sociétés. Comme on l'a écrit : "L'entreprise (c'est-à-dire avant tout la société commerciale) est un lieu d'élection pour réussir les conciliations dont nous ressentons la nécessité et dont nous avons commencé l'expérience. Qu'il s'agisse de combiner la planification et les mécanismes du marché ; la liberté d'entreprendre et l'exclusion du gaspillage ; la recherche du profit et le service du bien commun ; la compétition et la loyauté ; l'égalité des chances et les droits tirés de l'héritage : l'autorité des dirigeants et le contrôle de leurs actes... ; les solutions éviteront plus sûrement l'abstraction et l'imprécision si (elles) se construisent à partir de l'entreprise, cellule de l'économie concrète, microcosme social".

Comment donc se constituent, s'organisent et fonctionnent en France, ces sociétés commerciales ? Et d'abord comment se définissent-elles ?

Définition de la société

Il est, pour un juriste, non pas une, mais trois définitions au moins de la société — civile ou commerciale — qui correspondent à trois moments de son histoire, à trois niveaux de son organisation.

La société se définit d'abord comme un *contrat* et plus précisément comme le contrat par lequel deux ou plusieurs personnes conviennent de mettre quelque chose en commun dans la vue de partager le bénéfice qui pourra en résulter. La formule est dans le Code civil à l'article 1832. Ses auteurs l'avaient copiée dans le *Traité du contrat de société*, publié en 1749 par Pothier, lequel la tenait de Domat, qui l'avait inscrite un demi-siècle plus tôt dans ses Lois civiles. Elle était, en fait, dès le XVIIe siècle, la définition ordinaire et La Fontaine l'avait même mise en vers (1). Les premiers éléments s'en trouvaient dans le *Digeste* de l'empereur Justinien, au VIe siècle de notre ère, provenus des travaux et des réflexions inspirés aux juristes de la Rome républicaine et impériale par la considération de ces conventions conclues entre marchands latins et pérégrins ou par ces publicains dont parle l'Evangile, à qui l'Etat affermait la perception des impôts dans les provinces de l'Empire. Notre droit a recueilli et maintenu ce vieil héritage. Aujourd'hui encore, portée par la tradition, soutenue par son style, la définition de l'article 1832, célèbre, vieillie et pieusement conservée, demeure la première que, de génération en génération, les juristes apprennent et se transmettent à l'Ecole comme au Palais.

La société, il est vrai, est aussi une *personne morale*, comme on dit, caractérisée par son objet — l'exercice d'une activité économique — son mode de financement — collectif et privé — et son but — la recherche du profit. Cette deuxième définition n'était pas tout à fait inconnue des législateurs napoléoniens. Mais elle n'est pas dans le Code civil, sinon d'une manière implicite. Et elle ne s'est imposée véritablement à la pratique juridique que dans le cours du XIXe siècle, après la révolution industrielle, avec le développement de ces grandes sociétés capitalistes dont l'organisme est si complexe qu'il paraît animé d'une vie personnelle par-delà le pacte social dont il tient le jour. La reconnaissance de cette personnalité juridique n'est d'ailleurs pas allée sans mal. Il y eut à son sujet de belles batailles dans le monde des juristes. On se demandait si la personnalité des sociétés, simple fiction de la loi, était un privilège dont le législateur devait régler l'attribution ou une réalité devant laquelle le droit lui-même n'avait qu'à s'incliner. On s'interrogerait sur la personnalité des sociétés étrangères, sur celle des sociétés en voie de constitution ou de dissolution, des sociétés nulles. Ces controverses sont aujourd'hui tranchées ou apaisées. Réserve faite de l'association en participation, qui est à peine une société, toutes les sociétés, tant civiles que commerciales, françaises qu'étrangères, sont, à des degrés divers, des personnes morales, des êtres juridiques titulaires de droits, sujets d'obligations, ayant un nom, un domicile, une nationalité, en bref une existence analogue à celle des êtres humains, au plan juridique s'entend, de leur immatriculation à leur liquidation parachevée.

Enfin, il est une troisième définition qui s'est fait jour dans la langue des économistes, qui atteint le grand public et gagne progressivement les juristes eux-mêmes. Elle présente la société comme une forme particulière d'*entreprise économique*, la plus importante après l'entreprise nationale, bien loin devant l'entreprise individuelle ou même coopérative. Cette définition est la plus récente. Elle est aussi la plus litigieuse. Car au caractère volontaire du groupement social exprimé par le mot de contrat, à l'idée d'intérêts propres, structurés et définis, que traduit la notion de personne morale, le concept d'entreprise ajoute l'aspiration encore confuse vers une meilleure coordination des droits du capital et du travail au sein d'un organisme unique et au service d'un projet commun. Et comme cette coordination ne peut se réaliser que par une diminution des pouvoirs du capital et par une augmentation des droits du travail, en bref par une réforme, à tout le moins par la prise de conscience d'une évolution, le mot d'entreprise est devenu un mot de combat et son entrée dans la définition de la société apparaît comme une audace à laquelle les juristes ne sont pas tous résolus, quoique cette troisième définition soit la plus riche, contenant toutes les autres et les dépassant.

Paul Didier
Les sociétés commerciales, Que sais-je ?
P.U.F.

(1) La génisse, la chèvre et la brebis, en société avec le lion (livre I, fasc. VI).
La génisse, la chèvre et leur sœur la brebis,
Avec un jeune lion, seigneur du voisinage
Firent société, dit-on, au temps jadis
Et mirent en commun le gain et le dommage.

4. Le service des achats

Paul : Je voudrais parler au Directeur Commercial, Monsieur Grosjean...

Grosjean : C'est moi-même. Vous êtes Paul Jones, notre stagiaire américain, n'est-ce pas ? Monsieur Perrier m'a annoncé votre visite.

Paul : Vous êtes à la tête de deux services si j'ai bien compris.

Grosjean : Oui, en quelque sorte, en fait le service commercial commercial comporte les deux aspects du commerce, c'est-à-dire l'achat et la vente.

Le service des achats s'occupe de toutes les transactions avec nos fournisseurs, producteurs, et grossistes ainsi que des stocks à l'entrepôt.

Nous avons un acheteur, M. Dubois, qui est tout particulièrement chargé des achats de bois. Il lui arrive d'aller en Afrique pour acheter de l'acajou*, de l'ébène*, ou au Québec pour le sycomore*. Il est préférable de se passer d'intermédiaire, surtout que nous achetons en grandes quantités.

Mais il faut aussi des vernis*, de la colle*, de la quincaillerie*... Nous ne faisons pas les sièges*, nous avons des tapissiers* sous-traitants.

Nous devons avoir des stocks suffisants pour approvisionner le service technique, c'est-à-dire pour que les ateliers (découpage, montage et vernissage) ne soient jamais à court de matières premières.

Paul : Combien de fois par an faites-vous un inventaire de toutes les marchandises ?

Grosjean : Légalement, nous devons faire une fois par an un inventaire total des stocks, des produits semi-ouvrés et des produits finis, mais pour des raisons pratiques, nous contrôlons périodiquement nos stocks.

Paul : J'ai remarqué une lettre d'un fournisseur de bois de Trois-Rivières au Québec, M. Gagnon, tout à l'heure au secrétariat...

Grosjean : Ah, oui, nous lui achetons beaucoup de sycomore, il nous accorde un tarif dégressif très intéressant.

Paul : Un tarif des... quoi ?

Grosjean : Dégressif, c'est-à-dire que les prix diminuent en fonction de la quantité.

Paul : Mais, est-ce que les délais de livraison ne sont pas trop longs, on ne peut pas faire venir des piles de bois par avion !

Grosjean : Non, en effet, cela serait beaucoup trop cher, mais le bois nous arrive par cargos et comme nos commandes sont passées régulièrement tous les deux mois, nous avons ainsi un approvisionnement continu.

Paul : Vous avez dit que vous n'aviez pas d'intermédiaires, mais je ne comprends pas bien parce que tout à l'heure, vous avez parlé de grossistes, j'ai toujours cru que les grossistes étaient des intermédiaires entre les producteurs et les fabricants ou les détaillants.

Grosjean : Non, les grossistes sont des commerçants qui achètent en grande quantité et qui revendent ces marchandises selon la demande. Par exemple, nous achetons de la quincaillerie à des grossistes, parce que nous avons besoin de modèles très variés de poignées*, de serrures*, etc., donc les quantités ne sont pas suffisantes pour acheter en gros directement aux fabricants. Pour le bois ou la colle, c'est différent, mais pour les vernis aussi nous passons par un grossiste.

Paul : Que se passe-t-il si lors de l'exécution de la commande, le fournisseur ne respecte pas les délais de livraison par exemple ?

Grosjean : En effet, cela serait un sérieux problème qui risquerait d'entraver la fabrication. Mais, nous avons plusieurs fournisseurs et le non-respect d'un contrat est une cause de rupture, c'est-à-dire que nous pourrions annuler la commande et la passer d'urgence à un autre fournisseur.

Paul : J'ai une autre question à vous poser : Comment avez-vous trouvé ces fournisseurs de bois exotique en Afrique ou au Canada ?

Grosjean : Nous avons reçu des offres, toute une documentation, des prix courants, des échantillons et notre acheteur est allé sur place et il a passé des commandes à titre d'essai et a demandé un délai de réflexion pour que nous puissions discuter les différentes propositions avant de signer les contrats.

Paul : Est-ce que vous vous occupez aussi des factures et de leur règlement pour les achats ?

Grosjean : Non, c'est le service de la comptabilité qui s'en charge.

Mais, venez, je dois aller voir Charmont, notre magasinier, et je vais vous faire visiter l'entrepôt et voir les stocks.

Paul : Avec plaisir... Mais c'est amusant, je viens de penser que le magasinier n'est jamais dans le magasin ! Ah, ce français !

A Montreuil, à l'entrepôt

Grosjean : Bonjour, Charmont, je viens de trouver votre message et j'en profite pour faire visiter l'entrepôt à Paul Jones, notre stagiaire américain. Quel est le problème ?

Charmont : Nous avons reçu la livraison des Quincailleries Réunies et j'ai réceptionné la marchandise. Tout semblait conforme à la commande, j'ai donc signé le bon de livraison et j'ai envoyé le bon de réception à la comptabilité. Mais en ouvrant les colis pour ranger les marchandises, je viens de constater que dans le carton marqué poignées n° 2025 il y a en fait des poignées n° 2024. J'ai tout de suite téléphoné aux Quincailleries Réunies pour leur signaler l'erreur et leur demander un échange. Apparemment ils sont en rupture de stock pour ce modèle, ils pensaient nous avoir expédié leur dernière caisse... Il va donc falloir attendre une quinzaine de jours avant de recevoir les bonnes poignées...

Grosjean : Félicitations, Charmont, pour avoir découvert cette erreur ! Mais, cela va-t-il retarder notre production ?

Charmont : Non, Monsieur, nous avons encore assez de 2025 pour la fabrication en cours, mais les stocks baissent et c'est pour cela que j'avais demandé de renouveler la commande.

Grosjean : Bien entendu, ils ont facturé cêtte livraison. Qu'est-ce qu'ils proposent donc de faire ?

Charmont : Il y a deux possibilités : ils vont prendre la caisse lors de leur prochaine livraison et ils vont nous envoyer une facture d'avoir pour la totalité du prix de la caisse, ou bien ils nous proposent de nous céder cette caisse de poignée 2024 avec 3 % de réduction, puisque c'est un modèle que nous utilisons et ils nous donneront un avoir pour la différence.

Grosjean : Où en sont les stocks de 2024 ?

Charmont : Avec cette livraison, nous avons des stocks suffisants pour la prochaine série de "Ministre", du moins en ce qui concerne les 2024. Cette caisse resterait donc en surplus. Par contre, cette prochaine série serait retardée si nous ne recevons pas les 2025.

Grosjean : C'est un modèle qui a beaucoup de succès, la ligne est jolie et il est d'un prix raisonnable... Je vais passer au service des ventes et au magasin pour voir si on peut envisager de continuer cette série. Si oui, nous accepterons leur seconde proposition en demandant toutefois une facture rectifiée plutôt qu'une facture d'avoir, surtout si la comptabilité n'a pas encore accepté leur traite...

Charmont : Je pense que c'est ça le problème, car le bon de réception a été envoyé à la comptabilité hier en fin de matinée et la traite a été acceptée hier soir et elle a dû partir au courrier du matin.

Grosjean : Je vais tout de suite vérifier... Je vous tiendrai au courant... Tenez, Paul, venez voir l'entrepôt.

Paul : Mais, c'est énorme... tout ce bois !

Grosjean : Oui, n'est-ce-pas... Et voici la quincaillerie.

Paul : J'admire vraiment M. Charmont ! Comment arrive-t-il à savoir ce qu'il a vraiment en stock !

Grosjean : Nous avons un inventaire permanent sur ordinateur pour chaque modèle. Il suffit d'ajouter ce qui entre et de retrancher ce qui part pour l'atelier ! Mais vous avez raison, cela doit être fait très soigneusement.

Paul : Je suppose que ces hommes sur ces petits chariots électriques sont les manutentionnaires.

Grosjean : Oui, comme vous voyez, ils sont en train de ranger dans les cases voulues les fournitures qui ont été réceptionnées hier. Celui-ci, au contraire, vient prendre des fournitures pour l'atelier de montage. Il a donné un bon à Charmont qui autorise la sortie des fournitures et qui va pouvoir mettre son inventaire à jour en enregistrant la sortie sur l'ordinateur.

Paul : Je n'aurais pas cru que ce travail était aussi complexe et devait être aussi précis...

Grosjean : Nous devons retourner au siège maintenant car j'ai un rendez-vous à 11 h 30. Je vous retrouve à 2 h à mon bureau. Nous descendrons au service des ventes et nous passerons par le magasin.

A midi, Paul, qui est revenu au siège, rencontre Sophie dans le couloir.

Paul : Puis-je vous inviter à déjeuner ?

Sophie : Vous savez, nous n'avons pas beaucoup de temps !

Paul : Alors, pas de repas gastronomique ! Mais où pouvons-nous aller pour manger quelque chose et bavarder un peu ?

Sophie : Oh, j'ai une idée, allons déguster une franquette à côté.

Paul : Une franquette ? Qu'est-ce que c'est ? Je connais la blanquette...

Sophie : C'est une création de nos fast-foudeurs* ! Vous avez peut-être inventé le hamburger, mais les Français ont amélioré la formule, dans une baguette se cache une barquette de poulet basquaise ou de bœuf bourguignon surgelés et il suffit de réchauffer le tout au four à micro-ondes et vous avez une délicieuse franquette !

Paul : Allons-y tout de suite.

Paul : Vous avez raison, c'est excellent, je retiens la formule car j'adore le bœuf bourguignon, mais c'est si long à préparer ! Ah, les Français sont vraiment des gourmets, c'est nettement meilleur qu'un Big Mac !

Sophie : Alors, qu'est-ce que vous pensez de la "boîte" ?

Paul : Mais, c'est très fonctionnel, c'est très bien décoré, c'est...

Sophie : Mais non, je vous parle de **notre** boîte, de la maison si vous préférez...

Paul : Ah, excusez-moi, je n'avais pas compris... la "boîte", c'est de l'argot, n'est-ce pas ?

Sophie : Oui, enfin, c'est familier...

Paul : Je ne connais pas encore tous les services, mais ce que j'ai vu m'a beaucoup intéressé et je trouve que la correspondancière a toutes les qualités, beaucoup d'intelligence, de charme...

Sophie : Est-ce que vous pouvez être sérieux de temps en temps ?

Paul : J'essaie, mais c'est dur ! Tenez, j'ai remarqué une chose : M. Grosjean m'a fait visiter l'entrepôt et il m'a présenté au magasinier, il l'a appelé Charmont et le magasinier lui a toujours dit Monsieur, jamais M. Grosjean, jamais Grosjean.

Sophie : Oh non, bien sûr ! M. Grosjean est le Directeur Commercial, il est hiérarchiquement à un grade beaucoup plus élevé que M. Charmont qui est chef-magasinier, c'est par respect qu'on l'appelle Monsieur, c'est la même chose pour M. Perrier.

Paul : Est-ce que M. Perrier appelle le Directeur Commercial Grosjean ?

Sophie : Oui, cela arrive, mais en général, il lui dit M. Grosjean devant le personnel.

Paul : L'étiquette ! Il faut que je retienne toutes ces subtilités. Mais j'ai remarqué que M. Grosjean vous a présentée en disant Mlle Durand et il vous a dit Mademoiselle.

Sophie : Oui, parce que je suis une femme.

Paul : Et Mme Moreau, comment s'adresse-t-elle à M. Charmont ?

Sophie : Oh, elle lui dit Charmont, mais elle me dit Mademoiselle, ou Sophie. On n'appelle que les hommes par leur nom de famille.

Paul : C'est intéressant.

Sophie : Ah, c'est déjà l'heure de retourner au bureau...

Paul : Merci de m'avoir fait connaître cet endroit et de m'avoir fait l'honneur de votre compagnie...

---

* **acajou** = *mahogany* - **ébène** = *ebony* - **sycomore** = *sycomore* - **vernis** - *varnish* - **colle** = *glu* - **quincaillerie** = *hardware* - **un siège** = *a seat* - **un tapissier** - *an upholsterer.*
une poignée = *a pull* - **une serrure** = *a lock*
fast-foudeurs : *néologisme fabriqué sur l'anglais fast-food.*

VOCABULAIRE

Le service des achats : *purchasing department*
être à la tête de : *to be head of*
l'achat (m) : *buying*
la vente : *selling*
s'occuper de : *to take care of, to deal with*
une transaction : *a deal, a transaction*
un fournisseur : *a supplier*
un producteur : *a producer*
un grossiste : *a wholesaler*
le stock : *supply, stock*
un entrepôt : *a warehouse*
un acheteur : *a buyer*
se passer de : *to do without*
un intermédiaire : *a middleman*
un sous-traitant : *a subcontractor*
approvisionner : *to supply*
un atelier : *a workshop*
être à court de : *to be short of*
les matières premières (f) : *raw materials, commodities*
un inventaire : *an inventory, a stock-list*
une marchandise : *goods, merchandise, commodities*
un produit semi-ouvré : *semi-manufactured product*
un produit fini : *finished product, end product*
un tarif dégressif : *quantity discount*
un délai de livraison : *lead time*
un cargo : *a cargo boat*
une commande : *an order*
un approvisionnement : *supply, procurement*
un détaillant : *a retailer*
un fabricant : *a maker, a manufacturer*
l'exécution (f) de la commande : *the handling of the order*

entraver : *to impede, to hinder*
un préjudice : *detriment, prejudice, loss*
une rupture de contrat : *a breach of contract*
annuler une commande : *to withdraw or cancel an order*
passer une commande d'urgence : *to place a rush order*
une offre : *an offer, a tender*
une documentation : *information, "literature"*
un prix courant : *a price-list*
un échantillon : *a sample*
une commande à titre d'essai : *a trial order*
un délai de réflexion : *time for consideration*
une facture : *an invoice, a bill*
le règlement : *the settlement*
le magasinier : *the warehouse supervisor*
réceptionner : *to receive*
un bon de livraison : *delivery order*
un bon de réception : *notice of receipt, of delivery*
un colis : *a parcel*
un carton : *a box*
une rupture de stock : *stock shortage*
une caisse : *a wooden box, a crate*
facturer : *to bill*
une facture d'avoir : *a credit note*
céder : *to let somebody have*
un avoir : *a credit*
une facture rectifiée : *a revised bill*
accepter une traite : *to accept a bill of exchange a chaft*
tenir au courant : *to keep posted*
un chariot : *a cart, a trolley, a fork lift truck*
un manutentionnaire : *a warehouse man, a warehouse hand*
une case : *a compartment, a pigeonhole*
une fourniture : *supply*
la sortie : *removal (from warehouse)*
le siège : *the head office, the main office*
la "boîte" : *one's firm, or office, or shop (familiar)*
un grade : *a rank*

QUESTIONS ORALES

1. De quoi s'occupe le service des Achats ?
2. Quel est le rôle de l'acheteur ?
3. Qu'est-ce qu'un inventaire ? Quand doit-on le faire ?
4. Quand accorde-t-on un tarif dégressif à un client ?
5. Qu'est-ce qu'un grossiste ? Que fait-il ?
6. Peut-on annuler une commande ? Pour quels motifs ?

7. Que fait le magasinier ? Où est-il ?
8. Qui range les marchandises dans l'entrepôt ?
9. De quoi se servent les manutentionnaires ?
10. Peut-on sortir facilement les fournitures de l'entrepôt ?

EXERCICES ECRITS

1. Ecrivez le mot ou l'expression qui vous paraît convenir :

1. Pour bien connaître l'état de ses stocks, il est recommandé de procéder régulièrement à . . . . . .
. . . .
   - un inventaire
   - une analyse
   - un recensement
   - une exploitation

2. Si vous augmentez les quantités achetées, nous pourrons vous consentir un tarif . . . .
   - démarqué
   - réductionnel
   - dégressif
   - unitaire

3. Le . . . . est celui qui vend et achète pour le compte d'autrui.
   - commerçant
   - prestataire
   - commissionnaire
   - vacataire

4. Le rôle principal d'un . . . . consiste à stocker les marchandises.
   - fournisseur
   - grossiste
   - vendeur
   - acheteur

5. Veuillez avoir l'obligeance de m'adresser votre documentation . . . . retour du courrier.
   - au
   - par
   - dès
   - sous

6. Le retard survenu dans la livraison des marchandises commandées nous a causé un sérieux . . . . . .
   - intérêt
   - passif
   - jurisprudence
   - préjudice

7. C'est à l'acheteur de vérifier la conformité de la livraison à la . . . .
   - note de crédit
   - note de service
   - commande
   - feuille de route

8. . . . . renseignements, n'hésitez pas à nous contacter.
   - Avec des
   - Dans quelques
   - Pour plus de
   - Moyennant

9. Afin de mieux vous faire connaître la gamme de nos produits, nous vous adressons sous ce pli un certain nombre . . . .
   - de spécialités
   - d'échantillons
   - d'exemples
   - de modèles

10. Il reste dans notre stock une part importante de marchandises . . . . des années écoulées.
    - intraitables
    - invendues
    - inavouables
    - ponctuelles

2. Mettez au pluriel la phrase suivante :

L'importance du capital consacré à cet achat est considérable.

3. Ecrivez les nombres en toutes lettres :

Cette entreprise qui emploie 290 . . . . personnes, dont 180 . . . . à la fabrication, vend chaque jour 3 000 à 4 000 . . . . caisses de bière au prix unitaire de 31 F . . . . Tout acheteur payant comptant bénéficie d'une ristourne de 3% . . . . (Ristourne = rebate)
Sur 722 000 . . . . établissements commerciaux, on compte quelque 110 000 . . . . grossistes et 612 000 . . . . détaillants, soit respectivement 16 % . . . . et 84 % . . . . du total.

4. Trouvez 3 mots de la même famille :

acheter : . . . . , ... , ...
. . . .
fournir : . . . . , ... , ...

5. Complétez la phrase suivante :

Avant de nous confirmer notre commande, veuillez . . . .

6. Faites une phrase avec les mots suivants :

- Prix - ralentissement - pouvoir d'achat.
- Commande - en mesure - concerne.
- Quantité - augmenter - dégressif - consentir.
- Préjudice - retard - clients.

7. Version :

1. Société algérienne recherche fournisseurs de produits plastiques.

2. Veuillez avoir l'obligeance de m'adresser par retour votre documentation.

3. Nous recherchons aux Etats-Unis un fournisseur qui s'engage à nous approvisionner régulièrement.

4. Si j'avais davantage d'argent, c'est le genre de voiture que j'achèterais.

5. Le commerce intégré élimine complètement les grossistes et les intermédiaires.

6. Les marchandises livrées devront être conformes à l'échantillon.

7. Ces prix resteront en vigueur jusqu'au 31 décembre.

8. Ils sont en rupture de stock pour ce modèle.

9. Ils ne fabriquent plus cet article.

10. Il a refusé cette livraison qui n'était pas conforme à sa commande.

8. Thème :

1. If the goods have not reached us within a week, we shall have to cancel our order.

2. As I am in a hurry for these goods, I shall appreciate your prompt execution of this order.

3. The wholesaler plays the part of middleman between manufacturers and retailers.

4. We no longer deal with this firm.

5. Our annual inventory has not yet been drawn up.

6. We intend to supply you with the most pertinent high-level information available.

7. As soon as these samples are delivered at New York, we shall appreciate your notifying us.

8. Kindly send me, by return, twelve staplers which work efficiently.

9. The invoice is a document which must mention the particulars of the goods sold and their price.

10. We are glad to have your enquiry and are sending you herewith our latest price-list.

9. Correspondance :

☐1 La société DE DIETRICH & CIE (67110 NIEDER-BRONN-LES-BAINS) est l'un des plus importants producteurs français d'appareil ménagers (cuisinières, réfrigérateurs, machines à laver le linge et la vaisselle...).

Elle a organisé un réseau de distributeurs-détaillants couvrant tout le territoire français. Ce réseau est particulièrement dense à Paris et dans les grands centres urbains.

Elle vient de recevoir de M. PETIT, 45 rue Caulaincourt, 75018 PARIS, une lettre de demande de documentation concernant ses divers modèles de réfrigérateurs.

En principe, la société DE DIETRICH & CIE ne traite pas directement avec la clientèle particulière. Lorsqu'elle reçoit des demandes d'information, elle répond à ses correspondants en leur indiquant le nom et l'adresse du "distributeur agréé" le plus proche de leur domicile.

TRAVAIL A FAIRE:

Rédigez la réponse de la société DE DIETRICH & CIE.

☐2 Par souscription, vous avez acquis un ouvrage en 10 volumes, payable par mensualités et dont la livraison vous est faite à raison d'un volume tous les 2 mois.
Votre séjour en France s'achève. Vous écrivez à l'éditeur pour l'informer de votre départ et lui demander précisément les conditions dans lesquelles vous pourrez obtenir la collection complète.

TRAVAIL A FAIRE

Votre lettre à l'éditeur et sa réponse.

☐3 Rédigez sous forme de télégramme le message suivant :

Messieurs,

Comme suite à votre livraison du 15 courant, nous vous confirmons que nous avons bien reçu la machine d'essai commandée.

Celle-ci nous ayant donné entière satisfaction, veuillez nous expédier au plus tôt, par la SNCF, dix exemplaires du même modèle. Nous en effectuerons le règlement aux conditions habituelles.

Veuillez agréer, Messieurs, l'expression de nos salutations distinguées.

☐4 En raison de l'urgence de la situation, vous décidez de remplacer la correspondance ci-dessous par un télégramme que vous rédigerez dans le cadre prévu à cet effet :

Messieurs,

Le 20 janvier dernier nous vous avons adressé la commande numéro 376 portant sur des ensembles (blousons et pantalons) en toile coton Luxo (modèles Eilat, Luxo et Californie).

A la date de ce jour, et malgré nos différents appels téléphoniques, nous n'avons rien reçu de vous.

Comme vous le savez, les pièces commandées sont des articles de vente saisonnière pour lesquels nous commençons à recevoir des commandes. Il va sans dire que tout retard supplémentaire de livraison nous causerait un sérieux préjudice.

Si vous êtes dans l'impossibilité de nous donner satisfaction immédiatement, nous vous prions de nous le faire savoir aussitôt afin que nous puissions envisager de nouvelles dispositions.

Bien entendu, une réponse rapide et un règlement satisfaisant de cette affaire nous paraissent indispensables au maintien de nos bonnes relations.

Nous vous prions d'agréer, Messieurs, l'expression de notre considération distinguée.

Le Président-Directeur Général
Jean LAMBERT

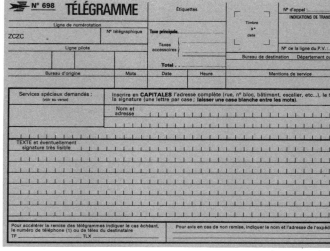

10. Jeu de rôles :

M. Grosjean vous demande d'aller au service de la comptabilité pour savoir ce qui a été fait au sujet de la facture des QUINCAILLERIES REUNIES.
Préparez un petit sketch avec, comme personnages, M. Grosjean, M. Verdier le comptable et vous. Votre enquête finie, vous retournez voir M. Grosjean et vous lui rendez compte.

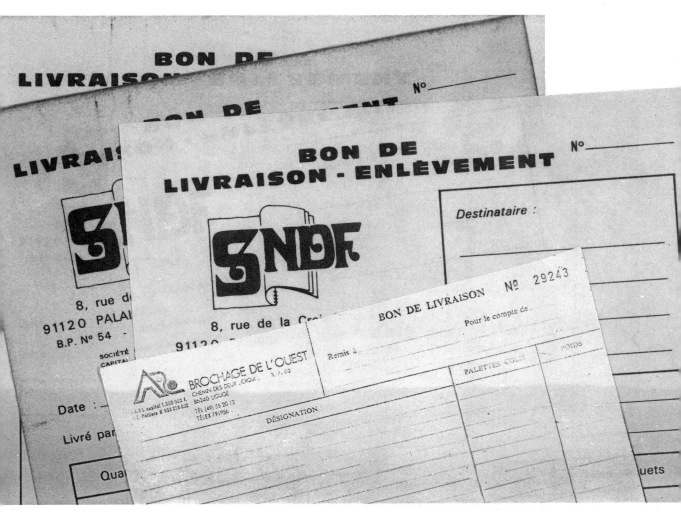

11. Compréhension de texte :

VENTE AUX ENCHERES

Au numéro 9 de la rue Drouot se dresse l'Hôtel Drouot, l'un des endroits les plus connus de Paris. En effet, depuis longtemps déjà, cet hôtel accueille des ventes aux enchères spectaculaires où, au milieu d'un bric-à-brac (1) surréaliste, commissaires-priseurs (2), collectionneurs, antiquaires, experts créent une atmosphère des plus curieuses de Paris.

Que vend-on à l'Hôtel Drouot ? De tout, de simples objets, certes, mais aussi des tableaux de grands maîtres, des meubles précieux, des bijoux de femmes célèbres.

Lorsqu'il y a une vente intéressante, l'Hôtel Drouot fait salle comble. C'est ce qui s'est passé le 19 décembre lorsque les héritiers d'auteurs connus ont vendu les manuscrits et les lettres autographes (3) de leurs ancêtres. Cette vente a attiré les grands collectionneurs français et plusieurs amateurs étrangers.

La raison du succès ? "Il n'y avait que des autographes intéressants, explique l'expert Pierre Bérès, des lettres finement rassemblées ou des pièces jamais vues sur le marché."

La Bibliothèque Nationale, par exemple, a acheté le manuscrit de Colette "mes apprentissages" pour 47 000 francs ; autre auteur apprécié : Federico Garcia Lorca dont le manuscrit autographe de "Ferias" s'est vendu 39 000 francs.

Les hausses de toute façon sont générales. Ce n'est pas seulement la rareté mais aussi l'éclat et l'importance du texte qui attire les collectionneurs. Mais, contrairement à ce que l'on pourrait croire, le manuscrit complet d'une œuvre littéraire se vend moins cher qu'une simple lettre où, toujours selon M. Bérès, "les connaisseurs ont l'impression de trouver quelque chose d'inédit, d'intime". C'est ce qui explique qu'un collectionneur français ait acquis, pour la somme fabuleuse de 101 000 francs, la correspondance de Proust avec Jacques Rivière.

(1) **Bric-à-brac :** marchandises diverses d'occasion, vieilleries ; endroit où on les vend.
(2) **Commissaire-priseur :** officier chargé de l'estimation de la vente, dans les ventes publiques.
(3) **Autographe :** écrit de la main même de l'auteur.

A RÉPONDEZ aux questions suivantes :

1. Que se passe-t-il régulièrement à l'Hôtel Drouot ?
2. Par qui l'Hôtel Drouot est-il surtout fréquenté ?
3. Pourquoi la vente de manuscrits du 19 décembre a-t-elle connu un vif succès ?
4. Qu'est-ce qui attire surtout les collectionneurs de manuscrits ?
5. Pensez-vous que ces collectionneurs aient fait un bon investissement ?

B RÉSUMEZ le texte ci-dessus en une douzaine de lignes

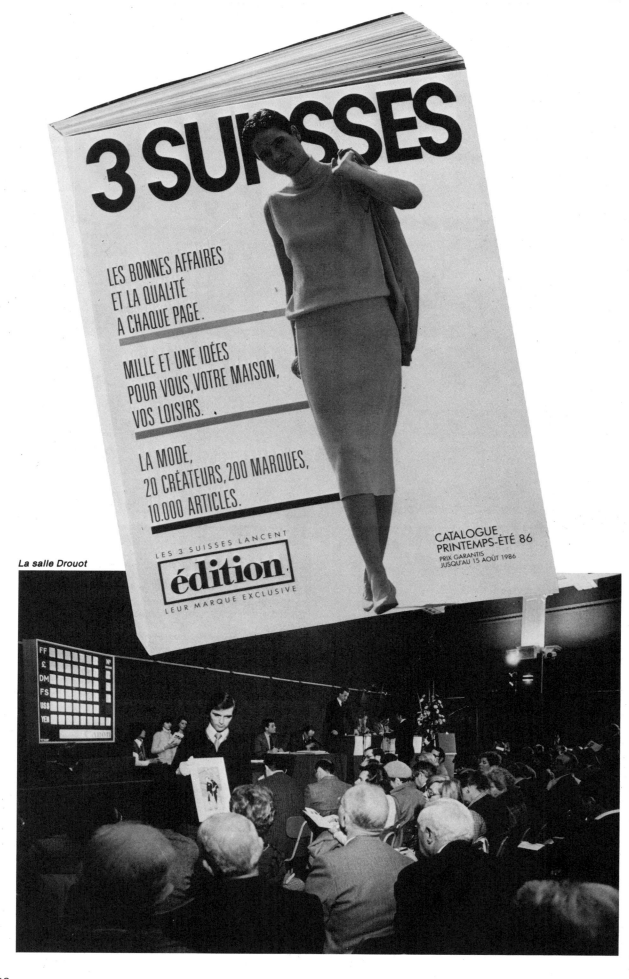

La salle Drouot

Les groupes d'achat

Constitués d'un chef de groupe, d'acheteurs, d'aide-acheteurs, de gestionnaires et d'adjoints de marketing, les groupes d'achat prospectent en France et dans le monde entier pour acheter, faire fabriquer ou modifier des articles dans tous les domaines.

Cadres technico-commerciaux, les acheteurs suivent les articles du début (choix, contrats avec les fournisseurs, fixation des prix) jusqu'à la fin (livraisons, gestions des stocks, analyse des retours).

Pour effectuer ses achats, chaque acheteur possède un cahier des charges, une *fourchette de prix* ; il connaît le style, les tendances, les coloris, les matières et les formes qui, semble-t-il, "marcheront".

Les acheteurs *itinérants* voyagent toute l'année. En hiver, ils *sillonnent* l'Extrême-Orient avec en poche les directives du bureau de style. Avec l'arrivée du printemps, ils regagnent l'Europe et ses marchés. En juin, ils traitent avec les fournisseurs français. Une courte halte et septembre les voit de nouveau sur les chemins de l'Asie, songeant au catalogue "Hiver" suivant. Chaque pays a sa spécialité : le Japon pour le matériel électronique, l'Italie pour une partie de la *bonneterie*, par exemple.

Les acheteurs changent peu de fournisseurs en matière de textile. En revanche, l'équipement de la maison, en perpétuelle évolution, demande sans cesse de nouvelles prospections dans les pays étrangers. Des obstacles imprévisibles se dressent parfois sur la route des acheteurs. La conjoncture politique d'un pays peut tout à coup justifier des changements dictés par la prudence. Il n'y a pas si longtemps, un pyjama et un fauteuil fabriqués en Pologne n'ont pas été remis au catalogue après les événements de ce pays : ils risquaient d'être bloqués aux frontières. Impossible de courir un tel risque ! La conjoncture économique impose certaines décisions. Les fluctuations du prix de l'or par exemple, conduisent aujourd'hui à préférer des bijoutiers travaillant d'autres métaux.

Autrefois, aucune restriction ne s'imposait à l'importation des textiles de Corée, d'Inde, de Singapour, de Hong-Kong ; selon la réglementation, ils étaient tissés à la main. Aujourd'hui, où l'utilisation du *métier mécanique* s'est généralisée, l'administration française a fixé des quotas pour protéger notre industrie nationale. Impossible de dépasser certaines quantités, parfois même d'importer certains articles. Depuis un an, par exemple, on ne peut plus acheter de montres en Asie.

La réglementation change si souvent que le service juridique de l'entreprise maintient une liaison permanente avec les différents ministères, étudie et *dépouille* minutieusement le *Journal Officiel* .

En effet, l'*enjeu* est *d'envergure* : les importations constituent le tiers de l'habillement et de l'équipement de la maison. Ce qui explique en partie l'effort accompli parallèlement par les 3 Suisses pour multiplier dans le catalogue les marques "bien de chez nous" : Petit-Bateau, Absorba, Valisère, Eminence, Moulinex et beaucoup d'autres, qui vous invitent à "acheter français" !

PREVOIR LES STOCKS : UNE OPERATION PERILLEUSE

Pas facile de deviner à l'avance ce qui sera acheté pendant les six mois de vie d'un catalogue ! Il s'agit de prévoir assez pour ne pas se trouver soudain en rupture de stocks, mais pas trop non plus, car les stocks superflus pèseraient sur la trésorerie et la rentabilité de l'entreprise.

En matière de ventes, c'est le textile qui produit les scores les plus inattendus. Les modèles d'une double page peuvent se vendre par dizaines de milliers ou... entre 0 et 50 exemplaires ! Un vêtement peut faire une performance extraordinaire dans un catalogue et, repris dans le suivant, n'être demandé que par une dizaine de clientes.

Et pourquoi vend-on tout à coup un chemisier anodin à 80 000 exemplaires, alors que la vente de 7 000 aurait été un résultat raisonnable et *escompté* ? Jusqu'ici, de tels *écarts* restent difficiles à expliquer. Comme raisons, citons pêle-mêle la présentation par le catalogue, une différence de prix avec la concurrence, les brusques changements atmosphériques, les caprices de la mode et du hasard... et les *engouements* subits.

Il y a quelque temps, un catalogue proposait une nouveauté pour les fêtes de fin d'année : un énorme Goldorak en matière plastique. Il s'agissait d'une première : Le *jouet* en question n'était pas encore devenu la *coqueluche* des petits français. 30 000 commandes affluèrent... contre 1 500 prévues ! On pria le fournisseur de se hâter. Hélas ! Le *moule* cassa deux fois, les livraisons durent être reportées en février, bien après le passage du père Noël. Les clients se montrèrent compréhensifs : seulement 20 % des Goldorak furent renvoyés.

Savoir acheter sur catalogue.
Guide des achats par correspondance
3 SUISSES

Notes sur la lecture :

une fourchette de prix : intervalle entre un prix minimum et un prix maximum.
itinérant : qui voyage.
sillonner : parcourir en tous sens.
la bonneterie : les bas, chaussettes, maillots et slips, etc.
tissé : woven.
un métier mécanique : machine sur laquelle on confectionne des tissus.

dépouiller : examiner de près, trier.
l'enjeu : somme d'argent que l'on engage dans un jeu. Au figuré, ce que l'on expose dans une entreprise.
d'envergure : de grande taille.
un écart : une différence.
un engouement : une admiration, un amour exagérés.
un jouet : a toy.
la coqueluche : the rage.
le moule : the mould.

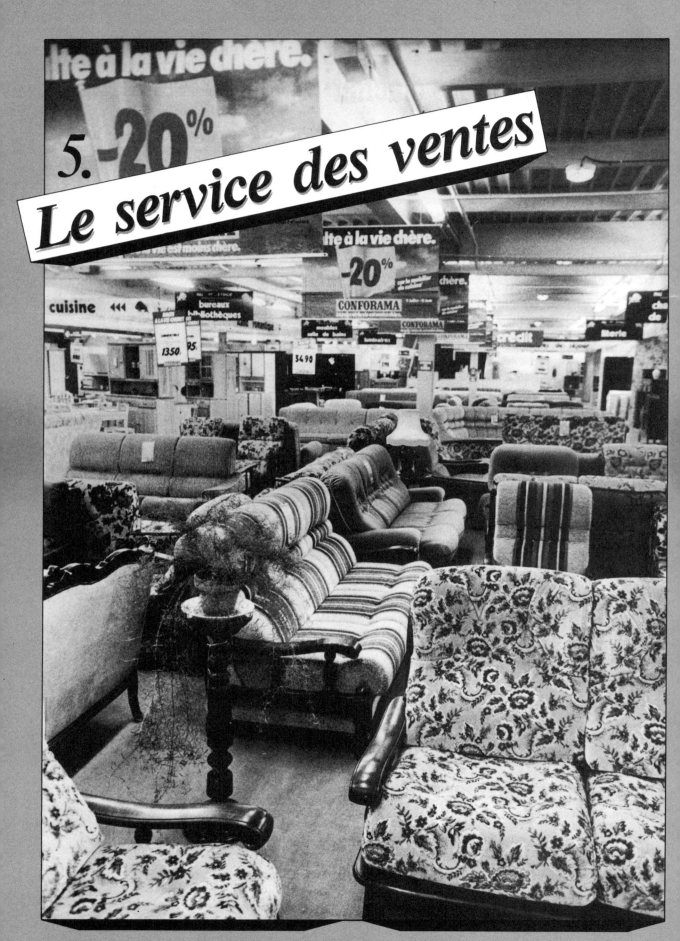

5. Le service des ventes

Paul : Vous m'attendiez, Monsieur ? J'espère que je ne suis pas en retard.

Grosjean : Non, mon cher, vous êtes l'exactitude en personne ! Allons au service des ventes.

Paul : Vous êtes aussi le chef de ce service, n'est-ce pas ?

Grosjean : Oui, mais j'ai un sous-directeur, Morel et nous avons aussi des représentants, enfin... des voyageurs, pour être plus précis. Nous avons aussi lancé sur le marché une série de meubles démontables en kit pour une entreprise de V.P.C., les TROIS BELGES, ainsi que toute une gamme de meubles de jardin pour les hypermarchés CROISEMENT, et nous avons aussi un haut de gamme pour le magasin. Nous devons être très diversifiés si nous voulons être compétitifs et nous assurer une bonne portion du marché.

Paul : Comment sont rémunérés vos voyageurs ?

Grosjean : Nous leur donnons un fixe mensuel et une commission sur les ventes réalisées.

Paul : Où prospectent-ils ?

Grosjean : Un peu partout en France, dans les boutiques des marchands de meubles, mais aussi dans les centres commerciaux.

Paul : Quelle différence y a-t-il entre les voyageurs de commerce et les représentants ? Et il y a aussi les placiers, n'est-ce pas ?

Grosjean : Oui, les V.R.P., comme on dit. Eh bien, ils sont tous salariés de l'entreprise qui les emploie, mais le voyageur visite la clientèle à domicile dans tout le pays et il se déplace beaucoup, tandis que le représentant fait la plus grosse partie de son travail de son bureau par téléphone. Le placier, lui, fait la place, c'est-à-dire qu'il se limite à la clientèle de la ville.

Paul : Mais les voyageurs ont de gros frais de voyage, d'hôtel, de restaurant...

Grosjean : Oui, mais toutes ces dépenses sont défrayées par la maison, à leur retour, sur présentation de pièces justificatives, comme les notes d'hôtel, de restaurants, les factures d'essence, etc.

Paul : Est-ce que ces représentants ont su découvrir des marchés potentiels intéressants ? Je sais bien que les frais de représentation entrent dans le prix de vente des articles, mais est-ce que ces dépenses sont "rentables" ?

Grosjean : Vous savez, nous n'avons pas le monopole de la vente des meubles, ni de leur fabrication d'ailleurs. Nous devons donc être en mesure de faire face à la concurrence, et c'est en multipliant les points de vente que nous touchons le plus de consommateurs, que nous augmentons nos recettes et que nous accroissons notre chiffre d'affaires, que nous pouvons faire face à nos obligations tout en maintenant des prix compétitifs. Nous avions un excellent voyageur dans le Nord, c'est lui qui a conclu ce marché avec les TROIS BELGES dont je viens de vous parler, et il nous a demandé à être muté dans le Sud pour se rapprocher de sa famille, mais comme il est très actif, nous espérons qu'à son prochain passage à Perpignan, il va jeter les bases d'un marché avec un importateur espagnol pour les meubles de jardin.

Paul : Est-ce que c'est intéressant d'exporter ?

Grosjean : Bien sûr, cela fait rentrer des devises et à l'exportation les prix sont hors-taxe, c'est-à-dire que la T.V.A. n'est pas appliquée. Les prix qui figurent sur ce catalogue sont T.T.C., toutes taxes comprises, vous voyez la différence avec le prix H.T. pour l'exportation.

Paul : Mais pour le moment, vous n'avez pas encore de service d'exportation ?

Grosjean : Non, mais si nous développons ce marché avec l'Espagne, nous ajouterons cette branche.

Sophie : Monsieur, vous avez un appel sur la ligne directe...

Grosjean : Merci, excusez-moi, Paul. Je vous retrouve au magasin dans un instant...

Au magasin

Le vendeur : Bonjour, Monsieur, que désirez-vous ? Nous avons, cette semaine, des affaires très intéressantes, comme vous avez pu voir sur le journal, notre salle à manger "Provence" est en réclame : six chaises cannées, une grande table avec allonges à l'italienne, et ce beau buffet avec trois tiroirs pour l'argenterie, les sets de table, les serviettes, vous avez un éclairage intérieur qui met en valeur vos verres en cristal, et vous n'avez pas encore tout vu, voici le prix actuel... et nous vous consentons des facilités de paiement si vous le désirez, vous pouvez payer en douze mensualités, sinon, nous vous ferons un escompte de 3 % pour paiement au comptant.

Paul : Mais, je...

Le vendeur : Vous ne voulez pas de salle à manger ? Nous avons aussi des chambres à coucher très modernes, et sur celle-ci, je peux vous consentir un rabais parce que c'est la dernière...

Paul : Je...

Le vendeur : Un bureau ? Le modèle qui plaît le plus en ce moment est...

Paul : Le "Ministre", oui, je sais !

Grosjean : Paul, j'ai été retenu plus longtemps que je ne le pensais ! Voici Duroy, notre meilleur vendeur...

Paul : Je suis d'accord, il a failli me vendre un bureau "Ministre" !

Grosjean : Comme vous avez pu le voir, nous avons un certain nombre d'articles soldés avec des prix d'appel qui servent à attirer la clientèle et nous faisons des réductions importantes sur certaines pièces, des fins de série, ou des articles qui sont restés longtemps en magasin, ce qui nous permet de les liquider pour faire de la place pour les nouveaux modèles.

Paul : Aux Etats-Unis, certains commerçants majorent les prix sur les étiquettes pour ensuite les diminuer et faire croire à leurs clients qu'ils font une bonne affaire.

Grosjean : Mais, c'est une manœuvre frauduleuse pour tromper la clientèle ! Nous ne faisons jamais cela, nos soldes sont de vrais soldes, seulement bien souvent, un bon vendeur réussit à vendre un article non soldé en faisant constater les différences dans la qualité des articles.

Paul : Mais j'y pense, dans l'entrepôt de Charmont, je n'ai pas vu de meubles !

Grosjean : Exact, nous avons un autre local où nous entreposons les articles finis. Pour des raisons de commodité, les ateliers de fabrication sont situés entre ces deux entrepôts. Le dernier sert aussi au conditionnement et à l'expédition des "kits". Nous allons y passer maintenant.
Vous voyez la section A est réservée aux kits. Les pièces sont rangées dans des cases dans un ordre préétabli et un emballeur emplit chaque carton en rangeant les pièces dans l'ordre voulu pour tenir le moins de place possible, il ajoute un sachet contenant la quincaillerie nécessaire et une notice de montage. Chaque paquet est vérifié avant d'être scellé, ensuite les expéditeurs groupent les paquets et les envoient aux TROIS BELGES.

Paul : Pourquoi doit-on vérifier les paquets ? N'est-ce pas une perte de temps ? Le vérificateur défait-il complètement le paquet ?

Grosjan Non, en réalité, il le pèse. C'est seulement dans le cas où il constate une différence sensible dans le poids qu'il doit tout vider et vérifier pièce par pièce.

Paul : Mais, est-ce que cela arrive quelquefois ?

Grosjean : Oui, certes. Il arrive qu'un emballeur oublie une pièce, ou en mette deux au lieu d'une ! Après vérification, le contrôleur met un numéro dans le carton. Si le client veut faire une réclamation, il doit rappeler le numéro de contrôle.

Paul : Y a-t-il souvent des litiges ?

Grosjean : Non, parce que le contrôle est fait sérieusement. Mais l'emballage est très important surtout pour les grandes surfaces où la vente est en libre-service. Il ne faut pas que le client éventuel puisse ouvrir facilement le carton dans les rayons. Sinon, il y a des risques de perte de pièces et donc de réclamations sans fin ! Nous pourrions tripler le personnel du service après-vente !

Paul : Que fait exactement ce service ?

Grosjean : Dans le cas où un article est défectueux, ou se détériore dans l'année de l'achat, il est "sous garantie", c'est-à-dire que le client peut, soit le retourner, s'il s'agit de petites pièces, les kits par exemple, pour échange ou réparation, ou demander que le meuble soit repris à domicile et remplacé ou réparé à l'atelier. Il peut aussi demander qu'il soit réparé sur place.
Après l'année de garantie, le client peut aussi faire entretenir son mobilier, mais il doit payer la réparation et le transport, ou le déplacement de l'ouvrier.

Paul : Qu'est-ce qui donne le plus de travail au service ? Les garanties ou les réparations ?

Grosjean : L'entretien, car il est relativement rare que nous ayons des réclamations la première année. Mais il arrive que dans des appartements surchauffés ou très humides, le bois s'abime, les portes ne ferment plus très bien ou les tiroirs se coincent, le vernis aussi ternit à la longue.

Paul : Est-ce le service du contentieux qui est chargé de ces réclamations ?

Grosjean : Oh non, cela ne concerne que le service après-vente. Le contentieux se charge des litiges graves, qui peuvent éventuellement se terminer par un procès. Mais Roquet, notre Chef du contentieux vous en parlera.

VOCABULAIRE

lancer sur le marché : *to launch (a new product) on the market*
V.P.C. (vente par correspondance) : *mail order business*
une gamme : *a line, a range*
un hypermarché : *hypermarket (huge supermarket)*
haut de gamme : *among the best in the range of products*
compétitif : *keen, competitive*
le marché : *the market*
un fixe mensuel : *a fixed monthly salary*
une commission : *a commission*
un centre commercial : *a shopping center*
un voyageur de commerce : *a traveling salesman*
un représentant : *a regional representative*
un placier : *a door to door salesman*
V.R.P. : *Voyageurs, Représentants, Placiers*
les frais (m) : *expenses*
une dépense : *an expense*
défrayer : *to defray, to pay*
une pièce justificative : *a voucher*
une note d'hôtel : *a hotel bill*
une facture d'essence : *a gas (gasoline) bill*
potentiel (marché) : *potential (market)*
un monopole : *a monopoly*
être en mesure de : *to be in a position to*
faire face à la concurrence : *to meet competition*
un point de vente : *a (retail) outlet, a point of sale*
un consommateur : *a consumer*
accroître : *to increase*

le chiffre d'affaires : *the turnover*
muté : *transferred*
des devises : *foreign money, currency*
hors-taxe (H.T.) : *exclusive of tax*
T.V.A. (taxe à la valeur ajoutée) : *value added tax*
un catalogue : *a catalog*
T.T.C. (toutes taxes comprises) : *taxes included*
en réclame : *special offer*
des facilités de paiement : *easy terms*
une mensualité : *monthly payment*
un escompte : *a discount*
un paiement au comptant : *a cash payment*
un rabais : *a rebate*
solder : *to sell off, to clear*
un prix d'appel : *a rock bottom price (to attract customers)*
une réduction : *reduction, cutting down (of price)*
une fin de série : *oddment, close-out*
liquider : *to sell off*
majorer : *to increase*
une étiquette : *a label*
diminuer : *to lower, to diminish*
une bonne affaire : *a real bargain*
une manœuvre frauduleuse : *swindling*
un solde : *item on sale, sale goods*
un local : *premises*
le conditionnement : *packaging*
un emballeur : *a packer*
un sachet : *a small bag*
un expéditeur : *a dispatcher*
peser : *to weigh*
une grande surface : *a hypermarket*
libre-service : *self-service*
le service après-vente : *client servicing, aftersale service*
défectueux : *defective*
à la longue : *in the long run*
le service du contentieux : *legal department*

QUESTIONS ORALES

1. Quelles sont les entreprises de V.P.C. que vous connaissez aux Etats-Unis (ou dans votre pays) ?
2. Quelle différence y a-t-il entre un représentant, un voyageur et un placier ?
3. Que doivent présenter les voyageurs à leur retour pour que leurs frais soient remboursés ?
4. Qu'appelle-t-on des devises ?
5. Qu'est-ce que le chiffre d'affaires ?

6. Expliquez : "Nous consentons des facilités de paiement".
7. Quelle différence y a-t-il entre un escompte et un rabais ?
8. Quel est le travail des emballeurs ? des expéditeurs ?
9. Que fait le service après-vente ?
10. Expliquez : "sous garantie".

EXERCICES ECRITS

1. Ecrivez le mot ou l'expression qui vous paraît convenir :

1. Nous ne pensons pas que des délais de paiement trop longs soient un . . . . de baisse de prix.
   - concurrent
   - facteur
   - paradoxe
   - rabais

2. Nos représentants touchent un fixe et une commission proportionnelle aux ventes . . . .
   - alignées
   - planifiées
   - réalisées
   - souhaitées

3. En affaires, la trace écrite des opérations effectuées permet d'en apporter la preuve en cas de . . . .
   - décision
   - négation
   - contestation
   - consultation

4. Notre représentant, à sa demande, vient d'être . . . . dans le sud de la France, sa région d'origine.
   - renvoyé
   - muté
   - viré
   - changé

5. Le (La) . . . . est le produit des ventes d'une entreprise.
   - résultat
   - bénéfice
   - chiffre d'affaires
   - marge brute

6. Les . . . . survenant à l'occasion des actes de commerce sont de la compétence des tribunaux de commerce.
   - défauts
   - lois
   - faits
   - litiges

7. Le détaillant doit s'approvisionner en marchandises pour les revendre au . . . .
   - producteur
   - grossiste
   - vendeur
   - consommateur

8. Le . . . . visite la clientèle du ou des commerçants qu'il représente.
   - diffuseur
   - mandataire
   - représentant
   - divisionnaire

9. Le . . . . est une méthode de vente nettement caractérisée.
   - commerce
   - libre service
   - marketing
   - management

10. Evidemment, toutes les dépenses concernant votre mission vous seront dûment . . . .
    - engagées
    - remplacées
    - avalisées
    - défrayées

11. La . . . . est un état détaillé, indiquant la quantité, la nature et le prix des marchandises vendues.
    - note de frais
    - lettre de change
    - facture
    - commande

12. Prochainement, nous comptons . . . . un nouveau produit sur le marché.
    - retirer
    - lancer
    - émettre
    - solder

13. Vous trouverez dans notre . . . . la référence et le prix de nos articles.
    - indice
    - annuaire
    - catalogue
    - compte

14. Notre choix est très important car nous avons une large . . . . de produits.
    - série
    - gamme
    - matière
    - élasticité

15. La vente de ces produits dépendant de bonnes conditions climatiques est essentiellement . . . .
    - saisonnière
    - relationnelle
    - arbitraire
    - contractuelle

16. Tous les renseignements . . . . vous seront donnés ultérieurement.
    - élémentaires
    - arbitraires
    - complémentaires
    - contraires

17. Le service . . . . assure à l'acheteur une utilisation correcte de l'objet qu'il a acquis.
    - public
    - après-vente
    - achat
    - personnel

18. Leur mauvaise qualité rend ces articles . . . .
    - invendus
    - compétitifs
    - invendables
    - attrayants

19. L'ensemble des pièces . . . . accompagne notre facture.
    - détaillées
    - qualitatives
    - justificatives
    - quantitatives

20. C'est un produit invendable. Nous serons obligés de le . . . .
    - solder
    - céder
    - liquider
    - commercialiser

54

2. Indiquez la ponctuation correcte de la phrase suivante :

Quiconque s'efforce par des manœuvres frauduleuses d'évincer un concurrent peut conformément à la loi être accusé de concurrence déloyale.

3. Complétez les phrases suivantes :

— Dans le courant du mois prochain, notre représentant...
— ... quand la vente a été conclue.
— Notre part du marché augmente, bien que...
— Notre représentant, qui passera vous voir bientôt...
— En ce qui concerne votre commande, nous sommes en mesure de...

4. Faites une phrase avec les mots suivants :

— Concurrence - grandes surfaces - client.
— Bon de commande - joindre - catalogue.
— Remercier - votre commande du - bien recevoir.
— Faire parvenir - urgent - prévisions ventes.

5. Vrai ou faux :

1. L'étude de marché montre les possibilités d'un produit.   VRAI   FAUX
2. L'abréviation T.T.C. signifie "toutes taxes comprises".   VRAI   FAUX

6. Choisissez ci-dessous l'expression qui convient et écrivez-la sur la ligne correspondant à sa définition :

marché d'un produit   marché potentiel
marché noir   marché captif

— .... : partie ou totalité d'un marché dans laquelle un seul producteur vend un bien ou service.
— .... : ensemble des acheteurs actuels ou potentiels d'un produit qui se trouve sur un territoire déterminé.
— .... : marché dont les transactions sont opérées dans le non-respect des lois et des règlements économiques.
— .... : ensemble des consommateurs possibles d'un bien ou d'un service.

hypermarché   supermarché
grand magasin   magasin populaire

— .... : magasin de grande surface (400 à 2 500 m²) offrant des produits très variés vendus en libre-service.
— .... : magasin d'au moins 400 m², vendant de l'alimentation et des marchandises diverses selon la formule libre-service, mais dans des rayons pas nécessairement séparés.
— .... : établissement commercial supérieur ou égal à 2 500 m² et offrant une large gamme de marchandises dans des rayons différents.
— .... : magasins exploités en libre-service et présentant une superficie consacrée à la vente, supérieure à 2 500 m².

7. Version :

1. La vente par correspondance permet d'opérer ses choix en toute tranquillité.

2. Ce nouveau centre commercial est immense, on y trouve des supermarchés, de nombreuses boutiques, des succursales de banques et des compagnies d'assurances.

3. Cette nouvelle gamme de produits semble plaire à notre clientèle.

4. Malgré nos efforts, nous ne sommes pas en mesure de vous procurer les articles demandés.

5. Il est chef de rayon dans un grand magasin.

6. Il a payé le solde en trois mensualités.

7. Le service après-vente assure à l'acheteur une utilisation correcte de l'objet qu'il a acquis.

8. Si vous désirez plusieurs exemplaires de notre catalogue, veuillez nous le faire savoir le plus rapidement possible.

9. L'emballage conserve et protège les produits.

10. Si vous avez besoin de plus amples renseignements, veuillez nous le faire savoir.

8. Thème :

1. The big store sells a very wide range of different articles in its many departments.

2. Thank you for your letter of 18th February in which you asked us to let you know when it would be convenient for your representative to call on us.

3. Catalogues are usually sent by separate mail.

4. Please note that prices are subject to change.

5. It is open until eight in the evening and nine on Fridays.

6. Self-service means that goods are displayed where everyone can see them, pick them up and take them to a central point to pay for them.

7. Competition for the U.S. market is keener and keener.

8. Last year, he was appointed Head of the Sales Department.

9. The new issue of our catalogue will be mailed to you shortly.

10. Thanks to marketing techniques, a sales manager is able to develop his firm's activities on a greater scale.

9. Correspondance :

1   Rédigez sous forme de télégramme la lettre suivante :

Messieurs,

Votre commande du 5 courant nous est bien parvenue et nous vous en remercions. Malheureusement, nous regrettons de ne pouvoir vous expédier par retour les marchandises demandées car nous sommes actuellement en rupture de stock.

Espérant que vous voudrez bien nous excuser pour ce fâcheux contretemps, nous vous prions d'agréer, Messieurs, l'expression de nos sentiments distingués.

Le Directeur Commercial

2. Vous avez récemment acheté par correspondance un ensemble de produits comestibles régionaux de qualité. Les articles livrés ne correspondent pas à la commande faite.
Vous écrivez à la Maison du Quercy à : 24320 VERTEIL-LAC, pour demander ce qu'il y a lieu de faire.

TRAVAIL A FAIRE
Rédigez cette lettre.

3. La Société LA REDOUTE (ROUBAIX) est spécialisée dans la vente au détail par correspondance.
Sur catalogue, un de ses clients lui a commandé — et réglé par chèque — il y a 15 jours, du matériel de sports d'hiver (chaussures, gants et lunettes).
Malgré les délais rapides de livraison annoncés par les conditions générales de vente (5 à 8 jours au plus), rien ne lui est encore parvenu. A moins de 10 jours de son départ, il s'inquiète légitimement.

TRAVAIL A FAIRE
Ecrivez la lettre de réclamation de ce client à LA REDOUTE.

4. Après avoir reçu la lettre de rappel de son client, LA REDOUTE procède, le jour même, à l'envoi des articles commandés en justifiant ce retard.

TRAVAIL A FAIRE
Vous écrivez la lettre de la Société LA REDOUTE à son client.

5. Vous venez de recevoir une montre à quartz très perfectionnée (cinq fonctions : réveil, chronomètre...), que vous aviez commandée sur catalogue (LA REDOUTE à ROUBAIX) par correspondance. Après avoir lu et relu la notice d'emploi, vous constatez qu'elle ne fonctionne pas. L'appareil est bien sûr sous garantie et vous n'avez pas encore effectué le règlement.

TRAVAIL A FAIRE
Ecrivez à LA REDOUTE la lettre qui convient.

10. Jeu de rôles :

Vous êtes Jean DUROY, le super-vendeur, et vous essayez de vendre des meubles à vos camarades de classe qui joueront le rôle de clients éventuels.

11. Compréhension de texte :

SUR CATALOGUE

La vente par correspondance : un secteur qui entend mettre à profit les technologies nouvelles pour continuer à gagner du terrain et ne pas manquer les rendez-vous de demain.
Pour célébrer son vingt-cinquième anniversaire, le 10 juin dernier, le syndicat V.P.C. (entreprises de vente par correspondance) a conjugué son présent au futur.

DE L'AVENIR DANS L'ESPRIT

Ce n'est pas sans raison que le débat organisé à l'occasion de cet événement, a été animé par Albert Ducrocq, écrivain et chroniqueur d'avenir.
"D'ici à l'an 2000, d'ici à moins de vingt ans, l'humanité va connaître plus de transformations qu'elle en a connu depuis qu'elle existe, nous prévient-il. Les performances électroniques doublent tous les dix-huit mois.
"Le commerce, comme tout le reste, évoluera profondément.
"Et avec lui, la V.P.C., qui est une des dimensions de la vente de demain"...
Autre intervenant occupé d'avenir, Bernard Cathelat, professeur de sociologie, animateur du Centre de communication avancée du Groupe Havas. Il décrit le consommateur d'hier et de demain.
Comment voit-il les choses ?
De 1960 à 1970, explique-t-il, la V.P.C. a rencontré deux styles de vie, deux marchés.
D'une part, les isolés, les oubliés de l'expansion. La P.V.C. leur apportait à domicile le grand magasin ou le commerce spécialisé et nouait ainsi un cordon ombilical les reliant à la société.
D'autre part, les "nouveaux consommateurs", modernistes, épris du "way of life" à l'américaine le genre "jeune cadre dynamique" cher aux publicitaires. Impulsifs, dépensiers... Et pas très bons clients, en définitive, de la P.V.C.
Par parenthèses, ce que n'a pas rappelé Bernard Cathelat, c'est qu'à ses débuts — que l'on doit, sauf erreur, à Aristide Boucicaut, créateur du "Bon Marché" — la vente par correspondance n'avait d'autre propos que de se substituer au colporteur, au marchand ambulant qui allait placer ses marchandises de ferme en ferme comme on le voit faire dans les westerns par les prédicateurs placeurs de Bibles.
Le colporteur, paraphrasant la réplique célèbre du "Bossu" de Paul Féval (*), pouvait dire : "Si tu ne viens pas à la boutique, la boutique ira à toi".
A l'origine, donc, la V.P.C. — que l'on ne désignait pas encore par un sigle — visait essentiellement la clientèle rurale. Bien plus que le Petit Larousse, le catalogue de la "Manu" de Saint-Etienne prenait place, avec quelques almanachs, entre le vaisselier et la huche à pain, à côté des sachets de graines potagères et des recettes de cuisine découpées dans les journaux.
Or, sans perdre pour autant cette vocation primitive, la V.P.C. a su s'acquérir la fidélité des clientèles urbaines. Et pas seulement dans les bourgades, dans les plus grandes cités aussi.

DU "CHEZ SOI" A "L'AILLEURS"

Que seront, selon Bernard Cathelat, les clients de 1980-1995 ?

Il affirme que 50 % des Français — et 60 % des jeunes — accordent désormais une nette priorité à la qualité de la vie.

Peu tentés par le pouvoir, l'aventure ou la richesse, ils recherchent le confort à la maison. Quand ils achètent, ce n'est pas sans préméditation. Ils se renseignent, car ils sont avides de s'informer.

Les technologies nouvelles les fascinent mais les effraient. Ils s'en méfient.

Clientèle idéale pour la V.P.C. ! Sûrement. Mais à condition que la relation de fournisseur à client s'humanise en dépit du caractère impersonnel des moyens de communication modernes.

Ils attendent de la V.P.C., non seulement qu'elle leur procure des biens, mais aussi qu'elle les aide à en tirer pleine satisfaction. D'où l'accent à mettre sur le conseil dispensé par des spécialistes attentifs et tutélaires, sur le suivi, sur l'après-vente...

Mais, à côté de ces amateurs de vie chez soi, explique Bernard Cathelat, il y a déjà et il aura toujours une autre catégorie de clients : des consommateurs-Janus au double visage, à la fois marginaux, voire associaux, et parfaitement à l'aise dans la société actuelle.

Ceux-là donnent la préférence à des consommations non utilitaires. Ils dépensent peu en meubles, en nourriture, en automobiles, mais beaucoup en hi-fi, en champagne ou en whisky rare, en voyages...

Ils affectionnent les circuits commerciaux parallèles : les soldeurs, les Puces, les souks, l'achat direct au producteur.

Pour eux, pour les satisfaire, la V.P.C. a une carte à jouer qu'on ne trouve guère jusqu'à présent dans son jeu habituel : la carte du produit exceptionnel, insolite. Il faut inventer une V.P.C. sur mesure pour ces individualistes, ces conformistes de l'anti-conformisme.

De toute manière, selon Bernard Cathelat, il est trois tentations auxquelles les entreprises de V.P.C. doivent résister : la tentation de croire que la technologie est une valeur en soi (il n'y a pas que la V.P.C. qui ait à se méfier des séductions trompeuses de la technique pour la technique, lesquelles ne valent pas mieux que celles de l'art pour l'art) — la tentation de la gadgétisation — la tentation de faire "le marketing du producteur" alors que c'est, bien sûr, le marketing du consommateur qui doit dicter sa loi.

La V.P.C. se met en correspondance avec les temps qui courent. Et qui courent vite.

Elle ne ratera pas ses rendez-vous avec les réalités de demain.

Sven SAINDERICHIN
La Revue des Entreprises
n° 437, Juillet/Août 1982

(*) "Si tu ne viens pas à Lagardère, Lagardère ira à toi".

A COMPLÉTEZ, à l'aide du texte, la fiche de synthèse ci-dessous :

```
. . . . . . . . . . La V.P.C. . . . . . . . . . . .
1. Thème du débat : . . . . . . . . . . . . .
2. Organisé à quelle occasion : . . . . . . . . . . . . .
3. Organisateur :  . . . . . . . . . . . . . . . . . . .
4. Noms et qualités des principaux animateurs :

  . . . . . . . . . . . . . . . . . . . . . . . . . . . . .

5. Origine de la V.P.C. :
6. Clientèle traditionnelle :
Les consommateurs d'hier (1960-1970) :
7.
8.
La clientèle idéale (1980-1995)
9. Sa principale motivation : . . . . . . . . .
   ses principales caractéristiques :
10.
11.
12.
Attitudes que doit adopter la V.P.C. auprès de ces futurs
consommateurs :
13.
14. . . . . . . . . . . . . . . . . . . . . . . . . . .
15. L'autre catégorie de clients :
Leurs caractéristiques principales :
16. . . . . . . . . . . . . . . . . . . . . . . . . . .
17. . . . . . . . . . . . . . . . . . . . . . . . . . .
18. Attitude que doit adopter la V.P.C. auprès de cette
autre catégorie :
En général, attitudes que doit éviter la V.P.C. :
19. . . . . . . . . . . . . . . . . . . . . . . . . . .
20. . . . . . . . . . . . . . . . . . . . . . . . . . .
21. . . . . . . . . . . . . . . . . . . . . . . . . . .
```

B Peut-être, êtes-vous, vous-même, concerné par la V.P.C. ? Favorable ou hostile à son égard ?
Dans tous les cas, JUSTIFIEZ en quelques lignes votre point de vue sur ce type de vente particulier.

Bon de commande.

Lorsque vous passez un écrit, utilisez de préférence le bon de commande à votre nom (vous en trouvez dans le catalogue La Redoute vous envoie). Si vous d'en avez pas, utilisez celui-ci.

Conseil : si vous commandez par téléphone ou par Minitel, préparez votre commande à l'aide d'un bon, de façon à ne rien oublier, et à garder une trace !

La Redoute

BON DE COMMANDE

59081 ROUBAIX CEDEX 2

Indiquez ci-contre votre n° de client (si vous en avez un), votre nom et votre adresse complète. N'oubliez pas de cocher la case correspondant à votre dénomination (Mme, Mlle…). Indiquez-nous aussi votre n° de téléphone. Il peut être utile.

N° de client (si vous en avez un) — **TBZ 39420**

A REMPLIR EN LETTRES CAPITALES

☐ Mme ☐ Mlle ☐ Mr ☐ Autres dénominations

Nom — Prénom

Adresse — Bât. — Étage

Ville

Code postal — N° de tél. ( )

Désignation des articles, coloris	Référence	Taille	Quantité Décimales	Prix de l'unité Francs / Centimes	Montant Francs / Centimes
Lot de 2 tee-shirts rouges.	0 1 6 3 4 5 8	4 2	2	6 5 0 0	1 3 0 0 0

CHOISISSEZ VOTRE MODE DE PAIEMENT

JOINT A VOTRE COMMANDE
1 ☐ Mandat-lettre
2 ☐ Chèque postal (avec ses 3 volets)
3 ☐ Chèque bancaire (à l'ordre de La Redoute)
4 ☐ Avoir ou chèque Redoute

AVEC VOTRE CARTE DE PAIEMENT (n'oubliez pas d'inscrire son...)
5 ☐ Carte Kangourou
7 ☐ Carte Bleue

A LA LIVRAISON
6 ☐ Envoi contre-remboursement (+ frais selon taxe en vigueur)

N'envoyez jamais de mandat-carte 1418, de timbres ni d'espèces

---

Notes sur la lecture :

Désabusé : ayant perdu ses illusions.

Un déplacement : un voyage.

Escamotable : se dit de quelque chose que l'on peut faire disparaître facilement, un lit escamotable peut se relever et se cacher dans un placard, ou dans un mur.

Brinquebaler : balancer de droite à gauche, ici traîner.

Débarquer : descendre du bateau, arriver.

Un boîtier : une petite boîte, comme celle qui renferme le mécanisme d'une montre, par exemple.

Une pellicule : a film.

Convaincre : amener quelqu'un à croire quelque chose.

Un "sioux" : un indien rusé et habile.

Piéger : attraper.

Dans la foulée : image sportive, on est dans la foulée de quelqu'un, lorsqu'on le suit de très près dans une course à pied.

Dérisoire : très bas (d'un prix).

Stéphanois : de la ville de Saint-Etienne.

PME: l'art de vendre... aux Etats-Unis

Nouvelle croisade d'Edith Cresson et des chefs de PME françaises aux Etats-Unis.
Objectif: exporter toujours plus. Mais n'y pénètre pas qui veut.

"Pas facile l'Amérique ! Bien sûr, ici on peut créer une entreprise en quarante-huit heures. Mais pour faire aboutir un projet, il faut plusieurs mois de tractations !" Désabusé, Joël Renault, le PDG de Delta-Dore Electronique ? Non. Pour lui, les affaires vont plutôt bien. Parmi les quelque 200 dirigeants de PME qui accompagnaient l'autre semaine Edith Cresson dans la mission "Exporter aux Etats-Unis", il est l'un de ceux qui ont déjà une bonne connaissance du terrain. En deux ans, il vient de racheter deux sociétés sur le continent nord-américain. Et il entend bien pousser plus loin son avantage : *"La seule erreur que nous ayons commise, avoue-t-il, c'est sur le nombre de déplacements nécessaires. Nous en avions prévu cinq par an. Nous en ferons cette année plus de vingt-cinq !"*

Difficile, lointain, souvent protégé, le marché américain fascine pourtant les exportateurs français. Entraînés par le ministre du Commerce extérieur, ils partent, une fois de plus, à sa conquête. Chacun avec sa méthode... et sa part de rêve. Thomas Marc, directeur commercial de la Société La Méridienne, vend des lits escamotables dans des armoires de style. Son arme secrète ? Un prospectus en anglais et un sac de 15 kilos d'échantillons de bois qu'il brinquebale courageusement à travers tout New York ! Jean-Marie Vastral, lui aussi "débarque" pour la première fois aux Etats-Unis. Mais avec des références sérieuses : sa société, spécialisée dans le laminage et le traitement de l'acier, fournit déjà la filiale britannique de Kodak en boîtiers pour pellicules photo. *"Pourtant, admet-il, cela ne suffit pas pour m'ouvrir automatiquement les portes de Kodak-USA. Chaque filiale a son autonomie de gestion, et il va falloir discuter, négocier, convaincre."*

"Convaincre"... Un leitmotiv dans la conversation de tous ces patrons de PME qui pendant près d'une semaine vont courir de rencontres officielles en rendez-vous particuliers préparés par les services français du Commerce extérieur aux Etats-Unis.

Guy Dadou, lui, est plus "sioux". Il n'est pas là pour vendre, mais pour *"étudier le marché, établir une stratégie"*. Et surtout pour ne pas se laisser piéger par les clichés, les idées reçues. La Silicon Valley, que les Français semblent avoir découverte le mois dernier dans la foulée de la visite de François Mitterrand ? Normalement, elle devrait l'attirer. Son entreprise spécialisée dans la miniaturisation de semi-conducteurs n'a-t-elle pas un profil californien ! Age moyen des 200 salariés : 24 ans ; un chiffre d'affaires en croissance constante de 50 % par an ; 25 % des effectifs employés à la recherche...

"Erreur, explique-t-il. *Le marché intéressant pour nous se situe au Texas, entre Dallas et Austin, dans ce qu'on appelle ici "le corridor". La crise du pétrole a sinistré cette région, mais elle se reconvertit à toute allure. On trouve à Houston des bureaux à louer à des prix dérisoires et avec un an de loyer gratuit ! Les jeunes entreprises d'informatique et de haute technologie s'y sont précipitées. C'est là qu'il faut aller !"*

Etonnés, amusés, parfois séduits, les Américains accueillent la cohorte des exportateurs français à leur manière : chaleureuse lorsqu'en préambule on évoque l'indéfectible amitié qui réunit nos pays — et rude dès que commence la négociation. Prix, normes, délais de livraison, rien n'est concédé. *"Ici, tout s'arrache de haute lutte. Epuisant !* soupire l'un d'eux. *Il faudrait être ici en permanence pour pouvoir mieux discuter".*

Pourquoi pas ? *"De toute façon,* estime Edith Cresson, *il ne faut pas se faire d'illusions : on exportera de moins en moins vers les Etats-Unis en mettant simplement des produits finis sur un bateau. Il y a dans ce pays une montée du protectionnisme. Pour pénétrer ce marché, il faudra y être présents par des investissements dans des sociétés locales, dans des réseaux de distribution, et dans certains cas partager le travail avec les entreprises américaines. Il faut profiter du cours élevé du dollar pour vendre plus. Mais pour réaliser autre chose que des coups ponctuels, il faudra investir."*

Certaines PME, à l'image de Delta-Dore, l'ont déjà fait. La chaîne stéphanoise de supermarchés Casino vient d'ouvrir un magasin à Los Angeles. Mais il faudra faire plus et négocier, toujours négocier.

"Prenez l'exemple du TGV, explique Edith Cresson. *Il intéresse les élus de la Floride. Mais si demain ils nous l'achètent, il faudra probablement qu'une partie de sa fabrication soit réalisée ici."* Autrement dit, partager le gâteau.

Une règle du jeu non écrite, mais qu'il faut toujours respecter. Et si La Société des avions Marcel Dassault a déjà vendu aux Etats-Unis une centaine de Falcon 50, c'est au prix d'une concession de taille : la moitié des composants de l'appareil sont *made in USA*. Un exemple à méditer pour nos "vaillantes PME exportatrices", et qui conforte l'idée selon laquelle le meilleur moyen pour vendre aux Américains... c'est d'être (au moins en partie) américain !

Georges POTRIQUET
Le Point, n° 604 (16-4-84)

"Edith Cresson : Ministre du Redéploiement industriel et du Commerce extérieur."

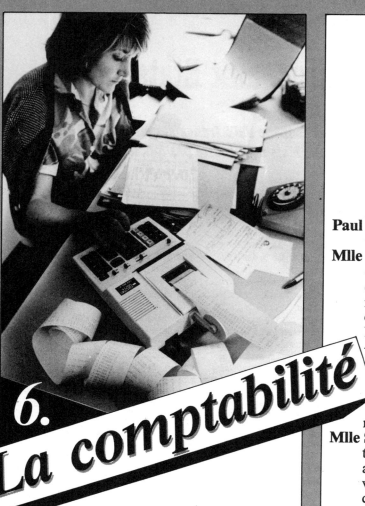

6. La comptabilité

Mlle Simon : Bonjour Monsieur. Mme Moreau m'a dit que vous alliez remplacer Mme Corbière pendant son <u>congé de maternité</u> et elle m'a demandé de vous <u>mettre au courant</u>.

Paul : J'ai déjà fait de la comptabilité aux Etats-Unis, est-ce que c'est très différent ici ?

Mlle Simon : Je ne pense pas... Vous savez <u>tenir un compte</u> : on porte au <u>crédit</u> les sommes qui sont versées et au <u>débit</u> les sommes dues et le compte du client est <u>soldé</u> lorsque la différence entre chaque colonne, crédit et débit, égale zéro.
Nous sommes quatre dans ce service et nous nous occupons de secteurs différents. M. Verdier est chargé de la comptabilité "Fournisseurs".

Paul : C'est lui qui reçoit les bons de livraison que lui envoie Charmont et qui paie les factures quand elles sont conformes aux commandes et surtout aux livraisons.

Mlle Simon : Oui, il est aussi <u>fondé de pouvoir</u> et il peut accepter les traites ou signer les chèques en l'absence de M. Lecomte,

l'expert-comptable. Mlle Roussin s'occupe de la comptabilité du personnel, c'est-à-dire des salaires de tous les employés de la maison, elle établit les <u>feuilles de paie</u>, elle tient le registre des <u>salaires</u>, des congés réguliers et des <u>congés de maladie</u>, elle fait le décompte des <u>heures supplémentaires</u>, des <u>retenues</u> pour la Sécurité Sociale, elle règle les taxes, impôts, cotisations pour l'<u>URSSAF</u>, etc. Vous la verrez demain car elle assiste à la réunion du Conseil avec le <u>Comité d'Entreprise</u> et les <u>Délégués du Personnel</u>.

Paul : Y a-t-il des problèmes ? Des revendications syndicales ?

Mlle Simon : Pas vraiment, mais ces réunions de concertation sont à <u>l'ordre du jour</u> car elles sont obligatoires. Cela permet de mieux connaître les besoins du personnel et de tenir compte de leurs demandes. Lorsqu'elles sont fondées et raisonnables — et elles le sont bien souvent — la Direction fait tout son possible pour leur donner satisfaction.

Paul : Et éviter ainsi toute confrontation, <u>grève</u>, manifestations d'employés mécontents ! C'est astucieux !

Mlle Simon : Moi, je prends soin de la comptabilité "clients" avec Mme Corbière. Nous avons divisé cette section de la façon suivante : elle s'occupe uniquement des clients du magasin et moi des autres, c'est-à-dire des TROIS BELGES et de CROISEMENT. Si nous développons un secteur Exportations, je crois qu'il faudra <u>embaucher</u> une cinquième personne.

Paul : Alors Mme Corbière établit les factures des clients du magasin et lorsqu'ils ne paient pas <u>au comptant</u> et qu'ils demandent des facilités de paiement, elle doit s'assurer qu'on peut leur en accorder, puis elle établit les traites qu'ils doivent accepter et ensuite elle doit penser à se souvenir de toutes les échéances pour présenter les lettres de change à l'encaissement. Et si les effets ne sont pas payés, est-ce elle qui fait établir le <u>protêt</u> et qui commence la <u>procédure</u> de recouvrement des créances ?

Mlle Simon : Pas si vite ! Je reprends ce que vous venez de dire : lorsqu'elle a les traites acceptées, elle les dépose à la banque, soit à <u>l'encaissement</u>, soit à l'escompte, cela dépend des besoins de la trésorerie. C'est la banque qui se charge de la présentation le jour de l'échéance. Il est bien évident que si la traite a été escomptée et si elle n'est pas payée à l'échéance, la banque nous avise et débite notre compte du montant de la traite impayée, plus les frais...

Paul : Ici, comme aux Etats-Unis, la banque ne perd jamais !

Mlle Simon : Non, bien sûr ! Si la traite est impayée, c'est le service du contentieux qui va se charger de faire protester l'effet et, éventuellement, d'entamer des poursuites judiciaires et obtenir que le tribunal de commerce prononce une sanction contre les débiteurs défaillants.

Paul : Cela doit prendre très longtemps pour obtenir le paiement, si l'on doit faire un procès, surtout si le client est un particulier et non un commerçant !

Mlle Simon : Vous savez, toute vente est par définition, un acte de commerce qui engage également les deux parties. Tous les actes de commerce relèvent du droit commercial et non du droit civil. Les tribunaux de commerce ont été créés précisément pour rendre une justice plus expéditive que les tribunaux civils.

Paul : Et M. Lecomte, qu'est-ce qu'il fait ?

Mlle Simon : Il est assermenté. Il vérifie tous nos comptes et il est responsable devant la loi, il fait toutes les déclarations d'impôts, il établit le bilan de l'exercice. Il s'occupe aussi des amortissements de tout le matériel, des machines, des voitures, etc. C'est lui qui établit les prix de vente des différents articles. Les services techniques lui communiquent leurs prix de revient par pièce, et il ajoute les pourcentages de taxes, il répartit les frais généraux (salaires, chauffage, électricité, entretien, etc., etc.) dont il faut tenir compte dans l'établissement des prix de vente. Et à cela il ajoute la marge bénéficiaire. Et puis, il assiste M. Roquet, le chef du contentieux, en cas de procès où son expertise serait nécessaire.

Paul : Est-ce que vous écrivez aux clients qui ont des paiements arriérés ?

Mlle Simon : Non. Nous signalons les cas à la correspondancière et elle leur envoie la lettre-type de rappel.

Paul : Et que se passe-t-il s'il y a des erreurs ?

Mlle Simon : On doit les rechercher si ce sont des erreurs comptables et les... trouver ! Si on a fait un autre type d'erreur, par exemple si on a trop remboursé à un client ou s'il s'agit d'une mauvaise créance, il y a la possibilité de les passer au compte "pertes et profits"... Mais, maintenant, il faut que je vous fasse voir comment établir une facture. Voici un modèle normalisé que vous pourrez utiliser. Toutes les factures sont éta-blies par un procédé mécanographique. On appelle cela une liasse de facturation, parce qu'il y a plusieurs documents que vous établissez en une seule frappe. En plus de la facture proprement dite en 3 exemplaires, un pour le client, un pour la comptabilité et un pour les archives, vous avez un exemplaire sans mention de prix qui sert de bon de livraison et qui doit être signé du client pour prouver la réception de la marchandise, un autre exemplaire va à l'entrepôt et atteste la sortie de l'article, un autre enfin, servira à Mlle Roussin pour calculer la guelte du vendeur à la fin du mois.

Paul : La... quoi !

Mlle Simon : La guelte. C'est un pourcentage sur les ventes qui vient s'ajouter au fixe des vendeurs.

Paul : Comme pour les V.R.P....

Mlle Simon : Oui, le principe est le même, mais le mot "guelte" ne s'applique qu'aux vendeurs. Toutes les indications que vous devez porter sur la facture figurent sur le bon de commande qui est établi par le vendeur, c'est-à-dire le nombre d'articles, leur numéro de code, désignation, prix unitaire H.T., rabais ou remise s'il y a lieu, le prix net unitaire et le montant net dans la dernière colonne à droite. En bas à gauche, vous devez inscrire le montant de la T.V.A. après l'avoir calculé et l'ajouter au montant net ainsi que les frais de livraison, s'il y en a, en bas à droite, le montant total net à payer. Si le client a déjà versé des arrhes, vous devez les déduire du montant total et indiquer clairement le reste à payer au-dessous.

Si le paiement du solde est à crédit, il faut indiquer le nombre de mensualités et le montant de chacune sur la facture, et préparer les traites correspondantes.

Paul : Cela n'a pas l'air bien difficile...

Mlle Simon : Non, mais il faut faire très attention à ce que l'on fait pour ne rien oublier !

VOCABULAIRE

un congé de maternité : *maternity leave*
mettre au courant : *to put up to date, to fill (sb) in*
tenir les comptes : *to keep the accounts (the books)*
le crédit : *credit, credit side*
le débit : *debit, debit side*
solder un compte : *to balance, to settle an account*
un fondé de pouvoir : *proxy, signing clerk*
un expert-comptable : *C.P.A.*
la feuille de paie, fiche (f) de paie, bulletin (m)
de salaire : *wage sheet, payroll stub*
un congé de maladie : *sick leave*
une heure supplémentaire : *overtime*
une retenue : *deduction*
URSSAF : *Union pour le Recouvrement des cotisations de Sécurité Sociale et des Allocations Familiales*
un comité d'entreprise : *Works Committee*

un délégué du personnel : *personnel representative*
un ordre du jour : *agenda (of a meeting)*
une grève : *strike*
embaucher : *to engage, to hire*
au comptant : *cash*
un protêt : *protest*
une procédure : *proceedings*
un recouvrement : *collection*
un encaissement : *collection*
un escompte : *(bills for) discount*
entamer des poursuites judiciaires : *to initiate legal proceedings*
prononcer une sanction : *to assess a penalty*
assermenté : *sworn (in)*
un exercice : *fiscal year*
un amortissement : *depreciation*
un prix de revient : *actual cost, cost price*
les frais généraux : *overheads*
la marge bénéficiaire : *profit margin*
arriéré : *overdue*
pertes et profits : *profit and loss account*
une liasse : *set of multipart forms*
une guelte : *commission (on sales)*
une remise : *discount*
des arrhes (f) : *deposit*

COMPTABILITÉ GÉNÉRALE :						JOURNAL DU :	
SOCIÉTÉ :					ORIGINE	:	
N° ÉCRITURE	N° COMPTE	N° TIERS	N° SECTION	N° OUVRAGE	N° CONTREP.	LIBELLÉ	

COMPTABILITÉ GÉNÉRALE :			GRAND LIVRE DU MOIS DE :		
SOCIÉTÉ :			COMPTE N° :		
DATE	ORG.	N° ÉCRITURE	LIBELLÉ	DÉBIT	CRÉDIT	S DÉ

COMPTABILITÉ GÉNÉRALE :		BALANCE DES COMPTES		
SOCIÉTÉ :		MOIS DE :		
N° COMPTE	INTITULÉ DU COMPTE	DÉBIT	CRÉDIT	S DÉ

1. Que fait la personne qui est chargée de la comptabilité "Fournisseurs" ?
2. Qu'est-ce qu'un fondé de pouvoir ?
3. En quoi consiste le travail de Mlle Roussin ?
4. Décrivez le travail de Mme Corbière.
5. Que veut dire "escompter une traite" ?

6. Quel est le rôle de l'expert-comptable ?
7. Comment établit-on un prix de vente ?
8. Qu'est-ce que la guelte ?
9. Qui la touche ?
10. Qu'est-ce qui doit figurer sur une facture ?

E EXERCICES ECRITS

1. Ecrivez le mot ou l'expression qui vous paraît convenir :

1. La Société X a fait plus de . . . . cette année que l'année dernière.
- faillites
- bénéfices
- managers
- salariés

2. Pour savoir si une affaire est saine, on n'a qu'à vérifier . . . .
- son ordinateur
- sa gestion
- son bilan
- ses comptes profits et pertes

3. Les tribunaux prononcent des . . . . juridiques.
- effets
- lois
- sanctions
- usages

4. Les actes de commerce relèvent du . . . .
- droit judiciaire
- droit du travail
- droit commercial
- droit administratif

5. Notre service de . . . . chargé des affaires litigieuses est particulièrement surchargé en cette période.
- recherches
- contentieux
- commercialisation
- comptabilité

6. Nous ne savons quelles seront les suites . . . . qui seront données à cette affaire.
- juridiques
- jurisprudentielles
- judicieuses
- judiciaires

7. En cette période de crise, les entreprises n'ont jamais été si nombreuses à . . . . leur bilan.
- disposer
- exposer
- déposer
- établir

8. La . . . . enregistre jour par jour les opérations de l'entreprise.
- fiscalité
- comptabilité
- commercialisation
- récapitulation

9. Pour arrondir ses fins de mois, il tient à faire des heures . . . .
- sur mesure
- de surmenage
- en surplus
- supplémentaires

10. Veuillez m'adresser votre . . . . afin que je puisse vous régler dans les meilleurs délais.
- notice
- facture
- billet
- addition

2. Ecrivez les nombres suivants en toutes lettres :

— 2 480 : . . . .

— 1 352 679 408 : . . . .

— Au début de 1971, le commerce proprement dit, avec 567 000 . . . . entreprises et 656 000 . . . . établissements, représente 32 % . . . . . . des entreprises et 34 % . . . . des entreprises exerçant en France. Si l'on ajoute les activités à caractère commercial, on obtient 1 014 000 . . . . entreprises, soit 57 % . . . . et 1 216 000 établissements, soit 63 % . . . .

3. Chassez l'intrus :

Un expert-comptable assermenté vérifie . . . . nos bouquins ☐ - notre comptabilité ☐ - nos livres ☐.

4. Vrai ou faux :

1. L'amortissement consiste à introduire de nouvelles techniques dans l'entreprise. VRAI FAUX

2. La guelte est une diminution accordée à un client. VRAI FAUX

3. Les arrhes sont un acompte versé à commande. VRAI FAUX

5. Version :

1. L'expert-comptable a mis cette question à l'ordre du jour.

2. Je vous réglerai le solde de cette facture par une traite à 3 mois.

3. Toutes les Sociétés Anonymes doivent publier le bilan de leur exercice dans un quotidien ou dans une revue spécialisée.

4. L'amortissement représente la perte de valeur du matériel due à l'âge et à l'utilisation.

5. Les marchandises achetées par l'entreprise et non encore payées figurent au compte "fournisseurs".

6. Nous avons décidé d'accorder des facilités de paiement à ce client.

7. Ces traites arrivent à échéance à la fin du mois.

8. Nous nous verrons dans l'obligation d'entamer des poursuites judiciaires si vous ne réglez pas cette facture impayée sous quinzaine.

9. En cas de litige, le Tribunal de Commerce de Paris sera seul compétent.

10. L'expert-comptable a vérifié les livres.

6. Thème :

1. We have checked all the invoices without discovering a single error.

2. The customer wants a duplicate of his bill.

3. We apologize for the delay in answering your letters regarding our overdue account.

4. We acknowledge with thanks your check for $ 55 which we have passed to the credit of your account.

5. We apologize sincerely for the trouble caused and will take all possible steps to ensure that such a mistake is not made again.

6. This job involves the administrative and financial restructuring of the group.

7. Your advertisement in today's "Le Monde" prompts me to apply for the position of account assistant in your company.

8. Full time book-keeper with accounting and administrative knowledge needed. Fluent French essential.

9. We have credited your account as follows.

10. You will be granted a 5 % discount for cash payment.

7. Correspondance :

Vous êtes responsable de la bibliothèque du Service Livres et Documentation d'une grande entreprise, la COFAC, 14, rue Châteaubriand à Paris dans le 8e arrondissement.
La librairie Foucher, 128, rue de Rivoli, à Paris 1er, vous adresse ce jour la facture d'ouvrages que vous lui avez commandés le 27 décembre et que vous avez reçus quelques jours auparavant. Il s'agit de deux exemplaires de : Economie et Gestion de Martine Graffin (128,50 F) ainsi que de : Psychologie sociale des entreprises de R. Choiselle (89 F). La T.V.A. (taxe à la valeur ajoutée) est de 7 %.

TRAVAIL A FAIRE

Rédigez la facture correspondante :

FOUCHER			DOIT :		
Votre commande du :				«	»
Livraison du :				«	»
			Facture n° .... le		
Réf.	Désignation	Unité	Prix unitaire	Tirage	Total

Remplissez le chèque correspondant à la facture Foucher, que vous trouverez p. 00.

RÉDIGEZ LES QUELQUES MOTS D'USAGE SUR VOTRE CARTE DE VISITE ACCOMPAGNANT VOTRE RÉGLEMENT.

8. Jeu de rôles :

CROISEMENT n'a pas retourné en temps voulu la traite que Mlle Simon avait envoyée à l'acceptation. Elle téléphone à Sophie pour lui demander de faire le nécessaire. Imaginez la conversation.

CROISEMENT vient de recevoir la lettre de rappel des GALERIES DU MEUBLE, la Secrétaire de Direction appelle le Chef de la Comptabilité dans son bureau pour savoir ce qu'il en est. Imaginez la conversation.

9. Compréhension de texte :

CASSE-TÊTE MATERNEL, LE BEBE OU L'EMPLOI

Le travail des femmes influe-t-il sur la fécondité ? Après les dernières données provisoires publiées par l'I.N.S.E.E. (1) faisant état d'une chute brutale des naissances en 1983, cette question brûle les lèvres.

La persistance des femmes à prendre pied sur le marché du travail coïncide avec une chute importante des naissances. Trois exemples européens mettent cependant en garde contre un rapprochement trop hâtif entre ces deux phénomènes.

Celui de la Hollande d'abord, où on a constaté une très forte chute des naissances, alors que c'est le pays développé où les femmes en âge de procréer travaillent le moins (24 % de taux d'activité contre 44,9 % en France pour les femmes de plus de quinze ans et 67 % pour les femmes de vingt-cinq à cinquante-cinq ans).

Deuxième exemple, la Hongrie, qui, préoccupée dans les années 50 par une brusque baisse des naissances, a décidé de donner pendant trois ans une allocation aux femmes décidant de rester chez elles pour élever leurs enfants. Dans un premier temps, environ 75 % des femmes ont opté pour le retour au foyer, mais l'incidence sur la fécondité a été quasiment nulle puisque le taux de natalité dans le pays est de 1,8.

Enfin l'exemple de la Suisse, où les femmes souhaitent tellement peu travailler que les centres de l'association RETRAVAILLER implantés à Lausanne, Bâle et Genève ont du mal à recruter et pensent changer d'activité. En revanche, ces femmes ne mettent pas plus d'enfants au monde que les autres ressortissantes des pays développés européens.

Pour en revenir aux Françaises, elles continuent à s'inscrire en nombre croissant sur le marché du travail en dépit des crises économiques ; mais elles préfèrent le travail à plein temps, boudant le temps partiel, à l'opposé de leurs sœurs du Danemark, de la Suède ou de la République Fédérale d'Allemagne...

On constate par ailleurs que leur façon de concilier travail et maternité a évolué. Ainsi autrefois se retiraient-elles pendant de longues périodes du monde du travail, alors qu'à présent on note plutôt de brèves ruptures de deux ou trois ans...

Autre question : de quelle façon la maternité influe-t-elle sur la vie professionnelle ? Là encore les chiffres parlent d'eux-mêmes. Citons l'enquête de mars 1983, menée par le ministère de l'Emploi sur le taux d'activité des femmes de vingt-cinq ans à cinquante-cinq ans. Ensemble : 67 % ; femmes sans enfants : 73,7 % ; femmes avec un enfant : 73,6 % ; femmes avec deux enfants : 64,1 % ; femmes avec trois enfants : 37,1 %.

Assumer l'éducation de trois enfants avec trois emplois du temps différents devient un tel casse-tête que finalement les femmes se retirent, au moins momentanément, du marché de l'emploi.

"Nous traversons, dit la Présidente des Centres RETRAVAILLER, une période d'évolution très profonde où les institutions sont dévalorisées par rapport à l'individu. Nous accouchons d'une société où les droits de l'homme deviennent ceux de l'individu, primant sur la famille. La femme, l'individu, n'est pas définie entièrement par son rôle d'épouse et de mère. Pour avoir une identité, il lui faut travailler, car la question du jour n'est pas : "Qui êtes-vous ?" mais "Que faites-vous ?"

Cette dévalorisation de la famille, et principalement de la famille nombreuse, pèse sur la mère qui reste à la maison comme sur celle qui travaille : plus on a d'enfants, moins on a de chances de retrouver du travail ou de progresser dans la hiérarchie...

Quels compromis sont-ils possibles ? La Présidente des Centres RETRAVAILLER a suggéré de redorer un peu l'image de la famille "sans automatiquement culpabiliser les femmes n'ayant pas ou n'ayant que peu d'enfants". Et, convaincue que trois enfants nécessitent une personne à la maison, elle a applaudi le souhait du Secrétaire d'Etat à la famille, d'accorder une rémunération (qui pourrait être de 1 000 francs par mois) à l'un des parents (père et mère) arrêtant de travailler ou continuant à mi-temps pendant un an ou deux pour élever ses enfants.

d'après un article de Christiane Chombeau,
Le Monde du 11 octobre 1983.

(1) Institut National de la Statistique.

[A] COMPLÉTEZ, à l'aide du texte, la fiche de synthèse ci-dessous :

> 1. Sujet de l'article : . . . .
>   auteur : . . . .
> 2. Réalisation, publié par : . . . .
>   en date du : . . . .

A la lecture de cet article, quelles sont les deux grandes questions posées ?

3. . . . .

4. . . . .

Quels sont les faits qui sont à l'origine de la première question ?

5. . . . .

6. . . . .

Que démontrent les trois exemples cités ?

7. . . . .

8. En quoi l'exemple de la Hollande est-il significatif ?

. . . .

. . . .

9. Taux d'activité des femmes de ce pays : . . . . %

10. Quelle mesure a été prise en Hongrie pour encourager les naissances ?

. . . .

. . . .

11. Efficacité de cette mesure ? . . . .

12. Quelle est l'attitude des Françaises vis-à-vis du travail, en période de crise économique ?

. . . .

13. Qu'est-ce qui différencie l'attitude des Françaises de celle des Danoises, des Suédoises ou des Allemandes ?

. . . .

14. Qu'est-ce qui a changé dans leur façon de concilier travail et maternité ?

. . . .

15. Complétez le tableau suivant, concernant le taux d'activité des femmes de 25 à 55 ans :

sans enfant		%
1 enfant		%
2 enfants		%
3 enfants		%
ensemble		%

16. D'après ce tableau, de quelle façon la maternité influe-t-elle sur la vie professionnelle ?

. . . .

Qu'est-ce qui caractérise la période actuelle, en ce qui concerne :

17. L'institution familiale : . . . .

18. La femme en tant qu'individu : . . . .

. . . .

19. Sur quelle constatation s'appuie-t-on pour dire que l'enfant ne souffre pas du travail maternel ?

. . . .

Quelles propositions ont été faites pour pallier la dévalorisation de la famille ?

20. . . . .

21. . . . .

B "Plus on a d'enfants, moins on a de chances de retrouver du travail ou de progresser dans la hiérarchie." Qu'en pensez-vous ? (Répondre en une dizaine en une dizaine de lignes).

LE BILAN

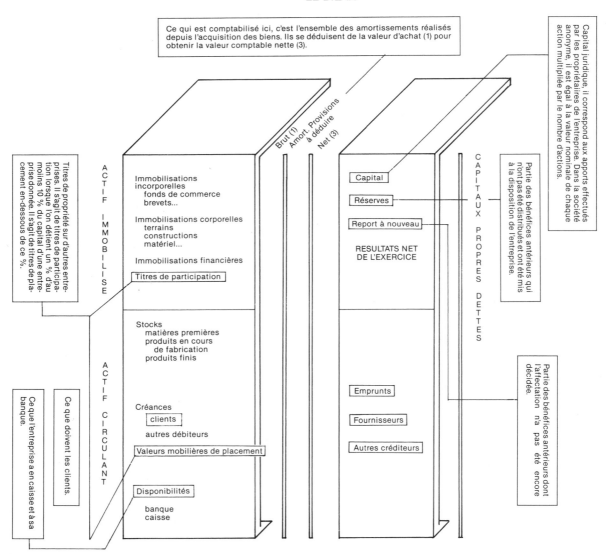

66

Les secrets des bilans et des comptes de résultats

Qu'est-ce qu'un bénéfice ?

Le bénéfice est la différence entre des recettes (produits de ventes ou prestations de services rétribués) et des dépenses nécessaires à la production de ces recettes (...).

Les recettes et les dépenses sont décrites au jour le jour dans les comptes de l'entreprise. Mais il est nécessaire de faire régulièrement le point des résultats obtenus pendant une période définie, que l'on appelle un "exercice". C'est alors que l'on peut porter un jugement sur l'activité de l'entreprise pendant cette période (une année en général) et notamment sur le revenu qu'elle a dégagé. C'est alors aussi que l'on peut évaluer si l'entreprise, globalement s'est enrichie ou appauvrie pendant cette période : il s'ensuit une variation du patrimoine, qui est comptabilisée au bilan.

Ainsi, le revenu des entreprises ne peut faire l'objet d'une mesure précise qu'à partir d'une comptabilité complète. Or toutes les entreprises, il s'en faut, ne tiennent pas une telle comptabilité. Ceci constitue un premier obstacle à la connaissance de ces revenus.

De plus, ces informations peuvent être organisées diversement selon les besoins. Il n'y a pas (...) de manière unique d'évaluer certains postes, ni de classer certaines dépenses.

Enfin, la seule source d'information dont nous disposions sur les bénéfices de toutes les entreprises est la source fiscale. Or, les bénéfices déclarés sont, le plus souvent, largement sous-évalués.

"Les revenus des Français"
(1er rapport périodique de synthèse)
Documents du C.E.R.C. n° 37-38.

Qu'est-ce qu'un bilan ?

Le bilan d'une entreprise constitue une photographie de celle-ci à un instant donné. En tant que tel, il fournit une description large des actifs détenus et une description tout aussi large des ressources que l'entreprise a pu se procurer pour financer ces derniers. L'analyse du bilan est en ce sens une analyse statique et descriptive.

D'un strict point de vue financier, l'entreprise peut prendre l'image suivante : d'un côté, un pool de ressources, de l'autre, un portefeuille d'actifs.

Gérer une entreprise, du seul point de vue financier, revient à :

— sélectionner l'ensemble des actifs nécessaires à son objet (exploitation industrielle, commerciale ou entreprise bancaire ou financière) en s'assurant une allocation des ressources la plus judicieuse sur le plan de la rentabilité ;

— rassembler les ressources nécessaires pour les financer, en cherchant à minimiser leur coût ;

— assurer une liquidité suffisante pour éviter toute crise de trésorerie grave qui risquerait de mettre en danger l'entreprise toute entière.

L'analyse du bilan permet à la fois de décrire les choix stratégiques effectués en matière de détention d'actifs et d'obtention de ressources, mais aussi de juger l'équilibre financier de l'entreprise et par là sa liquidité.

Michel Levasseur,
"Comment lire un bilan"
Cahiers français, n° 183, octobre-décembre 1977.

Qu'est-ce qu'un compte de résultat ?

La comptabilité va enregistrer, au fur et à mesure de leur apparition, les charges et les produits, puis elle les regroupe dans un compte "résultats" pour une période déterminée, l'année en général. Les produits y sont inscrits à droite et les charges à gauche et le résultat sera calculé par différence. (...)

Revenons à présent à la façon de déterminer le résultat : pourquoi ne pas le déterminer en comparant les recettes et les dépenses, c'est-à-dire par les mouvements de trésorerie ?

Deux séries de raisons s'y opposent :

Tout d'abord, tous les paiements ne représentent pas une charge : l'achat de matériels ou de titres n'est pas une réduction de bénéfice puisque l'emploi d'argent est récupérable, donc provisoire. Seuls sont des charges, les emplois définitifs, irrécupérables sous cette forme.

De même tous les encaissements ne sont pas des produits : le paiement des clients pour les ventes de l'an dernier, la revente d'immobilisations, le retrait d'argent de caisse pour le mettre en banque...

Le résultat ne peut donc pas se déterminer par comparaison entre recettes et dépenses ; il faut utiliser d'autres notions, les produits (apparition de valeurs nouvelles) et les charges (consommation de valeurs).

R. Monsel,
Lire un bilan,
Editions Sociales, 1980.

Les transports

Paul : Mais vous ne m'avez pas parlé des <u>frais de transport</u> ? N'y a-t-il pas lieu de les ajouter sur la facture ?

Mlle Simon : Vous n'avez que les clients du magasin et, en général, ils habitent Paris ou la banlieue proche et, dans ce cas, la <u>livraison</u> est assurée gratuitement — enfin elle n'est pas facturée — par nos <u>livreurs</u> et les <u>camionnettes</u> de l'entreprise. Mais si le client voulait faire livrer les meubles dans sa <u>résidence secondaire</u> sur la Côte d'Azur par exemple, il y aurait des frais. Mais comme nous n'assurons pas ce genre de transport, nous retenons les services d'un transporteur et nous demandons au client de le régler directement.

Paul : Oui, je comprends. Vous avez dit tout à l'heure que la livraison était gratuite, puis vous avez ajouté qu'elle n'était pas facturée, je ne comprends pas, on ne facture pas quelque chose de gratuit...

Mlle Simon : J'ai voulu dire que les frais de livraison n'apparaissaient pas sur la facture et que, pour le client, la livraison à domicile ne donnait pas lieu à une augmentation du prix indiqué sur l'étiquette, mais en réalité un <u>prix forfaitaire</u> de transport a été ajouté au prix de revient lors de l'établissement du prix de vente.

Paul : Ah oui... Bien sûr ! Il faut payer les livreurs, l'essence, amortir le <u>matériel roulant</u>. Et vous, est-ce que vous avez des problèmes de transport ?

Mlle Simon : Oui, les meubles en kit ne sont pas trop <u>volumineux</u> et nous les <u>expédions</u> par la route en <u>port payé</u>, c'est-à-dire que nous nous adressons à un service de <u>messageries</u> qui vient prendre les colis à l'atelier puis qui les livre aux TROIS BELGES à Roubaix, le transporteur nous remet un exemplaire du <u>récépissé</u> qui indique le nombre de caisses et leur poids, ainsi que la mention "port payé" et nous ajoutons le prix du transport à la facture. Il arrive parfois qu'une livraison soit particulièrement pressée, alors, pour <u>gagner du temps</u>, nous faisons appel au <u>SERNAM</u> qui combine transport routier et <u>ferroviaire</u>. SERNAM vient prendre les marchandises et les met dans le premier train <u>en partance</u> pour Roubaix où d'autres camions déchargent le train et livrent immédiatement. Le <u>service routier</u> est évidemment plus lent, car bien souvent le <u>groupeur</u> attend d'avoir un camion complet à envoyer sur Roubaix. Pour ces kits, nous avons des emballages spéciaux assez coûteux puisqu'ils sont conçus pour maintenir chaque pièce bien en place et dans un certain ordre, nous consignons donc ces emballages aux TROIS BELGES, qui les consignent aussi à leurs clients.

Paul : Qu'est-ce que cela veut dire : consigner ?

Mlle Simon : Eh bien, nous facturons un prix d'emballage et lorsque les emballages nous sont retournés en bon état, nous établissons une facture d'avoir pour le montant facturé et nous déduisons cette somme de la facture suivante. Et, bien sûr les TROIS BELGES en font autant avec leurs clients. En ce qui concerne CROISEMENT c'est un peu différent, car nous n'expédions pas au siège social mais dans différents centres de groupage et les prix de transport varient selon la distance et le poids. Pour simplifier les choses, nous envoyons toujours en port dû et nos prix s'entendent franco sur place.

Paul : Franco... cela me rappelle quelque chose... Dans mon cours de français des affaires, j'ai appris un tas de sigles : F.O.R., F.O.B., F.A.S., C.A.F... mais je ne me souviens plus très bien de ce qu'ils signifient et si je dois les employer, j'ai intérêt à me documenter ! Il y avait aussi le connaissement, la charte partie et le manifeste...

Mlle Simon : "Franco", cela signifie : sans frais. "Franco sur place" veut dire que le prix indiqué ne comprend pas le transport...

Paul : C'est l'équivalent de "Port dû" alors.

Mlle Simon : C'est assez proche, mais dans "Port dû" l'expéditeur a pris contact avec un transporteur pour l'expédition des marchandises, mais n'a pas payé le transport, dans "Franco sur place", c'est au destinataire qu'il appartient de trouver un transporteur. Franco de port et d'emballage est une autre formule que l'on trouve aussi et qui signifie que tout est inclus dans le prix et que les emballages sont perdus, c'est-à-dire que le destinataire n'a pas à les retourner pour obtenir un remboursement. F.O.R. ou "franco sur rail", dans ce cas le prix comprend le transport jusqu'à la gare de départ et le chargement dans le train. Le destinataire doit payer le transport ferroviaire et le déchargement plus le transport jusqu'à son domicile. F.O.B. — "franco à bord" —, vous voyez, c'est l'équivalent de F.O.R. mais cela s'applique aux transports par bateau. F.A.S. aussi concerne les trans-

ports maritimes ou fluviaux et signifie "franco à quai", dans ce cas-là le prix comprend le transport des marchandises jusqu'au port d'embarquement mais pas le chargement à bord. C.A.F. ou "coût, assurance, frêt" met à la charge du vendeur le coût du transport et de l'assurance, le chargement et le déchargement, le choix du navire et toutes les formalités administratives. Mais rassurez-vous, vous n'aurez pas à utiliser ces incoterms, pas plus d'ailleurs que vous n'aurez à vous préoccuper du connaissement qui est un document utilisé dans les transports par eau. Il est établi par l'armateur (ou par le capitaine) du bateau en 4 exemplaires, un pour le capitaine, un pour le chargeur ou l'expéditeur, un pour le destinataire et un pour lui. Ce document est très important car il atteste l'existence des marchandises transportées. Généralement on expédie par avion au destinataire son exemplaire, ce qui lui permet éventuellement de vendre les marchandises avant qu'elles ne soient arrivées à destination.

Paul : Comment cela ?

Mlle Simon : Il lui suffit d'endosser le connaissement à l'ordre de l'acheteur. Le titulaire du connaissement est le propriétaire des marchandises. Ce document permet aussi d'emprunter de l'argent à la banque en le donnant en garantie. Quand il s'agit de ventes à l'exportation, bien souvent le connaissement est envoyé non au destinataire, mais à son banquier, pour obtenir ce que l'on appelle un crédit documentaire. C'est une garantie de paiement pour l'exportateur, car le banquier ne remettra le connaissement au destinataire que contre le paiement de la facture. Sans le connaissement, l'importateur ne peut pas prendre livraison de la marchandise.

Paul : C'est un peu comme le récépissé-warrant alors.

Mlle Simon : Oui, en ce sens que le warrant, tout comme le connaissement, représente la marchandise et peut être transmis par endossement. La charte-partie est aussi un document concernant les transports maritimes, c'est le contrat d'affrètement de tout ou partie du navire, on y trouve le prix du transport mais pas la valeur ni la description de la marchandise transportée. Quant au manifeste c'est la liste complète et détaillée de tous les colis transportés à bord d'un navire ou d'un avion. Il est remis au capitaine ou au pilote au moment du

départ. Je crois avoir répondu à vos questions.

Paul : Oui, merci. Vous en savez des choses !

Mlle Simon : Avant d'être ici, j'ai travaillé chez un transitaire.

Paul : Mais maintenant, est-ce que vous expédiez des marchandises par avion ? ou par bateau ? ou par péniche ?

Mlle Simon : Par péniche, non ! C'est certes le mode de transport le moins onéreux, mais aussi le plus lent ! Nous utilisons les transports maritimes mais seulement pour les bois qui nous sont expédiés par cargos d'Afrique ou du Canada. Le Canada expédie F.O.B., et l'Afrique C.A.F.. A première vue, on a l'impression que le bois québécois est moins cher, mais lorsqu'on ajoute les frais portuaires (chargement et déchargement), les frais de voyage maritime, de débarquement et de chemin de fer pour transporter le fret à destination, sans oublier l'assurance, car les marchandises voyagent aux risques et périls du destinataire, on arrive à un chiffre assez proche du prix du bois africain.
Quand aux transports aériens, ils sont beaucoup trop chers pour les marchandises, mais nous utilisons en général Air-Inter ou Air-France pour les déplacements des directeurs ou du gérant. C'est Mme Morel qui est chargée de faire les réservations et lorsque M. Perrier se déplace, il n'a qu'à prendre son billet au guichet en arrivant à l'aéroport, trente minutes avant le départ de son vol, c'est bien commode. J'aime bien Air-France pour mon compte personnel, car ils offrent souvent des forfaits vacances très intéressants...

Paul : Des... quoi ?

Mlle Simon : Des forfaits vacances, c'est-à-dire que tout est compris, le voyage avion et le séjour à l'hôtel. On a le choix entre des hôtels de luxe à trois étoiles ou des hôtels plus modestes, Air-France s'occupe de tout, il n'est pas nécessaire de retenir les chambres... Et si l'on veut, on peut rester deux, trois ou quatre semaines en payant un supplément pour chaque semaine. Je suis allée en Espagne, en Grèce, en Egypte...

Paul : En tout cas, quand vous irez aux Etats-Unis, vous ne pourrez pas prendre ce forfait vacances !

Mlle Simon : Pourquoi ? Il y en a aussi pour l'Amérique !

Paul : Parce que vous n'aurez pas à retenir une chambre à l'hôtel, j'espère bien que vous viendrez passer deux semaines chez nous, mes parents ont une grande maison à San José en Californie, où nous allons l'été.

Mlle Simon : Ah, c'est trop gentil ! Eh bien, je ne dis pas non. Vous me faites rêver... la Californie ! A propos de voyage, il faut que je prenne une "carte orange"...

Paul : Pour quoi faire ?

Mlle Simon : C'est une carte d'abonnement à la R.A.T.P. qui permet de voyager autant qu'on veut par le métro, l'autobus et les lignes de chemin de fer de banlieue pour le montant forfaitaire de la carte : 138 francs par mois.

Paul : Oh, mais, je ne savais pas cela et j'achetais toujours des carnets de tickets de métro ! Est-ce que je peux en avoir une aussi ?

Mlle Simon : Bien sûr ! Dès que vous prenez un moyen de transport plus de deux fois par jour, c'est plus avantageux qu'une carte hebdomadaire de métro et, à plus forte raison, qu'un carnet de tickets ! Et si vous avez des amis américains qui viennent vous rendre visite, ils peuvent acheter une carte "Paris Sésame" pour les touristes, valable deux, quatre ou sept jours et permettant de voyager sur toutes les lignes de la R.A.T.P. et du R.E.R. en première classe.

Paul : Fantastique ! Merci pour le "tuyau" ! Et vous remarquerez que je n'ai pas dit pourboire », car en anglais "tip" a les deux sens...

Mlle Simon : Vous n'arrêtez pas de faire des progrès... en argot !

Paul : Merci ! Et le T.G.V., est-ce que vous l'avez pris ?

Mlle Simon : Oui, lorsque je suis allée à Marseille voir mes grands-parents. C'est vraiment rapide et très confortable. Pour aller dans le Midi, cela ne vaut plus la peine de prendre l'avion, et comme c'est moins cher, l'économie réalisée vous permet d'aller manger une bonne "bouillabaisse" sur le Vieux Port ! ou de passer la soirée dans une "boîte" de la Côte...

Paul : Ah, cette fois-ci, je sais ce que veut dire le mot "boîte" ! Vous parlez de "night-club", de "boîte de nuit" !

VOCABULAIRE

Les frais de transport (m) : *delivery charges*
la livraison : *delivery*
un livreur : *a delivery man*
une camionnette : *a pick-up truck*
une résidence secondaire : *a summer home (week-end home)*
un prix forfaitaire : *a flat rate*
le matériel roulant : *rolling-stock*
volumineux : *bulky*
expédier : *to ship, to forward*
un colis en port payé : *a prepaid parcel*
les messageries (f) : *parcel delivery company*
le récépissé : *the receipt*
gagner du temps : *to save time*
le SERNAM : *SERvice NAtional de Messageries*
ferroviaire : *pertaining to the railways*
en partance : *outward bound (for ship or train)*
le service routier : *road transport*
un routier : *a trucker*
un groupeur : *a forwarding agent*
un emballage : *a container, pack*
emballage consigné : *returnable container*
une facture d'avoir : *a credit note*
un centre de groupage : *collection center*
port dû : *carriage forward, freight collect*
franco sur place : *carriage forward, (am.) F.O.B. plant*
franco de port et d'emballage : *free shipping and handling*

F.O.R. : *free on rail*
le chargement : *loading*
le déchargement : *unloading*
F.O.B. (franco à bord) : *Free on board*
F.A.S. : *free alongside ship*
les transports maritimes (m) : *marine transport, sea shipping*
les transports fluviaux (m) : *river transport, inland navigation*
C.A.F. (coût, assurance, fret) : *cost, insurance, freight (C.I.F.)*
un incoterm : *an incoterm*
le connaissement : *the bill of lading*
un armateur : *a shipowner*
le chargeur : *the shipper*
le crédit documentaire : *documentary credit*
un récépissé-warrant : *an industrial warrant*
une charte-partie : *a charter-party*
le manifeste : *the manifest*
un transitaire : *a transit agent*
une péniche : *a barge*
un cargo : *a cargo boat*
frais portuaires (m) : *port charges*
le fret : *freight*
aux risques et périls : *at owner's risks*
les transports aériens : *air transportation*
une réservation : *a reservation*
un forfait vacances : *a "package holiday"*
retenir : *to reserve*
R.A.T.P. (f) : *Régie Autonome des Transports Parisiens*
R.E.R. (m) : *Réseau Express Régional*
un tuyau (fam.) : *a tip*
un pourboire : *a tip*
donner un pourboire : *to tip*
T.G.V. (m) : *Train à Grande Vitesse (speed train)*

QUESTIONS ORALES

1. Qui assure la livraison des meubles à Paris ou dans la proche banlieue ?
2. Que veut dire : "consigner" ?
3. Quand établit-on une facture d'avoir ?
4. Qui paye les frais de transport quand les marchandises sont expédiées en "port payé" ? et en "port dû" ?
5. Que signifie l'expression F.O.B. ? Qu'est-ce qui est à la charge du destinataire ?
6. Que signifie l'expression C.A.F. ? Qu'est-ce qui est à la charge de l'expéditeur ?

7. Qu'est-ce qu'un forfait-vacances ?
8. Quels sont les avantages de la "Carte Orange" ?
9. Qui peut bénéficier de la carte "Paris Sésame" ?
10. Quand on utilise beaucoup les transports en commun à Paris et en banlieue, qu'est-ce qui est le plus avantageux :
- un ticket de métro,
- un carnet de tickets,
- une carte orange,
- une carte hedbdomadaire ?

EXERCICES ECRITS

1. Ecrivez le mot ou l'expression qui vous paraît convenir :

1. Le transport par . . . . est particulièrement adapté aux marchandises volumineuses et peu fragiles.
- voie d'eau
- voie aérienne
- route
- camionnette

2. Ce sont des produits . . . . prêts à être livrés aux consommateurs.
- de production
- qualifiés
- finis
- permanents

3. Les frais de transport étant à notre charge, les marchandises vous seront expédiées
- en franchisage
- franco de port
- en fret couvert
- en port dû

4. Les services font partie du secteur . . . . de l'économie.
- primaire
- secondaire
- binaire
- tertiaire

5. Nos . . . . voyagent aux risques et périls du destinataire.
- amis
- marchandises
- camions
- avions

6. La charte-partie est un contrat . . . . du navire.
- de vente
- d'achat
- d'affrètement
- 'd'assurance

7. La liste des colis transportés s'appelle . . . .
- le manifeste
- la manifestation
- la manipulation
- le manifold

8. Le T.G.V. est un train . . . .
- à grandes voitures
- à grande vitesse
- de grandes villes
- à grande visibilité

9. Les transports fluviaux utilisent des péniches sur les . . . .
- chenaux
- chenils
- canaux
- carreaux

10. Dans une vente F.A.S. . . . . paie les frais de transport maritime.
- le capitaine
- l'expéditeur
- l'armateur
- le destinataire

2. Complétez les phrases suivantes :

1. Nous vous enverrons les marchandises dès . . . .

2. . . . . franco de port et d'emballage.

3. Il est plus facile . . . . venir . . . . le train . . . .

4. Vous pourriez, en effet, avoir des difficultés . . . . arriver . . . . Berlin . . . . voiture.

5. . . . . vous auriez pu expédier ce colis hier.

3. Trouvez deux mots de la famille de :

— emballer.
— charger.

4. Vrai ou faux ?

1. Un cargo ne transporte que des passagers. ☐ VRAI ☐ FAUX

2. Une expédition en "port dû" est payée par l'expéditeur. ☐ VRAI ☐ FAUX

3. La charte-partie est une réception offerte par le capitaine pour ses passagers. ☐ VRAI ☐ FAUX

5. Version :

1. Malgré nos efforts, nous ne sommes pas en mesure de vous expédier les articles demandés.

2. L'avion que je prends demain à 10 heures sera une heure plus tard à Nice.

3. Le transport de cet appareil est bon marché.

4. Avec la crise de l'énergie, le tourisme est sorti de la période d'expansion spontanée.

5. Les frais de transport vous seront intégralement remboursés.

6. L'année 1980 a été la plus mauvaise pour le transport aérien international.

7. Le voyage de nuit vous permet de gagner du temps et de prolonger d'autant votre séjour.

8. Nous espérons que vous ne nous tiendrez pas rigueur de ce retard, dû à des circonstances indépendantes de notre volonté.

9. Les transports routiers entre la France et la Grande-Bretagne sont régis par l'accord gouvernemental signé en 1969.

10. Le port est certainement le point de convergence de nombreux moyens de transport, qu'ils soient, bien sûr, maritimes, ferroviaires, routiers ou bien même fluviaux ou aériens.

6. Thème :

1. Have booked hotel room at Queen's Hotel, Reims, for Mr. Rainer for one night.

2. Have you been to the U.S. ? No, we haven't, but we have been to Scotland.

3. I had better begin by making the flight reservations.

4. Package holidays are becoming more and more popular.

5. We apologize sincerely for the trouble caused and we'll take all possible steps to ensure that such a mistake is not made again.

6. Most of the traffic which moves across the Channel is Anglo/French which is not surprising as France is our nearest and oldest trading partner.

7. In Europe and everywhere, Europcar gives you good cars and an organization you can rely on.

8. Swissair or your IATA travel agent will be glad to give you all further information.

9. When you're going to the U.S. for business or pleasure, it's a great way to cover a lot of ground for a very low price.

10. We greatly regret that the cases of pineapples have reached you in a damaged condition and can assure you that this was not due to any lack of care our own part.

7. Correspondance :

1 Votre chef de service, M. Blanc, vous fait part des éléments suivants et vous charge de rédiger un télégramme à expédier au plus tôt (maximum 45 mots, "stop" non compris") :

Nous avons reçu ce jour la livraison de vins de notre fournisseur M. Henry, "Les Caves de Bourgogne" (bon de livraison n° 401).

J'ai signalé sur l'accusé de réception que les contenus de 2 cartons de 12 bouteilles de Nuits-Saint-Georges (référence NSG75) et de 4 cartons de 6 bouteilles de Vosne-Romanée (Romanée-Conti - référence VRC 72) sont arrivés détériorés : tous les verres étaient brisés !

Cela fait plusieurs fois déjà que des livraisons émanant de ce fournisseur nous parviennent en état défectueux nous causant de multiples contretemps auprès de nos fidèles clients !

Se faire envoyer dès réception du télégramme les cartons manquants, et par un transporteur plus sérieux !

Nous effectuerons, alors, et alors seulement, notre paiement.

Sous ma signature, s.v.p.

TRAVAIL A FAIRE

Rédiger ce télégramme.

2 Votre chef de service, M. Lenoir, vous fait part des éléments suivants et vous charge de REDIGER UN TELE-GRAMME (maximum 45 mots, "stop" non compris) :

Nous n'avons pas encore reçu les articles commandés le 10 mai dernier à notre fournisseur, les Etablissements LEDUC & Fils à Reims, et qui devaient nous parvenir sous huitaine.

Bon de commande C. 1024 : Réf. N112, 3 caisses
Réf. N114, 2 caisses
Réf. 0100, 5 unités.

Cela fait plusieurs fois déjà que nous connaissons cette situation qui nous cause préjudice auprès de nos fidèles clients. C'est certainement la faute du transporteur !

Faites le nécessaire par télégramme auprès du fournisseur pour nous faire livrer dans les plus brefs délais : 2 jours au plus tard, faute de quoi nous annulerons purement et simplement notre commande et nous nous adresserons à un autre fabricant (DRIEU ou CHABRIER à Châlons-sur-Marne, avec qui nous avons eu des contacts dans le passé). Bien entendu, nous prendrons notre temps pour le règlement.

Sous ma signature, s.v.p.

TRAVAIL A FAIRE

Rédiger le télégramme.

8. Compréhension de texte :

Le monde est plein d'hommes d'affaires qui s'imaginent que tout est résolu lorsqu'ils ont conclu la vente, et fait signer le bon de commande.

En fait, c'est souvent là que commencent les vrais problèmes. Car, dans les affaires, l'important c'est le paiement, pas le bon de commande. Et le paiement ne vient qu'après la livraison.

Plus il faudra de temps pour livrer, plus long sera le délai de règlement. Avec toutes ses incidences sur la trésorerie de l'entreprise.

Ces quelques réflexions n'ont pas pour but de vous apprendre votre métier. Nous voulons simplement mettre en évidence le fait qu'il existe, entre le départ et l'arrivée de la commande, un laps de temps inévitable mais qui peut être plus ou moins long, selon l'efficacité et la rapidité des services responsables de l'expédition. De plus, tous les efforts auront été faits en pure perte si la marchandise arrive endommagée.

Tout cela conduit à vous adresser à nous. Notre société a été créée à Paris en 1959. Aussi, après vingt ans d'expérience, nous savons nous y retrouver dans le labyrinthe de la paperasserie.

A Roissy, nous sommes le seul transporteur de fret (*) aérien à posséder nos propres bâtiments. Plus de 3 000 m², l'installation la plus moderne en Europe. Nous avons des Agences dans les 26 premières villes de France et dans le monde entier. Nous avons une équipe complète d'experts traducteurs interprètes qui parlent toutes les langues, ou presque... Et, bien sûr, le français ! C'est pour cela que nous pouvons résoudre en quelques instants vos problèmes internationaux.

Nous possédons un des systèmes de suivi du fret sur ordinateur le plus sophistiqué qui soit. Il nous permet de localiser dans le monde entier les expéditions en l'espace de quelques minutes. Aussi, s'il se produit un encombrement du trafic international, nous pouvons dérouter l'expédition pour éviter cet inconvénient.

Si cela se révèle impossible, la clientèle sera avertie.

Tout ceci signifie que notre entreprise peut apporter aux hommes d'affaires français, où qu'ils soient, un service mondial de fret aérien de porte à porte, et cela avec un degré de qualité inimitable.

Texte publicitaire paru dans :
"Le Nouvel Economiste"

(*) fret : prix de transport des marchandises. Désigne également le transport et la marchandise elle-même.

RÉPONDEZ aux questions suivantes :

1. Donnez un titre à ce texte.
2. Qu'est-ce qu'un homme d'affaires ?
3. Pourquoi le paiement n'intervient-il, en général, qu'après la livraison de la marchandise ?
4. Quel intérêt y a-t-il à pouvoir localiser les expéditions dans le monde entier ?
5. Quels sont les modes et les moyens de transport de marchandises que vous connaissez ?
6. Quels sont, à votre avis, les avantages et les inconvénients du fret aérien ?

B RÉSUMEZ le texte en une dizaine de ligne environ.

9. Jeu de rôles :

Vous avez l'intention d'aller passer quelques jours sur la Côte d'Azur, mais vous ne savez pas très bien comment vous y rendre, vous hésitez entre l'avion, le train et la route. Vous en parlez avec votre ami français et vous discutez les avantages les inconvénients de ces divers modes de transport.

* A partir du 4 mars 1985
Un des trajets du TGV

Rail-air: le temps et les tarifs (en France)

	Temps de parcours		Plein tarif une personne			Couple		Famille quatre personnes	
	avion	train	avion	train 1re cl.	2e cl.	avion	train 2e cl.	avion	train 2e cl.
Paris-Strasbourg	0 h 50	4 h 5	518	296	197	706	296	920	445
Paris-Lyon	0 h 55	2 h	504	301	201	642	302	876	454
Paris-Grenoble	0 h 55	3 h 27	548	375	250	770	375	1 024	563
Paris-Marseille	1 h 15	4 h 50	657	499	333	876	500	1 168	751
Paris-Toulouse	1 h 15	6 h 43	625	414	276	812	414	1 156	621
Paris-Bordeaux	1 h	4 h 7	558	341	227	728	341	984	512
Paris-Nantes	0 h 50	3 h 20	524	233	156	792	234	920	351
Paris-Brest	1 h	5 h 58	644	363	242	950	363	1 168	545
Paris-Rennes	1 h 5	3 h 1	550	222	148	866	222	1 176	333
Lyon-Nantes	1 h 5	6 h 41	693	380	254	1 038	381	1 368	572
Lyon-Strasbourg	1 h 15	4 h 48	611	279	186	942	279	1 196	419
Bordeaux-Marseille	1 h	6 h 22	704	397	265	1 058	398	1 520	598
Rennes-Toulouse	2 h 20	9 h 7	945	454	303	1 230	455	1 760	683
Bordeaux-Lyon	1 h	6 h 36	634	369	246	952	369	1 284	554
Lille-Marseille	1 h 55	7 h 47	978	646	431	1 444	647	2 052	971
Lille-Lyon	1 h 10	4 h 39	674	448	299	974	449	1 368	674

TEMPS DE PARCOURS - *AVION : temps de vol moyen, d'aéroport à aéroport. TRAIN : de gare à gare, pour des trains sans suppléments. Rennes-Toulouse : via Paris en avion ; 8 h 16 dans le sens Toulouse-Rennes en train. Lille-Lyon : TGV direct à partir du 30 septembre.*
PLEIN TARIF - *A ajouter éventuellement au train 10 francs de réservation et des suppléments variables selon la distance.*
COUPLE - *2 adultes : vol blanc sur Air Inter ; période bleue sur la SNCF.*
FAMILLE - *Père, mère, 1 enfant de + 12 ans, 1 enfant de −12 ans : vol bleu sur Air Inter ; périodes bleue et blanche sur SNCF.*

Horaires-prix
la bataille du rail et de l'air

Train ou avion ? Sur les lignes intérieures, c'est la guerre.
Le Point a voulu en comparer les avantages, pour la vitesse et pour le prix.
Et il a eu des surprises

Du tableau, page précédente, il ressort que, même à l'intérieur d'un pays de dimensions réduites comme la France, l'avion abolit réellement le temps. D'aéroport à aéroport, la durée des vols est beaucoup plus courte que celle du parcours des trains. Même des TGV. Mais de centre-ville (où se situent les gares SNCF) à centre-ville, l'assertion mérite d'être nuancée. Ainsi le TGV, sur sa ligne nouvelle, relie Paris à Lyon en deux heures. L'avion lui, met cinquante-cinq minutes pour rejoindre Lyon-Satolas ou Bron en partant d'Orly-Ouest. Or la desserte de ces aéroports suppose bien une demi-heure de parcours au départ et à l'arrivée ; à supposer, bien sûr, que les voies d'accès ne soient pas trop embouteillées. Sur cette desserte, donc, le train a, de centre-ville à centre-ville, rattrapé l'avion.

Dans tous les autres cas, la suprématie de l'avion dans ce domaine est incontestable. Même si l'on multipliait par deux ou plus les temps de vol pour tenir compte des trajets ville-aéroport, la voie aérienne resterait la plus rapide. Pas de beaucoup sur certains trajets, comme Paris-Nantes ou Paris-Rennes (voire, hors tableau, Paris-Avignon, bien desservi depuis peu par TGV). Mais de beaucoup, en revanche, sur les relations interrégionales. Là, le temps gagné par l'avion est énorme. Oui, mais il n'est pas gratuit, tant s'en faut. Rennes-Toulouse, à près de 1 000 F en avion. Deux fois plus cher que le train en première, et trois fois plus qu'en seconde...

Nous touchons là le deuxième grand constat du tableau : le train reste, dans tous les cas de figure, moins cher que l'avion.

Pour nos comparaisons en matière de prix, nous avons retenu plusieurs possibilités tarifaires. D'abord le plein tarif : avion d'un côté, première et seconde classes SNCF sans supplément de l'autre. Pourquoi "sans supplément" ? Tout simplement parce que les trains avec supplément sont de plus en plus doublés par des trains "ordinaires", aussi confortables, aussi rapides (dans certains cas, plus rapides même) que les premiers.

La seconde
tue la première

Pour les tarifs "couple" et "famille", nous avons présenté, à côté des prix des billets d'avion, les prix des billets SNCF de seconde classe. En effet, dans leur immense majorité, les familles et même les couples voyagent maintenant en seconde. C'est que le confort de cette classe a fait ces années-ci, un grand bond en avant (silence, suspension, décoration, climatisation, etc.).

Parallèlement, la seconde a fait son apparition dans les trains les plus rapides, auparavant réservés exclusivement aux voyageurs de première. Ainsi les usagers de la seconde classe des TGV ne sont-ils pas les seuls à "rouler" très vite. D'autres peuvent le faire, à 200 kilomètres à l'heure sur des lignes classiques comme Paris-Toulouse ou Paris-Bordeaux. Il n'y a donc plus aujourd'hui qu'un intérêt très relatif à voyager en première : la marge entre les deux classes s'est très atténuée. Les clients ne s'y sont d'ailleurs pas trompés. Du coup, afin d'attirer la clientèle "haut de gamme" qui se "déclasse" elle-même volontiers, ou alors prend l'avion, la SNCF étudie une première "plus", avec services ad hoc. Sa mise en service — à titre d'essai — devrait intervenir l'année prochaine.

Mais si — en seconde et même en première — le train est sensiblement moins cher que l'avion, il n'en est pas moins parfaitement possible d'emprunter la voie aérienne et de payer moins que par la voie ferrée. A l'origine de ce paradoxe : la "multitarification".

"Français, si vous saviez." Oui, si vous saviez déchiffrer le casse-tête chinois des nouveaux tarifs, l'addition de vos voyages serait beaucoup plus légère qu'elle ne l'est. Car des réductions, les transporteurs en offrent un nombre respectable. Elles sont évidemment liées à des sillons horaires moins fréquentés que d'autres. D'où une formidable complication

Choisir la bonne couleur

Air Inter a lancé les vols rouges, blancs et bleus. La SNCF présente, elle, ses jours aux mêmes coloris.

Les vols rouges ? Ce sont les plus chargés ; leur numérotation dans l'horaire commence par 7. Ils sont en principe réservés aux passagers payant plein tarif. Mais y sont admis les abonnés d'Air Inter, d'Air France et de la SNCF (voyages air-fer).

Les vols blancs, moins chargés, ont une numérotation commençant par 6. Accessibles à tous, ils admettent avec des réductions variant, selon les relations, de 22 à 36 %, les étudiants, les familles, les personnes âgées et les jeunes.

Les vols bleus, censés être les moins fréquentés commencent eux, par 5. Ils sont ouverts à tous les passagers, y compris les jeunes, les étudiants, les conjoints, les familles, les personnes âgées et les groupes, bénéficiant, tous, de réductions allant de 38 à 56 %. Ajoutons-y les abonnés "vols bleus et vols blancs" qui, eux, ont de droit 30 % de réduction. Mieux : le "bleu" donne droit, pour ceux qui paient plein tarif ou tarif abonnés, à un voyage gratuit tous les cinq ans ou six voyages dans l'année. N'oubliez donc pas de faire composter la souche de vos billets Air Inter !

Les jours rouges de la SNCF correspondent aux périodes de grands départs.

Les jours blancs vont du vendredi 15 heures au samedi 12 heures ; du dimanche 15 heures au lundi 12 heures, et incorporent quelques jours de fête. Les jours bleus vont habituellement du samedi 19 heures au dimanche 5 heures et du lundi 12 heures au vendredi 15 heures. Au total : près de 250 jours par an.

Du "Carré jeune"
à la carte Vermeil

Les réductions tarifaires de la SNCF sont si nombreuses que la plupart des usagers — et parfois même les guichetiers ! — ignorent plusieurs d'entre elles. Voici celles qu'il ne faut pas oublier :

• Etes-vous concubin ou marié ! Bravo : la SNCF accorde 50 % de réduction à partir de la deuxième personne figurant sur la carte couple, la première personne payant le plein tarif. Conditions : commencer chaque trajet en période bleue. La carte est établie gratuitement sur présentation du livret de famille ou d'un certificat de concubinage.

• Avez-vous des enfants ? Encore bravo : gratuité pour les enfants de moins de 4 ans. 50 % de réduction pour les enfants de 4 à 12 ans ; et ce "en toutes périodes".

Les familles d'au moins trois enfants bénéficient de la carte "famille nombreuse" : elle donne droit à une réduction individuelle de 30 à 75 % (variable selon le nombre d'enfants) pour chacun des parents et chacun des enfants de moins de 18 ans.

• Etes-vous jeune ? La carte "jeune" (de 12 à 26 ans) offre 50 % de réduction pour tout voyage (aller ou aller et retour) + une couchette gratuite, pendant l'été. Il faut commencer chaque trajet en période bleue, entre le 1er juin et le 30 septembre. Prix de la carte : 125 francs (déjà amorti à moitié par la couchette gratuite).

Nouveauté 1984, le "Carré jeune" : une carte — toujours pour les jeunes de 12 à 26 ans — qui donne droit à quatre voyages aller simple ou deux voyages aller et retour avec 50 % de réduction pour chaque trajet commencé en période bleue, ou 20 % de réduction pour chaque trajet commencé en période blanche. Le "Carré jeune" vaut lui aussi 125 francs et est valable un an.

• N'êtes-vous plus jeune ? Si Madame a 60 ans ou plus et Monsieur, 62 ans ou plus, ils peuvent l'un et l'autre voyager à demi-tarif grâce à la carte Vermeil (prix : 61 francs). Tout trajet doit commencer en période bleue.

• Voulez-vous aller loin ? Le billet "séjour", valable toute l'année, permet 25 % de réduction pour tout voyage aller et retour ou circulaire totalisant au moins 1 000 kilomètres. Chacun des trajets doit commencer en période bleue. Attention : conditions de date pour le retour.

• Voyagez-vous à plusieurs ? Il suffit d'être cinq ou plus pour bénéficier de 25 % de réduction sur un aller et retour. Chaque trajet doit commencer en période bleue (réservation : au moins deux jours à l'avance).

Là ne s'arrête pas la liste des tarifications réduites proposées par la SNCF : le billet "congé annuel" destiné aux salariés voit sa réduction traditionnelle de 30 % portée à 50 % si les trajets aller et retour ont lieu en période bleue et si au moins la moitié du prix du billet est acquittée avec des chèques-vacances. Il existe aussi des tarifications spéciales adaptées aux groupes et aux colonies de vacances. Sans parler, bien sûr, des abonnements.

L'"évasion" pour tous

Air Inter n'est pas en reste. Quelques mots d'abord sur la grande nouveauté 1984 : la carte "évasion". Conçue pour les passagers qui, voyageant seuls, ne bénéficiaient d'aucune réduction, elle donne accès à des vols désignés (plus particulièrement les samedis et dimanches) à un tarif inférieur de 20 à 45 % selon les destinations. Prix de souscription : 475 francs pour un an. Pour le reste, concurrence aidant, la compagnie aérienne offre des réductions très voisines de celles de la SNCF, cette dernière lui ayant d'ailleurs, plus d'une fois, emboîté le pas sur ce terrain.

Il y a les jeunes (de 12 à 25 ans), les étudiants (moins de 27 ans), les personnes âgées (60 ans ou plus pour les femmes, 65 ans ou plus pour les hommes, 62 ans ou plus pour les retraités), les familles à trois ou plus et les groupes de plus de dix. Tous peuvent voyager sur vols blancs ou vols bleus.

Uniquement sur vols bleus : le conjoint accompagnant un époux ou une épouse "à tarif plein". Uniquement sur vols blancs : les groupes de cinq personnes ou plus, et les "familles à deux" (époux ou épouse ou un adulte plus un enfant).

Pas facile de s'y retrouver. Surtout si l'on sait qu'il existe des périodes de "décoloration" ! N'empêche : avec de l'habileté et beaucoup de mémoire, on peut voyager en France presque toute l'année sans jamais payer place entière.

Jean-Pierre ADINE
(avec Alain Dauvergne)

Le Point n° 616 (9-7-84)

11. Notes sur la lecture :

la desserte : le fait d'assurer les transports d'un lieu à un autre.

le sillon : time slot.

la souche du billet : le dernier feuillet qui reste au voyageur qui a effectué son voyage.

concubin : qui vit avec quelqu'un sans être marié.

emboîter le pas : marcher juste derrière quelqu'un. Au figuré, faire la même chose que quelqu'un.

SOFLUMAR
5. AVENUE PERCIER - 75008 PARIS
TEL. 562-50-50

CHARTE-PARTIE AU VOYAGE
DE NAVIRE PETROLIER

Paris, le

Il a été ce jour mutuellement convenu entre **SOFLUMAR**, Armateur du bon navire pétrolier,

à
Français

d'une jauge nette de

ayant une portée utile d'environ

à l'option des armateurs et classé

tonnes de produits pétroliers liquides plus ou moins

et

; actuellement en exploitation

domicilié à

ARTICLE PREMIER. — Que
prévu et devant être maintenu tel du
la célérité convenable, suivant les or

ou aussi près qu'il pourra s'en appr
un plein et entier chargement de

en vrac; ne dépassant pas ce qu'il
visions et aménagements (un espac
chargement) et, étant ainsi chargé,

ou aussi près qu'il pourra s'en ap
du fret au taux de

LETTRE DE TRANSPORT

62

NUMERO DE LA LETTRE DE TRANSPORT AERIEN			AEROPORT DE DEPART	DATE D'EMISSION JOUR MOIS AN	TC	CODE FRAIS	CODE MONNAIE	NE SERA PAS TRANSPORTEUR
N° DE SERIE								VOL JOUR

1/ | | | | AEROPORT DE DESTINATION | | | VOL JOUR |

2/ | NOM ET ADRESSE DU DESTINATAIRE | | | | PAR |

NON NÉGOCIABLE
LETTRE DE TRANSPORT AÉRIEN

Émise par
AIR FRANCE
COMPAGNIE NATIONALE DE TRANSPORTS AERIENS
1, square Max-Hymans, 75015 PARIS

549127330 R. C. Paris

3/ | NOM ET ADRESSE DE L'EXPÉDITEUR |

L'expéditeur certifie que les indications portées sur le présent document sont exactes
et il accepte LES CONDITIONS SPÉCIFIÉES AU VERSO.

SIGNATURE DE L'EXPÉDITEUR :

4/

AIR FRANCE
1, square Max-Hymans, 75015-PARIS
549127330 B.R.C. Paris

DÉCLARATION D'EXPÉDITION
(A remplir en lettres capitales)

| A REMPLIR PAR AIR FRANCE | L.T.A. 057 - Aéroport de destination |

Destinataire :

Adresse :

Ville et pays :

Aviser également :

Adresse :

Ville et pays :

Nombre de colis	Mode d'emballage	NATURE ET QUANTITÉ DES MARCHANDISES	Tél.	Marques et n°s	Dimensions ou volume	POIDS BRUT	NET	VALEUR DÉCLARÉE POUR la douane	le transport

Documents remis au transporteur : pour les formalités d'exportation :
pour accompagner l'envoi à destination :

Expéditeur : (A remplir en lettres capitales)

Adresse :

Ville et pays :

Représenté par :

Adresse :

Ville et pays :

PORT PAYÉ **FRANCO de tous Frais** *MODALITÉS DE RÈGLEMENT DES FRAIS - Cocher la rubrique appropriée* **PORT DU** **FRAIS AU DÉPART** seulement à la charge de l'expéditeur

A ASSURER POUR en toutes lettres
A LIVRER CONTRE REMBOURSEMENT DE en toutes lettres
DÉBOURS : en chiffres

N° Compte Client :

Aucun envoi n'est accepté lorsqu'il est stipulé un délai de transport
A moins d'ordres contraires, les droits de douane sont acquittés d'office à l'arrivée.

Cadre réservé à AIR FRANCE						
AEROPORT DE DEPART	TRANSPORT AÉRIEN	POIDS DE TAXATION	CLASSIFIC. DU TARIF	TARIFS	PAYÉ PAR L'EXPÉDITEUR Comptant En Compte	A LA CHARGE du DESTINATAIRE
A	1er TRANSPORTEUR					
A	TRANSPORTEUR					
	TRANSPORTEUR					
TAXATION A LA VALEUR - DE				A		
PRIME D'ASSURANCE - DE				A		
FRAIS DIVERS AU DÉPART						
TRANSIT						
A L'ARRIVÉE						
FRAIS DE REMBOURSEMENT						
TAXE FISCALE						
REMBOURSEMENT						

D.C. N°o 65 - 942 013 45.1

à remplir si la valeur pour la douane est égale ou supérieure à 5000 F

TOTAL →

L'expéditeur déclare expressément que les
indications ci-dessus écrites par lui-même ou
son mandataire sont exactes et qu'il connaît
et accepte les Conditions de Transport du
Transporteur.

Date et signature de l'expéditeur :
Prière de faire précéder la signature
de la mention « Lu et Approuvé »

---

elf france

Raffinerie de DONGES
—
Service Maritime

CONNAISSEMENT

ARGE, en bon état de conditionnement apparent par ELF FRANCE,

compte

e navire   , dont M.

le présent voyage au port de DONGES (FRANCE).

ot en vrac de :

oduits	Litrage XXXXX	Kilogrammes	XXXXX XXXXXX XXXXXX

COPIE NON NÉGOCI

être délivré dans le même état de conditionnement au port d

ou aussi j

rité, toujours à flot, à l'ordre de :

re paiement du fret selon les clauses et conditions de

foi de quoi le Capitaine a signé   conn

c, l'un desquels étant accompli rendra les autres nuls.

Les Chargeurs   Fait à DONGES, le

Le Commandant

AUTOROUTES

A1   Autoroute du Nord
A4   Autoroute de l'Est
A6, A7   Autoroute du Soleil
A8   La Provençale
A13   Autoroute de Normandie
A40   Autoroute Blanche

LIAISONS AÉRIENNES

Air Inter :
Lignes permanentes ——————
Ligne saisonnière   - - - - - - -
Lignes TAT   – · – · – ·
Pont aérien Paris-Nice-Paris : consulter la documentation Air France.

RÉSEAU SNCF

Voie ferrée ——————
TGV   Voie ferrée à très grande vitesse

DISTANCES DE VILLE A VILLE

(en km) calculées d'après les itinéraires les plus rapides

Bale																				
160	Besançon																			
840	680	Bordeaux																		
690	500	790	Boulogne/M.																	
1090	900	630	690	Brest																
560	550	820	220	820	Bruxelles															
350	234	790	840	1050	760	Chamonix														
480	330	370	660	760	670	410	Clermont-Fd													
250	180	710	790	1030	670	95	330	Genève												
630	520	780	120	730	120	760	600	730	Lille											
320	310	860	400	940	230	560	590	460	270	Luxembourg										
400	230	550	730	980	670	240	180	160	670	490	Lyon									
710	540	410	370	390	510	730	380	640	430	590	580	Le Mans								
700	550	670	1050	1290	970	430	480	470	990	790	310	900	Marseille							
660	530	500	1030	1040	950	430	370	450	970	780	290	720	170	Montpellier						
210	210	820	490	880	340	450	480	380	420	110	380	520	700	680	Nancy					
850	700	330	550	300	680	820	460	720	600	770	630	180	950	740	690	Nantes				
640	710	830	1210	1450	1070	400	640	480	1150	110	470	1060	190	330	860	1110	Nice			
490	420	560	240	580	290	600	390	510	220	380	460	210	770	750	310	380	930	Paris		
150	230	900	590	1030	450	310	560	400	500	220	460	670	780	760	140	840	780	460	Strasbourg	
930	780	250	930	860	980	680	380	700	900	950	540	590	420	250	930	560	580	680	960	Toulouse

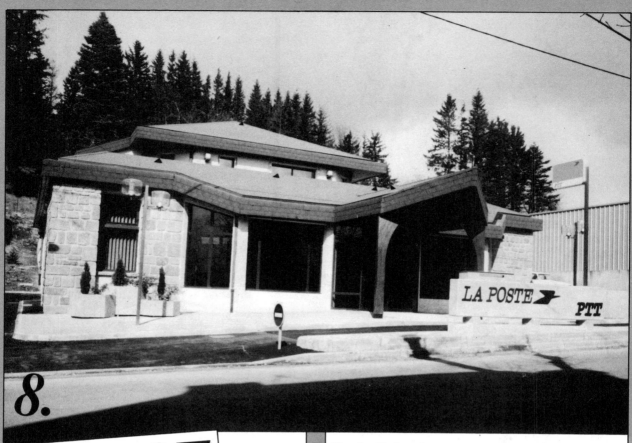

8.

Les P.&T.

Paul : Bonjour Guido, comment vont tes cours ?

Guido : Très bien, j'apprends beaucoup de choses. Aujourd'hui, on nous a enseigné le fonctionnement des P.T.T. ou des P. & T., si tu préfères...

Paul : Cela tombe bien, parce qu'en allant à la Pizzeria, je dois m'arrêter au bureau de poste pour expédier cette lettre recommandée avec accusé de réception : c'est une mise en demeure pour le service du contentieux. Par la même occasion, je vais acheter un carnet de timbres et des aérogrammes pour écrire aux Etats-Unis.

Guido : Pourquoi achètes-tu des timbres ? Je croyais que vous aviez une machine à affranchir ?

Paul : Oui, mais les timbres sont pour mon courrier car je n'ai pas la franchise postale.

Guido : Le prof. a dit qu'il était question de la supprimer pour faire des économies...

Paul : Même pour les militaires, la sécurité sociale et les chèques postaux ?

Guido : Oui, je crois...

Paul : Puisqu'on parle de chèques postaux, peux-tu m'expliquer comment cela fonctionne, car je ne suis pas sûr d'avoir très bien compris cette histoire de volets.

Guido : Tu sais, le centre de chèques postaux fonctionne un peu comme une banque. Tu ouvres un compte en versant de l'argent, tu reçois un carnet de chèques que tu utilises pour régler tes factures, etc.

Paul : Oui, cela je l'ai bien compris, mais en général, tu n'envoies pas le chèque au bénéficiaire.

Guido : Non, et c'est là l'originalité du système, ton chèque comporte trois volets, quatre même en comptant le talon. Regarde : tu remplis les trois volets en indiquant le numéro du bénéficiaire et tu envoies le tout au Centre de Chèques Postaux. Le Centre va, par un simple jeu d'écritures, débiter ton compte du montant du chèque et créditer le compte du bénéficiaire de la même somme, et en même temps, il va t'aviser du débit en te retournant ce volet accompagné de ton relevé de compte et aviser le bénéficiaire en lui envoyant ce volet-là et, tu vois, tu as pu écrire dans la partie réservée à la correspondance soit la raison pour laquelle tu lui envoies cette somme, soit la référence de la facture que tu règles ainsi. Il recevra, lui aussi, en même temps sa position de compte.

Paul : C'est en cela que ce système est supérieur à la banque, car on n'a pas besoin d'attendre un mois ou deux pour avoir son relevé de compte et on sait, à chaque opération, combien on a à son crédit.

Guido : Oui, et aussi c'est très facile de faire la preuve d'un paiement, il suffit de photocopier l'avis de débit qui porte la somme et le numéro de C.C.P. du bénéficiaire. Et on peut aussi faire virer son salaire sur ce compte et faire déduire automatiquement ses notes de gaz, d'électricité, d'eau, de téléphone, son loyer, ses assurances etc.

Paul : Quelquefois, dans la V.P.C. par exemple, j'ai remarqué que l'on demandait d'envoyer les trois volets avec la commande, pourquoi ?

Guido : C'est plus facile de vérifier que la commande est bien accompagnée du règlement et c'est l'entreprise de V.P.C. qui envoie ensuite les trois volets au Centre de Chèques Postaux. Il leur suffit d'attendre l'avis de paiement, en général le lendemain, pour expédier la commande. Je te signale que les P. & T. viennent de mettre en circulation un nouveau chèque postal de couleur soleil avec seulement deux volets qui sont plus spacieux pour porter des indications, par exemple on peut passer ces nouveaux chèques dans les caisses enregistreuses qui inscrivent automatiquement la raison sociale du magasin bénéficiaire et le montant de la facture sur le chèque, le client n'a plus qu'à signer...

Paul : Je n'en ai pas encore vu. Et le T.U.P. ? Mon assureur m'envoie toujours des T.U.P. à chaque échéance, mais je ne sais pas très bien comment les utiliser, alors j'envoie un chèque bancaire !

Guido : Ah, ce système-là aussi est génial ! Pour toutes les factures répétitives, comme les assurances, l'électricité, etc., tu peux utiliser les T.U.P. Tu envoies ton R.I.B. à ton créancier pour qu'il puisse établir les T.U.P. et lorsque tu les reçois, tu n'as qu'à vérifier le montant à payer, tu signes et tu renvoies, c'est tout. Au C.E.T.U.P., on va débiter ton compte et créditer celui de ton créancier et voilà ! Si tu n'as ni compte bancaire, ni C.C.P., tu peux aller à la poste et verser l'argent au guichet comme pour un mandat. C'est très bien pour les personnes âgées qui ont peur de se tromper en écrivant un chèque, elles n'ont qu'à signer.

Paul : Je trouve que les postes françaises offrent beaucoup plus de services aux usagers que les postes américaines par exemple, qui n'assurent que l'acheminement du courrier, des colis postaux et des mandats. En France, en plus des chèques postaux, il y a aussi cet autre aspect de banque qu'est la Caisse d'Epargne "à l'oiseau bleu" qui fonctionne comme une "savings bank" aux Etats-Unis. Et le télégraphe, le télex, le téléphone ! Et tout cela marche très bien.

Guido : Oui, le téléphone public, c'est-à-dire dans les cabines, est même nettement amélioré maintenant, on n'a plus besoin de jeton, on peut mettre des pièces de monnaie dans la fente et, après avoir décroché le combiné, attendu la tonalité, on peut on peut composer le numéro de son correspondant sur le cadran et il n'est plus nécessaire d'appuyer sur un bouton pour se faire entendre lorsqu'on a son correspondant au bout du fil ! Auparavant, j'oubliais toujours ce détail et je ne comprenais pas pourquoi on me répondait seulement "Allô, Allô, Qui est à l'appareil ?" alors que je parlais !...

Paul : A propos de téléphone, je vais te faire rire, la première fois que l'on m'a demandé à parler au Chef du service Comptabilité, j'ai voulu dire "Hold on, I'm switching your call to extension 209" et j'ai dit : Accrochez-vous.." et, bien sûr, on a "raccroché" !

Guido : Qu'est-ce qu'il fallait dire ?

Paul : "Ne quittez pas, je vais vous passer le poste 209"... Je le sais maintenant !

Guido : Est-ce que tu sais que la poste a décidé de s'associer au réseau Carte-Bleue-Visa ?

Paul : Oui, c'est vraiment pratique, et cela combine la facilité d'opération et du compte C.C.P. et de la Carte Bleue. Bientôt, il y aura des terminaux de paiement installés chez les commerçants pour faciliter encore plus l'utilisation sans risques de la carte.

Guido : A propos de l'utilisation des micro-ordinateurs, est-ce que tu sais que la France est le premier pays à posséder un annuaire téléphonique électronique ? Des régions pilotes ont été désignées dans le pays pour expérimenter cet annuaire qui est toujours à jour. On a distribué aux abonnés des consoles et des claviers qui leur permettent de taper le nom de leur correspondant et de trouver ainsi son numéro de téléphone grâce à un ordinateur central. Ils peuvent aussi faire bien d'autres choses avec ces petits ordinateurs. Les gens s'y sont très bien habitués et l'idée est, que l'expérience terminée, ils ne voudront plus se passer de ce "gadget" si commode et qu'ils accepteront de payer une <u>redevance</u> pour pouvoir le garder, comme ils en paient pour leur appareil téléphonique.

Paul : Oui, c'est formidable ! Mais nous sommes arrivés. Ah zut ! Il faut <u>faire la queue</u> au guichet des recommandés, pourvu que l'on ait le temps de déguster notre pizza avant de retourner au bureau ! Dis donc, peux-tu me rendre un service ? Prends soin de cette lettre recommandée pour moi, s'il te plaît, car il faut que je téléphone à mon père, ainsi nous gagnerons du temps.

Guido : Avec plaisir. Mais pourquoi téléphones-tu à ton père du bureau de poste ?

Paul : Parce que je l'appelle en <u>P.C.V.</u> et je ne peux le faire que très tôt le matin, quand il est encore à la maison.

Guido : Mais, il est midi et quart !

Paul : Oui, mais il y a 6 heures de décalage horaire avec les Etats-Unis et en ce moment il est 6 h 15 du matin dans le Connecticut et mon père se prépare pour aller travailler à son bureau à Manhattan.

Guido : Que je suis bête, comme la France et l'Italie se trouvent dans le même fuseau horaire, j'avais complètement oublié ce détail !

Cinq minutes plus tard.

Guido : Mission accomplie ! Voici le reçu. Tu as pu parler à ton père ?

Paul : Oui, merci. Tout va bien.

Guido : Je ne comprends toujours pas pourquoi tu dois venir à la poste pour appeler ton père en P.C.V. ? A quelle heure part-il pour New York ?

Paul : Il part à 7 heures pour éviter les <u>embouteillages</u>. Mais c'est parce que je ne peux pas réussir à avoir la <u>standardiste</u> pour demander le numéro en P.C.V. sur l'appareil du bureau ! J'ai beau composer le "0", cela ne marche pas !

Guido : Evidemment ! Il faut faire le 10 pour avoir le standard.

Paul : Merci, la prochaine fois, je saurai... Dépêchons-nous de prendre cette table, il n'y pas encore trop de monde à la Pizzeria...

VOCABULAIRE

P.T.T. : *postes, télégraphe, téléphone*
P. & T. : *postes et télécommunications*
recommandé : *registered*
un accusé de réception : *an acknowledgment of receipt*
une mise en demeure : *a formal notice (of summons)*
un timbre : *a stamp*
un aérogramme : *an airgram*
une machine à affranchir : *a postage meter*
le courrier : *the mail*
la franchise postale : *postage free status, franking*
un chèque postal : *a post office check (no real equivalent)*
un volet : *a tear-off, a detachable section*
le talon : *the stub*
la position de compte : *the statement of account*
T.U.P. : *Titre Universel de Paiement (universal document of paiement) (no real equivalent)*
R.I.B. : *Relevé d'Identité Bancaire (Bank identification)*
C.E.T.U.P. : *Centre de T.U.P.*

un mandat : *a money order*
l'acheminement du courrier (m) : *mail forwarding*
la Caisse d'Épargne : *(national) savings bank (in the post-offices)*
un jeton : *a token*
la fente : *the slot*
décrocher : *to take the receiver off the hook, to pick up the receiver*
le combiné : *the receiver*
la tonalité : *the dial tone*
composer le numéro : *the dial the number*
le correspondant : *the correspondant, the party*
le cadran : *the dial*
au bout du fil : *on the line, on the phone*
Allô, qui est à l'appareil ? : *Hello, who's speaking ?*
raccrocher : *to hang up*
le réseau : *the network*
un terminal : *a terminal*
un annuaire téléphonique : *a directory, a telephone book*
une console : *a monitor*
un clavier : *a keyboard*
une redevance : *a rental charge (telephone)*
faire la queue : *to stand in line, to queue up*
P.C.V. : *à PerCeVoir (collect) reversed charges)*
un embouteillage : *a traffic jam, a bottle neck*
la standardiste : *the operator*

QUESTIONS ORALES

1. Que veut dire "affranchir" une lettre ?
2. Combien un chèque postal comporte-t-il de volets ?
3. Pourquoi les entreprises de V.P.C. demandent-elles d'envoyer tous les volets du chèque postal avec la commande ?
4. Quel est l'avantage des chèques postaux de couleur soleil ?
5. Comment fonctionne le T.U.P. ?

6. Qu'est-ce que la Caisse d'Épargne ?
7. Décrivez la façon d'utiliser un téléphone public.
8. Quel est l'avantage de l'annuaire téléphonique électronique ?
9. Qui paie la communication quand on fait un appel en P.C.V. ?
10. Quels sont tous les services qu'offrent les Postes en France ?

EXERCICES ECRITS

1. Ecrivez le mot ou l'expression qui vous paraît convenir :

1. L'Etat français a le monopole . . . .
   - du transport
   - des P.T.T.
   - de la distribution
   - des revenus

2. Certaines correspondances avec les services publics bénéficient de la . . . . postale.
   - qualité
   - distribution
   - franchise
   - règle

3. Notre service télex permet la liaison directe de deux
   . . . .
   - abonnés
   - destinataires
   - préposés
   - expéditeurs

4. Introduisez . . . . dans la fente, décrochez le combiné et composez votre numéro.
   - le coupon
   - le chips
   - le jeton
   - le billet

5. On a déjà équipé quelques milliers d' . . . . au téléphone de l'annuaire électronique qui doit peu à peu relayer les annuaires en papier.
   - adhérents
   - abonnés
   - abandonnés
   - inscrits

6. Dès réception des marchandises, je vous ferai un virement postal pour vous . . . . du montant de la facture.
- ouvrir
- couvrir
- agréer
- recouvrer

7. Décrochez . . . . , mettez les pièces dans la fente et composez votre numéro.
- le haut-parleur
- l'écouteur
- le microphone
- le combiné

8. Le service du contentieux a envoyé une mise . . . . à ce client parce qu'il n'a toujours pas payé sa facture.
- en domicile
- en reste
- en demeure
- au point

9. Un chèque postal comporte trois . . . .
- feuillets
- volets
- fenêtres
- talons

10. Un appel en P.C.V. est payé par . . . .
- le demandeur
- le correspondant
- l'opératrice
- le bureau de poste

2. Vrai ou faux :

1. La correspondance adressée au Centre de Chèques Postaux est dispensée de timbre. VRAI FAUX

2. Les services postaux ne versent pas de fonds à domicile. VRAI FAUX

3. Le Centre de Chèques Postaux envoie un relevé de compte tous les mois. VRAI FAUX

3. Version :

1. L'affranchissement des lettres ordinaires pour les Etats-Unis est de 3,85 F.

2. Les imprimés peuvent être expédiés à un tarif réduit.

3. Les mandats télégraphiques sont très utiles en cas d'urgence.

4. Il faut affranchir une lettre ordinaire à 2,20 F.

5. Ne quittez pas, je vous passe le poste 22.

6. Il faut envoyer une lettre recommandée avec accusé de réception.

7. Donnez-moi un carnet de timbres et cinq aérogrammes, s'il vous plaît.

8. Dans l'annuaire du téléphone on trouve les noms, adresses et numéros de tous les abonnés de la ville.

9. Pour retirer de l'argent de son compte à la Caisse d'Epargne on doit présenter son livret.

10. Même les petites entreprises utilisent largement les machines à affranchir à la place des timbres-postes.

4. Thème :

1. Calling during low rate periods is a good way to save money.

2. A 1845 letter and stamp sold for $ one million.

3. Can you put me through to extension 209 ?

4. What is the postage for a letter to France ?

5. You will be charged less for this call if you dial direct.

6. Printed matter can be sent at a lower rate.

7. Send this parcel C.O.D.

8. I want to make a collect call.

9. The U.S. service mail does not have a savings account department.

10. Lift the receiver, listen to the dial tone, insert a coin in the slot, and dial the number of your correspondant.

5. Lors de la rédaction de ce texte, un certain nombre de mots ont été "effacés". Vous êtes chargé(e), avant l'impression définitive, de compléter le texte à l'aide des mots donnés ci-dessous dans l'ordre alphabétique.

- agissez
- banque de données
- communiquez
- dynamisez
- informez
- resserrez
- ressources informatiques
- services de consultation
- services en direct
- services internes

TELETEL : la puissance de l'informatique, la simplicité du téléphone.

Voici TELETEL : tout un monde de . . . .

TELETEL va donner une nouvelle dimension à votre vie professionnelle, à votre entreprise, quelles que soient sa taille et son activité, et vous ouvrir l'accès à des . . . . de toutes natures et de toutes puissances.

TELETEL, ... -vous en direct :
Chacun peut, de son poste de travail, interroger des . . . . professionnelles ou des services d'information pratique.
Sans intermédiaire, sans connaissances spéciales, sans contrainte d'horaire.

TELETEL, ... en direct :
En concevant des . . . . (boîtes à lettres électroniques, journal d'entreprise...) vous optimisez les circuits de communication dans votre entreprise, sans modifier vos structures, sans bousculer vos habitudes.

TELETEL, ... en direct :
Vous . . . . votre force de vente, vous . . . . vos liens avec vos distributeurs, vos clients, vos fournisseurs, grâce à des . . . . (catalogues, stocks, tarifs) et de commande en direct.

Voici TELETEL, un nouvel outil de compétitivité, une nouvelle liberté pour travailler et entreprendre.

6. Correspondance :

Vous venez de créer une entreprise et vous désirez faire installer le téléphone dans vos nouveaux locaux.
TRAVAIL A FAIRE

Vous écrivez aux Postes et Télécommunications en donnant tous les renseignements voulus et en demandant quelles sont les formalités à remplir pour obtenir une ligne téléphonique.

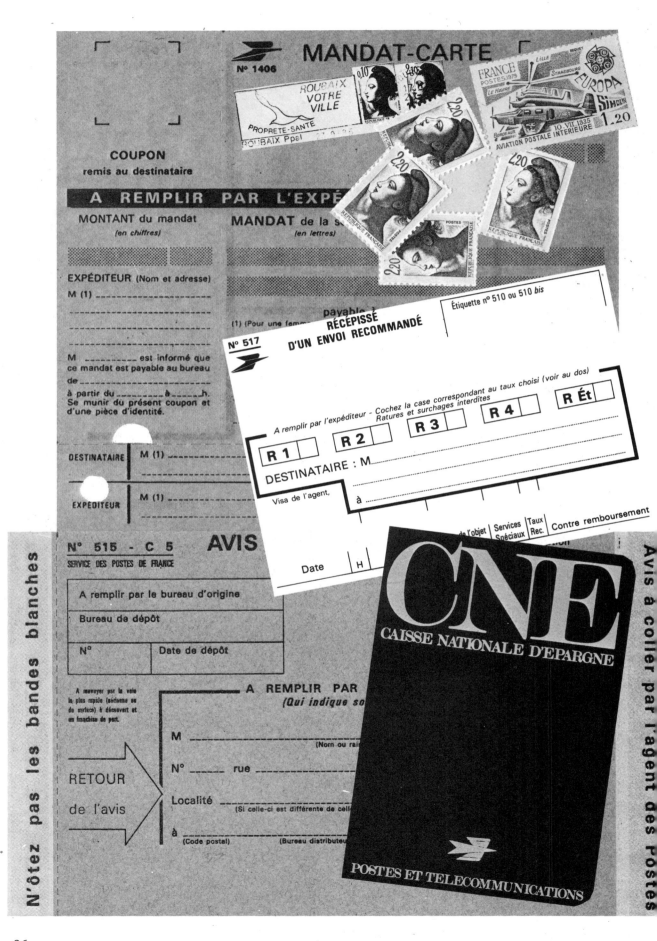

MANDAT-CARTE

N° 1406

COUPON
remis au destinataire

A REMPLIR PAR L'EXPÉ

MONTANT du mandat
(en chiffres)

MANDAT de la s

(en lettres)

EXPÉDITEUR (Nom et adresse)

M (1) _____

_____

_____

M _____ est informé que
ce mandat est payable au bureau
de _____

à partir du _____ à _____ h.
Se munir du présent coupon et
d'une pièce d'identité.

(1) (Pour une femm

payable à

DESTINATAIRE M (1) _____

_____

EXPÉDITEUR M (1) _____

RÉCÉPISSÉ
D'UN ENVOI RECOMMANDÉ

N° 517

Étiquette n° 510 ou 510 *bis*

A remplir par l'expéditeur - Cochez la case correspondant au taux choisi (voir au dos)
Ratures et surcharges interdites

| R 1 | R 2 | R 3 | R 4 | R Ét |

DESTINATAIRE : M _____

_____

Visa de l'agent, à _____

Date H

de l'objet | Services Spéciaux | Taux Rec. | Contre remboursement

N° 515 - C 5 AVIS

SERVICE DES POSTES DE FRANCE

A remplir par le bureau d'origine

Bureau de dépôt

| N° | Date de dépôt |

A renvoyer par la voie
la plus rapide (aérienne ou
de surface) à découvert et
en franchise de port.

A REMPLIR PAR
(Qui indique so

RETOUR
de l'avis

M _____
(Nom ou rai

N° _____ rue _____

Localité _____
(Si celle-ci est différente de cell

à _____
(Code postal) (Bureau distributeu

CNE
CAISSE NATIONALE D'EPARGNE

POSTES ET TELECOMMUNICATIONS

N'ôtez pas les bandes blanches

Avis à coller par l'agent des postes

Compréhension de texte :

UN PAYS DE PETITS PROPRIÉTAIRES QUI PRÉFÈRENT LA CAMPAGNE A LA VILLE

Un recensement, c'est un décompte, une collection de chiffres, qui, accumulés, rapprochés, donnent une sorte de photographie, un état des lieux à un instant donné. Mais les éléments tirés par l'I.N.S.E.E. (*) du recensement de 1982 offrent mieux que cela : ils permettent de mesurer l'évolution de la société française au cours des dernières années et esquissent les transformations qu'elle subit aujourd'hui dans ses activités et son mode de vie.

Le premier trait qui apparaît avec netteté, c'est l'évolution des activités et des emplois. Les années qui avaient suivi la guerre avaient été marquées par l'exode agricole et rural : les jeunes avaient quitté la ferme paternelle pour l'usine. Aujourd'hui s'esquisse une seconde transformation : après l'agriculture, c'est l'industrie qui décline au profit du tertiaire ; celui-ci rassemble près de 60 % des actifs alors que l'industrie n'en accueille plus qu'un tiers.

L'évolution est trop massive pour être liée à la crise économique qui a frappé depuis 1974 ; il ne s'agit pas seulement de la "désindustrialisation", mais de l'entrée de la France dans ce que les sociologues américains ont appelé la "société post-industrielle".

Parallèlement, l'activité professionnelle devient l'apanage d'une tranche d'âge plus restreinte. Cela tient à la prolongation des études — les deux tiers des jeunes ne commencent pas à travailler avant l'âge de vingt ans — et à des départs plus précoces, accélérés par la crise économique, et "régularisés" depuis la fixation à soixante ans de l'âge de la retraite. L'évolution a été rendue possible par le travail des femmes, qui forment aujourd'hui plus de 40 % de la population active.

Ces changements vont sans doute s'accompagner d'une nouvelle répartition des hommes sur le territoire. L'industrialisation a provoqué une concentration dans les villes et dans les banlieues qui leur ressemblaient de plus en plus : la croissance a été d'autant plus forte que la ville était plus grande.

Mais, depuis 1975, ce mouvement séculaire a été rompu : pour la première fois, les petites villes et les communes rurales se sont développées plus vite que les grandes villes et les banlieues "traditionnelles". L'urbanisation prend aujourd'hui des formes plus lâches, et de nouvelles communes-dortoirs, des villages-satellites, se forment, qui seront peut-être l'équivalent des banlieues américaines.

La poussée des constructions — la majorité des logements actuels ont moins de vingt ans — s'est accompagnée d'une amélioration des conditions de vie matérielles ; la plupart des ménages peuvent avoir aujourd'hui un logement confortable ; l'équipement en téléphone, généralisé au cours de la période 1975-1982, dépasse la possession d'automobiles qui a pourtant continué à progresser.

Au cours des dix dernières années, l'effort de construction a donné aussi aux Français l'occasion de redevenir propriétaires : plus de la moitié sont aujourd'hui propriétaires de leur résidence principale. Un développement qui est allé de pair avec celui de l'habitat individuel.

Ce maintien de la petite propriété est synonyme d'indépendance dans les représentations collectives, mais l'est sans doute moins dans la pratique : il lie les gens à leur résidence et il rend aujourd'hui plus difficiles encore les départs en cas de fermeture d'entreprises.

L'indépendance, en tout cas, est aujourd'hui définitivement gagnée pour la famille : on ne rencontre pratiquement plus, même à la campagne, de ménages réunissant deux générations sous le même toit.

C'est aussi un des points de repère d'une autre évolution majeure : celle de la famille. Celle-ci s'est resserrée : elle ne comprend guère, dans la plupart des cas, qu'un ou deux enfants. Encore cette famille traditionnelle a-t-elle du mal à résister au désir d'autonomie de chacun de ses membres : le nombre de divorcés a augmenté de 50 % entre 1975 et 1982, comme celui des mères célibataires.

Les femmes ont acquis leur autonomie, au cours de la dernière décennie, sur le plan juridique, comme elles l'ont acquise sur le plan matériel par l'exercice d'un métier : dans deux couples de moins de quarante ans sur trois, les deux conjoints sont actifs.

Cette liberté gagnée par les individus dans la société française peut avoir comme contrepartie la solitude pour un nombre croissant d'entre eux : les célibataires, les divorcés, les veufs. Choisie par les plus jeunes, elle est subie par les plus âgés, et les femmes, qui forment 60 % des divorcés et autant des plus de soixante-quinze ans, risquent d'en être les principales victimes. Une situation que le confort et les moyens de communications ne compenseront pas.

d'après un article de Guy Herzlich
Le Monde (17.2.84)

(*) Institut National de la Statistique et des Etudes Economiques.

A COMPLETEZ, à l'aide du texte, la fiche de synthèse ci-dessous :

```
1. Thème de l'article : . . . . . . . . . . . . . . . . . .
                    auteur : . . . . . . . . . . . . . . . . . .
2. Réalisation  publié par : . . . . . . . . . . . . . . . . . .
                    en date du : . . . . . . . . . . . . . . . . . .
```

D'où proviennent les éléments utilisés par l'I.N.S.E.E. ?

Que montre l'analyse de ces éléments ?

— L'évolution des activités et des emplois

Principale caractéristique des années d'après-guerre :

Secteur économique actuellement en expansion :

Comment les sociologues désignent-ils la société actuelle ?
Principale évolution de l'activité professionnelle :

Les deux raisons de cette évolution :
Quel autre facteur a rendu possible cette évolution ?
. . . .

— L'évolution de l'habitat

Principale conséquence de l'industrialisation : . .

Changement constaté depuis 1975 : . . . .

Caractéristiques de la plupart des logements actuels :
Conséquence de l'effort de construction entrepris depuis dix ans :
Les deux aspects contradictoires de la petite propriété :

— L'évolution de la famille

Principale caractéristique de la famille actuelle :

Que traduit l'augmentation du nombre de divorcés et de célibataires ?
Comment les femmes ont-elles acquis leur autonomie matérielle ?
Conclusions de l'article :

B D'après ce texte, DÉGAGEZ, en quelques lignes, les caractéristiques de la France actuelle.

P.T.T.... en direct
Les P.T.T.
service public et/ou entreprise
une dualité dynamique

La première période de l'action gouvernementale a permis d'enrayer le processus de privatisation des P.T.T. ainsi que l'évolution insidieuse vers une coupure entre les télécommunications, modernes et évolutives, et les services postaux qui eussent été voués au dépérissement...

Il convient maintenant de préserver à ce grand service public l'efficacité et l'originalité qui proviennent de sa double nature : grande administration, riche de près de 500 000 agents, il a en même temps les caractéristiques d'une entreprise publique...

Les P.T.T. ne doivent rien à l'impôt. Ils sont tenus d'équilibrer leurs recettes et leurs dépenses... Moyens d'action directe de la politique gouvernementale en tant qu'administration, leur logique de fonctionnement est cependant comparable à celle des sociétés nationales telles que E.D.F. ou la S.N.C.F.

La présence, sous la tutelle du ministère, de l'Etablissement public Télédiffusion de France dont l'activité assure la liaison entre le service public de l'audiovisuel et les télécommunications, illustre bien cette double nature et les contraintes qui en découlent.

DEVELOPPER LES SERVICES EXISTANTS

Intaller le téléphone, transporter le courrier, être présent sur l'ensemble du territoire français sont les trois grandes missions du service public P.T.T. Traditionnelles, certes, elles n'en restent pas moins primordiales aujourd'hui. Développer les services permettant de continuer à mener à bien ces trois missions est le premier souci des P.T.T.

Offrir le téléphone à tous

Faire du téléphone un outil à la libre disposition de tous, est l'objectif que s'est fixé le gouvernement à l'horizon 1986. Le niveau des demandes satisfaites en 1982 a atteint un niveau record, tandis que le délai moyen de raccordement n'était plus que de deux mois à la fin de l'an dernier. Ce qui permet à plus de quatre ménages sur cinq de disposer du téléphone à domicile...

D'autre part, le service Téléalarme ou l'association du téléphone et d'un service de secours, instrument précieux pour les personnes âgées, isolées, malades ou invalides, est en train d'être mis en place...

Régulariser le transport du courrier en poursuivant sa modernisation

Chaque année, la Poste transporte plus de courrier. Pour mener à bien cette mission première, il a été décidé de poursuivre et d'étendre la réalisation d'un système de tri automatique du courrier, que la plupart des pays nous envient, tant par sa conception que pour son degré actuel de performance, il a aussi été décidé de doter la poste pour certaines liaisons, d'un moyen de transport terrestre très rapide, le TGV.

La polyvalence du bureau de poste en milieu rural

L'implantation des bureaux de poste sur l'ensemble du territoire est très dense (17 200 bureaux) particulièrement en zone rurale. Et le bureau de poste reste souvent le dernier échelon administratif dans les villages victimes d'exode, après la fermeture des principaux autres services publics dont le niveau d'activité était devenu trop faible (S.N.C.F., A.N.P.E., Commissariats...). C'est alors l'occasion pour le bureau de poste insuffisamment occupé, de valoriser sa présence en milieu rural en offrant, après formation préalable du personnel et accord avec la municipalité et les départements ministériels concernés, des prestations simples : offres d'emploi de l'A.N.P.E., dépôt et retrait des cartes grises et des passeports, délivrance de billets de train...

ETRE A L'ECOUTE DES USAGERS

Produits et services nouveaux ou améliorés

Des représentants des usagers (associations de consommateurs, usagers professionnels, élus) définissant leurs véritables besoins, ont participé au sein de différents organes de concertation mis en place depuis 2 ans, à l'élaboration de plusieurs de ces produits ou services : création d'une édition 1983 de l'annuaire alphabétique plus complète que celles des années précédentes, mise à disposition de documents explicatifs sur les différents services et produits des P.T.T. avec leurs tarifs, amélioration de la fiabilité de la facturation et mise en œuvre du service de la facturation détaillée.

La Poste, de son côté, a adapté ses services financiers et a créé de nouveaux services. Outre sa fonction de transporteur de courrier, elle collecte largement l'épargne publique à travers les Chèques Postaux qui drainent quelques 100 milliards de francs provenant des particuliers, comme les entreprises et la Caisse d'Epargne de l'"Oiseau bleu" qui en draine 220 milliards par le canal des dépôts sur les livrets A et B et l'Epargne-logement. Ces fonds sont mis en grande partie, à la disposition des collectivités locales par le truchement de la Caisse des Dépôts et Consignations...

Le 5 octobre 1982, au Conseil des Ministres, un ensemble de mesures destinées à offrir aux usagers des services financiers de la Poste ce qu'ils sont en droit d'attendre de l'institution financière qui tient leur compte est adopté :

• Adhésion de la Poste au groupement CARTE BLEUE : les 7,5 millions de titulaires de comptes-chèques postaux (C.C.P.) pourront ainsi accéder à toutes les facilités de ce réseau.

• Amélioration des règles d'octroi des prêts complémentaires d'Epargne-logement.

• Vente de devises et de chèques de voyages aux guichets des bureaux de poste.

• Découverts plus faciles pour les détenteurs de C.C.P.

PREPARER L'AVENIR PAR DE GRANDS ENGAGEMENTS TECHNOLOGIQUES

Le vidéotex et ses différentes applications

Le service de "l'annuaire électronique" permettant aux abonnés au téléphone d'obtenir dès 1984 des renseignements sur l'ensemble des abonnés du territoire par l'intermédiaire d'un terminal — Minitel — connecté à leur ligne téléphonique va s'étendre peu à peu à toutes les régions de France.

Parallèlement, la création de banques de données sera induite par le développement du vidéotex professionnel, service fonctionnant sur le même principe — terminal connecté à un ordinateur par l'intermédiaire du réseau téléphonique ; aujourd'hui, l'administration des P.T.T. participe à plus de soixante opérations de vidéotex professionnel. Et cela dans tous les secteurs (agriculture, industrie, banque, commerce, culture, presse, santé, loisirs) et dans toutes les régions de France.

Une autre application de la vidéographie fonctionnant selon les mêmes normes, Antiope, a pour objet de diffuser des informations sur des récepteurs TV par le réseau hertzien. Ce système français de vidéotex diffusé a été développé par Télédiffusion de France (TDF), organisme public sous la tutelle du ministère des P.T.T.

Les réseaux câblés et les fibres optiques

Le 3 novembre 1982, le Conseil des ministres approuvait l'ensemble du programme d'équipement de la France en réseaux câblés

de télécommunication exposé par le Ministre des P.T.T. et souhaité par le Président de la République.

Satellites de télécommunications et de télévision

Le premier satellite national français de télécommunications Télécom 1, qui sera lancé début 1984, a pour mission prioritaire de fournir aux entreprises françaises et européennes — pour leur trafic interne — un service de liaisons numériques professionnelles (transfert de données, visioconférence...).

Les services du futur à la Poste : micro-informatique, libre-service, Postéclair et monnaie électronique

Dans le bureau de poste de demain, les quatre innovations majeures seront :

• La micro-informatique qui permettra à chaque guichetier de renseigner plus vite, plus complètement l'usager, d'effectuer

l'ensemble des opérations postales plus efficacement, supprimant ainsi la spécialisation des guichets et les files d'attente.

• Le libre-service financier et le libre-service affranchissement permettant au public d'effectuer lui-même des opérations simples tel le retrait en espèces, jusqu'à 1 500 F pour le premier et l'affranchissement de ses envois ordinaires à destination de la France pour le second.

• Postéclair : ce système d'acheminement ultra-rapide de documents existe déjà dans 34 bureaux de poste. Le document est transmis par télécopie d'un bureau P.T.T. équipé à un autre bureau équipé. Le 31 mars 1983, Postéclair devient international, des télécopies pouvant être échangées avec la R.F.A., la Grande-Bretagne, le Canada, les Etats-Unis et les Pays-Bas.

• La monnaie électronique : ce domaine, promis à un grand avenir, voit les deux branches des P.T.T. collaborer activement à la mise au point d'un service attendu par tous les établissements financiers.

Extrait d'une lettre mensuelle du Ministère des PTT, publiée par le Service de l'Information et de la Communication (1.3.83)

Notes sur la lecture :

enrayer : arrêter.

le dépérissement : l'affaiblissement

un outil : a tool.

un ménage : l'ensemble des membres d'une famille.

un échelon : une subdivision.

l'exode (m) : le départ massif d'une partie de la population de la campagne vers les villes.

A.N.P.E. : Agence Nationale pour l'Emploi.

la municipalité : le maire et les conseillers municipaux chargés de l'administration de la ville.

une carte grise : lorsqu'on achète un véhicule (auto, camion, etc.) l'administration délivre une carte de couleur grise qui mentionne les caractéristiques du véhicule, le nom du propriétaire et le numéro minéralogique, c'est-à-dire d'immatriculation du véhicule.

un annuaire : la liste, établie chaque année, de tous les abonnés au téléphone, avec leur adresse et leur numéro.

draîner : attirer à soi.

par le truchement : par l'intermédiaire.

la Caisse des Dépôts et Consignations est un organisme doté d'une certaine autonomie financière avec l'affectation de ressources propres qu'il gère sous le contrôle des pouvoirs publics.

la Carte Bleue est une carte de crédit (Visa).

l'octroi : l'attribution.

un prêt : a loan.

les devises (f) : les monnaies étrangères.

un découvert : un prêt à court terme consenti aux titulaires d'un compte.

une banque de données : data bank.

9.
Les assurances

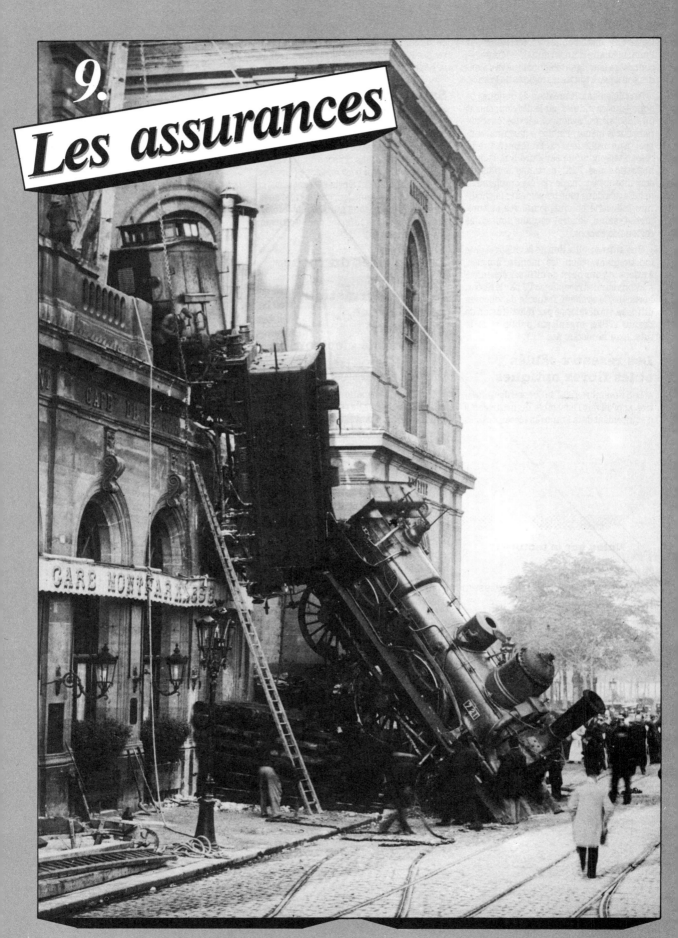

Paul : En revenant de la Pizzeria, j'ai été témoin d'un accident au coin de la rue, devant la boutique. Notre camion s'est arrêté au feu rouge et une vieille camionnette qui suivait, l'a embouti à l'arrière, juste comme nous arrivions avec Guido.

Mme Moreau : J'espère qu'il n'y a pas eu de blessés !

Paul : Non, les deux chauffeurs ont été un peu commotionnés mais c'est tout, par contre les dégâts matériels sont très importants sur les deux véhicules.

Mme Moreau : Nous sommes très bien assurés, heureusement ! Mais qui est responsable de l'accident ?

Paul : Le chauffeur de la camionnette qui n'a pas été maître de son véhicule. Il a dit que la chaussée était glissante à cause de la pluie, mais je pense que s'il avait eu de bons freins, il aurait pu s'arrêter !

Mme Moreau : Il va falloir faire une déclaration d'accident pour obtenir une indemnité. Puisque vous avez été témoin de l'accident, je vous demanderai de signer aussi la déclaration. Voulez-vous avoir la gentillesse de prendre le dossier "Assurances Auto" dans le classeur, vous y trouverez la police correspondante et les formulaires de déclaration de sinistre.

Paul : De sinistre ?

Mme Moreau : Oui, c'est ainsi que l'on appelle un accident dans le langage des assurances ! Et le contrat est une police ! Vous voyez, nous avons souscrit une assurance tous risques pour tous nos véhicules, ainsi nous sommes bien couverts, les chauffeurs sont assurés même s'ils sont responsables de dommages causés aux tiers ou aux véhicules...

Paul : J'imagine que vous devez payer très cher ce genre d'assurance.

Mme Moreau : Oui, les primes à payer sont élevées, mais il y a tellement d'accrochages dans Paris que l'on a intérêt à être assuré convenablement.

Paul : On m'a dit qu'il y avait en France des assurances mutuelles qui étaient moins chères que les Compagnies d'assurances ordinaires...

Mme Moreau : C'est exact, ce sont des mutuelles corporatives qui ne font pas de bénéfices. Les cotisations demandées sont en général moins élevées que les primes, mais si le nombre d'accidents dépasse les prévisions, les mutuelles peuvent faire des appels de cotisations complémentaires dans le courant de l'année. Mon mari, qui est professeur, est membre d'une mutuelle d'enseignants, la M.A.A.I.F., pour notre voiture et il en est très content.

Paul : Est-ce qu'en tant qu'étudiant, je pourrais en profiter ? J'ai envie d'acheter une voiture, je pourrais résilier le contrat d'assurance pour ma mobylette, que je vais tâcher de revendre, et souscrire une police à la M.A.A.I.F. pour ma voiture si c'est plus avantageux...

Mme Moreau : Je ne sais pas, je vais demander à mon mari si vous pouvez bénéficier de sa mutuelle. Mais, attention, il y a un délai de préavis à respecter pour résilier votre contrat, vous devez envoyer une lettre recommandée indiquant le motif de la résiliation : disparition du risque, si vous avez vendu votre vélomoteur. Sinon, vous continuerez à devoir les primes et si vous ne les payez pas, il y aura rupture de contrat et la Compagnie d'assurances pourra se retourner contre vous.

Paul : Ah, diable ! Je n'avais pas pensé à cela ! Mais puisqu'on parle d'assurances, j'espère que la société est bien assurée aussi contre les incendies avec tout ce bois !

Mme Moreau : Bien sûr. Tous les magasins, les ateliers et les entrepôts sont assurés contre l'incendie et les recours des voisins, les dommages que le feu dans un de nos locaux pourrait causer dans le voisinage. De plus, nous sommes aussi couverts contre le dégât des eaux et contre le vol et le vandalisme. Mais comme nous venons de faire installer un système d'alarme très perfectionné, nous avons fait faire un nouvel avenant qui modifie la prime à payer.

Paul : Est-ce que le personnel est assuré aussi contre les accidents ?

Mme Moreau : Oui, tous les ouvriers et employés sont automatiquement couverts contre les accidents du travail par la Sécurité Sociale — et à ce propos, je suis heureuse de vous dire que tout le personnel est protégé à partir du moment où il quitte son domicile pour venir travailler, jusqu'au moment où il rentre chez lui.

Paul : Vous voulez dire que si un ouvrier tombe dans l'escalier de son immeuble le matin en partant pour son travail et se casse la jambe, c'est considéré comme un accident du travail ?

Mme Moreau : Oui, et il est couvert. Et nous avons même souscrit des assurances complémentaires pour les "gros risques", les machinistes, par exemple, qui peuvent se

mutiler avec les scies à ruban ou les perceuses, etc.

Paul : Mais comment peut-on couvrir les marchandises dans les ateliers et les entrepôts, il en arrive et il en sort continuellement ?

Mme Moreau : C'est pour cela que nous avons une **police flottante** qui couvre tout jusqu'à concurrence d'une certaine somme. Notre **courtier d'assurances** vient régulièrement nous voir et nous conseiller afin de modifier nos contrats s'il y a des changements dans les risques couverts.

Paul : Est-ce que vous êtes aussi couverts pour les accidents qui pourraient arriver à des clients qui se blesseraient, par exemple, en s'asseyant sur un siège mal monté ?

Mme Moreau : Oui, nous avons un contrat "responsabilité civile" qui nous couvre pour toutes sortes d'accidents de ce genre qui pourraient provenir de notre fait. Mais il est bien entendu que seule la responsabilité civile peut être couverte, pas la responsabilité pénale.

Paul : Pénale ? Vous voulez dire "criminelle" ?

Mme Moreau : Oui, mais on dit pénale. Si le client peut prouver que le gérant a volontairement modifié ce siège dans le but de lui nuire, l'assurance paiera les frais d'hospitalisation, d'invalidité même, mais si le gérant est reconnu coupable, il pourra être condamné à une amende et/ou à une peine de prison !

Paul : Je crois que c'est assez peu vraisemblable...

Mme Moreau : Je le crois aussi ! Mais savez-vous qu'en France, un employeur peut être tenu responsable de tout dommage causé par son personnel pendant les heures de travail, car il leur en a fourni l'instrument. C'est ainsi qu'un chauffeur de camion qui avait tué son ex-femme en l'écrasant avec son **poids-lourd**, a attaqué son employeur en justice, car il est bien évident qu'il n'aurait jamais pu la tuer avec sa bicyclette !

Paul : Incroyable ! J'espère que le patron n'a pas été guillotiné pour cela.

Mme Moreau : Non, heureusement, car c'est là que l'assurance "responsabilité civile" intervient, elle joue aussi si un **cambrioleur** s'introduit dans les locaux par effraction et se blesse, car c'est le propriétaire qui est responsable, il l'est également pour les dégâts causés par un enfant ou un animal lui appartenant. J'ajoute que nous avons aussi une assurance-crédit qui nous crouvre si un client ne paie pas. Evidemment toutes ces assurances coûtent très cher, mais comme le dit notre assureur "une assurance

insuffisante procure une garantie illusoire". Mais revenons à nos moutons, comme l'on dit : nous avons cinq jours pour faire cette déclaration d'accident, mais je préfère la remplir tout de suite... Dès que le chauffeur sera revenu avec le **devis de réparation** que le garagiste lui a donné, dites-lui, s'il vous plaît, de me l'apporter pour que je le joigne à la déclaration. J'espère que ce camion ne va pas être immobilisé trop longtemps chez le **carrossier** !

TOUS ÉGAUX DEVANT LE BONUS/MALUS

Jusqu'à présent, le BONUS-MALUS était appliqué différemment selon les sociétés d'assurance. Depuis l'arrêté du 11 juin 1976, toutes sont tenues d'appliquer la même réglementation et le même barème.

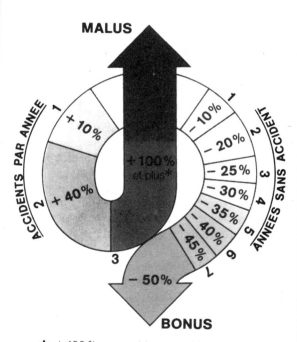

＊ *+ 100 % par accident supplémentaire.*

A noter :
– 2 accidents survenant au cours de 2 années consécutives entraînent la suppression du BONUS.
Inversement, après 2 années sans accident, tout MALUS est annulé.

– Seule la responsabilité entière ou partielle de l'assuré déclenche l'application du MALUS. Aucun MALUS n'intervient si la voiture en stationnement est endommagée par un tiers. De même en cas de bris de glace, de vol ou d'incendie du véhicule.

VOCABULAIRE

être témoin : *to witness*
un témoin : *a witness*
emboutir : *to crash into...*
un blessé : *an injured person, a casualty*
le chauffeur : *the driver*
commotionné : *suffering from concussion*
des dégâts (m) : *damage*
la chaussée : *the roadway*
le frein : *the brake*
une déclaration d'accident : *an accident report*
une indemnité : *compensation*
la police (d'assurance) : *the policy*
un formulaire : *a form*
un sinistre : *an accident, a disaster*
souscrire : *to sign*
tous risques : *all-in policy, comprehensive policy*
un tiers : *third party*
une prime : *a premium*
un accrochage : *minor accident, "fender bender"*

une mutuelle : *mutual insurance*
une cotisation : *dues*
M.A.A.I.F. : *Mutuelle d'Assurance Automobile des Instituteurs de France*
résilier : *to cancel, to terminate*
un délai de préavis : *term of notice*
le motif : *the cause*
la résiliation : *cancellation*
une rupture de contrat : *a breach of contract*
un incendie : *a fire, a conflagration*
le recours des voisins : *neighbors claim*
un local : *premises*
le dégât des eaux : *water damages*
le vol : *theft*
le vandalisme : *vandalism*
un système d'alarme : *a burglar alarm*
un avenant : *an additional clause, addendum*
la Sécurité Sociale : *Social Security (but the French system covers much more that the American one)*
se mutiler : *to injure, maim oneself*
une police flottante : *a floater, a floating policy*
un courtier d'assurances : *an insurance broker*
un poids-lourd : *a heavy truck*
un cambrioleur : *a burglar*
un devis de réparation : *repair cost estimate*
le carrossier : *the man in the body shop*

QUESTIONS ORALES

1. De quoi Paul a-t-il été témoin ?
2. Que doit-on faire quand il y a eu un accident ?
3. Comment appelle-t-on le contrat d'assurances ?
4. Quels sont les différents sens du mot "sinistre" ?
5. Qu'est-ce qu'une "mutuelle" ?
6. Que doit-on payer à la Compagnie d'assurances ? à la Mutuelle ?

7. Quels types de polices d'assurances connaissez-vous ?
8. Comment appelle-t-on une addition à une police d'assurances ?
9. Quels risques couvre la Sécurité Sociale ?
10. Quel est le rôle du courtier d'assurances ?

EXERCICES ECRITS

1. Ecrivez le mot ou groupe de mots qui vous paraît convenir :

1. N'étant pas satisfait des services de cette compagnie, j'ai . . . . mon contrat d'assurances.
   - abandonné
   - condamné
   - domicilié
   - résilié

2. En matière d'assurance, la . . . . est le contrat qui engage les deux parties.
   - quittance
   - redevance
   - police
   - procédure

3. L'assurance est pour l'assuré, un moyen de . . . . la perte de son capital.
   - se délivrer
   - s'obliger
   - se prévenir du risque
   - recouvrer

4. Une . . . . permet de couvrir tous les dégâts causés par votre véhicule.
   - assurance-incendie
   - assurance tous risques
   - assurance-vie
   - assurance de responsabilité civile

5. En vous appuyant sur l'un des motifs prévus au contrat, vous pouvez demander la . . . . d'une police d'assurance.
   - suppression
   - résiliation
   - résignation
   - finition

6. J'ai souscrit une assurance . . . . pour ma voiture.
- vie
- obligatoire
- vieillesse
- tous risques

7. L'assuré est tenu de déclarer . . . . dans les 5 jours qui suivent.
- le désastre
- la catastrophe
- le sinistre
- le risque

8. Ce cambrioleur s'est introduit par . . . . dans l'appartement.
- contraction
- effraction
- infraction
- extraction

9. Pour nous protéger contre les mauvais payeurs, nous avons souscrit une assurance . . . .
- débit
- client
- crédit
- sociale

10. En cas de perte totale, seul le prix . . . . servira de base de calcul pour l'indemnisation.
- de vente
- d'achat
- d'appel
- de revient

2. Trouvez trois mots de la même famille :

assurer :

3. Faites une phrase avec les mots suivants :

- Assurance - tous risques - payer - prime
- Primes - cotisations - variables
- Caisses des Mutuelles - alimenter - versements - cotisations

4. Choisissez dans la liste ci-dessous, l'expression qui convient et écrivez-la sur la ligne correspondant à sa définition :

- délai de préavis
- délai de réflexion
- délai de garantie
- délai d'obtention
- délai de paiement

. . . . : période au cours de laquelle le vendeur d'un article s'oblige à remettre en état ou à remplacer tout ou partie de l'article qui serait reconnu défectueux.

. . . . : temps qui doit être observé entre la dénonciation d'un contrat et sa fin effective.

. . . . : période entre le moment où un produit ou un service est facturé et celui où s'opère le règlement.

. . . . : période pendant laquelle il est possible, sous certaines conditions, de renoncer à sa commande.

. . . . : temps nécessaire pour s'approvisionner en marchandises après en avoir constaté le besoin ou l'absence.

5. Version :

1. Pourra-t-on obtenir une indemnité en cas de rupture de contrat ?

2. Depuis combien de temps votre secrétaire est-elle en congé de maladie ?

3. Renseignez-vous auprès de votre agent d'assurances.

4. La Sécurité Sociale a été instituée en 1945.

5. Le contrat était résilié depuis trois mois quand elle a eu son accident.

6. Notre agent d'assurances passera vous voir lundi prochain.

7. En cas de sinistre, l'assuré devra fournir un devis des dégâts.

8. Notre prime d'assurances vient encore d'être augmentée.

9. Avant de signer le contrat, lisez attentivement toutes ses clauses, en particulier celles qui sont écrites en petits caractères.

10. Les dommages causés par les guerres, les émeutes, la désintégration du noyau atomique et les catastrophes naturelles comme les tremblements de terre et les éruptions volcaniques, ne sont pas couverts par cette police.

6. Thème :

1. Lloyd's has always been one of the best known financial institutions in the world.

2. Simply fill in and sign the attached request form.

3. Our premises are insured against fire and theft.

4. The premium will fall due at the end of the month.

5. Total premium includes reduction of $ 36.00 as safe driver discount.

6. This policy may be cancelled during a policy period by returning the policy to us or by giving us advance written notice of the date cancellation is to take effect.

7. A multiple coverage insurance offers the best protection.

8. The cancellation should be notified by registered letter.

9. This policy shall not be valid unless countersigned by a duly authorized Agent of the Company.

10. The insurance company will send an inspector to assess the damage.

7. Correspondance :

Un début d'incendie s'est déclaré dans votre chambre. Vous avez réussi à le maîtriser, mais vous déplorez des dégâts assez considérables. Vous écrivez à votre compagnie d'assurance pour faire part du sinistre et du montant des dommages que vous avez fait estimer.

TRAVAIL A FAIRE

Vous rédigez cette lettre.

8. Compréhension de texte :

LE PRIX DE LA RÉPARATION AUTOMOBILE

Contrairement à une idée largement répandue dans le public, le prix de la réparation automobile ne dépend pas, pour l'essentiel, du taux horaire de main-d'œuvre pratiqué par le réparateur. Sans aller jusqu'à affirmer qu'il est totalement neutre dans le calcul de la facturation, on peut dire qu'il apparaît en trompe l'œil pour masquer les véritables raisons des hausses continues de la réparation automobile ; c'est en quelque sorte l'arbre qui cache la forêt...

Nous n'irons pas jusqu'à dire qu'il faut fuir comme la peste le réparateur qui pratique un taux horaire relativement bas car nous connaissons, surtout dans les villes de faible importance et dans les zones rurales, des réparateurs qui, avec un taux horaire de main-d'œuvre faible, font de la bonne réparation à des prix modérés, mais il faut savoir qu'un taux horaire peu élevé n'est pas forcément synonyme de réparation bon marché.

LE PIÈGE

Considérons la situation d'un réparateur qui affiche dans son établissement un taux horaire de main-d'œuvre de l'ordre de 70 à 80 F : sachant que son taux horaire de main-d'œuvre doit être approximativement le triple du salaire horaire moyen qu'il verse à ses employés, s'il veut atteindre son seuil de rentabilité il ne peut guère, dans ces conditions, faire appel à de la main-d'œuvre qualifiée qui lui coûterait trop cher ; bien au contraire, il doit, pour assurer la survie de son entreprise, se résoudre à engager des manœuvres dont la formation laisse à désirer et qui sont tout juste capables de remplacer l'aile qu'un tôlier expérimenté aurait à coup sûr redressée. Comme par ailleurs les constructeurs qui détiennent le monopole de la vente des pièces détachées — on les appelle les pièces captives — poussent à la consommation en accordant aux réparateurs, sur ces pièces, des remises de l'ordre de 40 %, le piège se referme inéxorablement sur le consommateur ; on remplace quand on aurait pu réparer et le prix sur la facture s'en ressent...

BARÈMES DE TEMPS...VARIABLES !

Que se passe-t-il lorsque l'expert intervient ! S'il s'agit d'un expert qui connaît son métier (il y a dans cette profession, comme dans toutes les autres, les bons et les mauvais) il va exiger, si cela est justifié, que l'aile abîmée soit redressée même si le réparateur propose son remplacement. Ce dernier, forcé d'en convenir, doit obligatoirement trouver des compensations ; il tente alors d'obtenir de l'expert qu'il accorde généreusement un temps de réparation supérieur à celui normalement nécessaire pour effectuer le travail. A partir de là les choses se compliquent... Il existe en France plusieurs barèmes de temps ; on n'a que l'embarras du choix. Chacun revendique bien sûr l'application de celui qui est le plus favorable à ses intérêts. Il y a d'abord les barèmes que publient les constructeurs, ceux que diffuse S.R.A. (Sécurité et Réparation Automobiles), organisme mis en place par les sociétés d'assurances pour étudier ces problèmes et ceux défendus par les deux Chambres Syndicales d'Experts. On distingue par ailleurs les barèmes dits « à fourchette » et les barèmes à temps fixe ; il s'agit dans les deux cas de prendre en compte, en sus du temps arithmétique communément admis pour chacune des opérations de remplacement, les différents facteurs susceptibles d'influer sur le résultat :
— état de vétusté du véhicule,
— nature des dégâts,
— équipement du réparateur,
— qualification et expérience du personnel,
— etc.
Nous entrons dans le domaine du subjectif et de l'arbitraire... L'importance du rôle de l'expert devient alors évidente : il doit limiter strictement les prétentions du réparateur pour éviter que les prix ne s'envolent.

Bonne route, Revue MASSIF/SMACIF (octobre 1984)

A COMPLÉTEZ à l'aide du texte, la fiche de synthèse ci-dessous :

1. Thème de l'article :		
2. Réalisation	publié par :	
	au mois de :	

3. Pourquoi dit-on que le taux horaire de main-d'œuvre est "l'arbre qui cache la forêt" ?
4. En quoi consiste le piège ?
5. Pourquoi les réparateurs préfèrent-ils souvent changer la pièce plutôt que la réparer ?
6. Que peut exiger l'expert ?
7. De quoi doit-on tenir compte en plus du temps arithmétique admis pour chacune des opérations de remplacement ?
8. Que doit faire l'expert ?

B RÉSUMEZ cet article en une douzaine de lignes.

9. Jeu de rôles :

Pendant son stage en France, Paul a décidé d'acheter une auto, il est allé voir un courtier en assurance, car il désire aussi prendre une assurance pour ses biens personnels et l'appartement qu'il loue. Avant de prendre une décision, il en parle à ses camarades de travail pour connaître leur avis sur les différentes options proposées par le courtier. Vous jouerez le rôle de Paul et vos camarades de classe seront les employés du bureau.

SECURITE SOCIALE

ATTESTATION DE SALAIRE
Accident du travail ou maladie professionnelle
(NOTICE D'UTILISATION)

Madame, Monsieur,

Vous devez obligatoirement adresser la présente attestation à la CAISSE PRIMAIRE DU LIEU DE RESIDENCE HABITUELLE de la victime dès que vous avez connaissance de l'arrêt de travail ou de la rechute.
S'il s'agit d'une maladie professionnelle, remettez l'attestation à la victime.
C'est en fonction des renseignements fournis que seront calculées les indemnités journalières dues à la victime, étant précisé que si celle-ci travaille simultanément pour plusieurs employeurs, chacun d'eux est tenu de fournir la présente attestation.

ATTESTATION DE SALAIRE
Accident du travail ou maladie professionnelle

cerfa
N° 60-3683

(Livre IV du Code de la Sécurité Sociale) (Notice d'utilisation : voir au verso)

SECURITE SOCIALE

ATTENTION : Dans le cas d'un accident avec arrêt de travail, les zones «EMPLOYEUR» et «VICTIME» peuvent être remplies par duplication avec la liasse de la déclaration d'accident du travail S 6200.

EMPLOYEUR

Nom, prénom ou raison sociale

Adresse

Code postal   N° Téléphone

ETABLISSEMENT D'ATTACHE PERMANENT DE LA VICTIME
(le chantier n'est jamais considéré comme établissement d'attache permanent)

Adresse

Code postal   N° Téléphone

N° de SIRET de l'établissement

Code de Sécurité sociale (à 5 chiffres) d'activité professionnelle figurant sur la notification du taux applicable à l'activité dans laquelle est comptabilisé le salaire de la victime

RESERVE CPAM

CPAM

VICTIME

N° d'immatriculation

A défaut   Sexe   date de naissance

Nom, prénom

Adresse (suivi, s'il y a lieu, du nom d'époux)

Code postal   Nationalité
☐ Française
☐ C.E.E.
☐ Autre

Date d'embauche   Profession

Qualif. profession.   Ancienneté dans le poste

L'accident a-t-il fait d'autres victimes ?   ☐ oui   ☐ non

RENSEIGNEMENTS RELATIFS A L'ARRET DE TRAVAIL

Date de l'accident   Motif de l'arrêt ☐ Accident du travail   Date de reprise du travail
☐ Maladie professionnelle   ou

Date de l'arrêt de travail   ☐ non repris à ce jour

SALAIRE DE REFERENCE (en fonction de la date de l'arrêt de travail)

SALAIRE DE BASE / ACCESSOIRES DU SALAIRE

Ⓐ Salaire de base et accessoires du salaire, de la période de référence	Date d'échéance de la paie	Période du / au	Montant brut	Avantages en nature et pourboires non inclus dans le salaire brut de base	Indemnités, primes, gratifications, versées avec la même périodicité que le salaire brut de base et non inclus dans celui-ci	Cotisations patronales à un régime complémentaire ou de prévoyance — Taux / montant	Frais profls. Soumis à cotisations / Déd. sup. %	Montant de la cotisation ouvrière calculée sur le salaire sous plafond
	1	2	3	4	5	6	7	8	9

Ⓑ Rappels de salaire et d'accessoires du salaire, accessoires du salaire versés avec une périodicité différente de celle du salaire de base	Date de versement	Période à laquelle se rapporte le versement du / au	Montant brut	Ⓒ Cas où la période de référence n'a pas été entièrement accomplie	Interruption du travail — Motif	Période du / au	S'il s'agit d'une interruption indiciable — La victime a-t-elle bénéficié d'un maintien de salaire ?	Si la victime a subi une perte de salaire, indiquez le salaire brut perdu
	10	11	12	13		14	15	16	17	18
								☐ OUI ☐ NON si OUI, précisez: ☐ INTEGRAL ☐ PARTIEL	

Ⓓ Cas particuliers	Salaire minimum des apprentis ou stagiaires et des salariés de moins de 18 ans
	➤ pour les apprentis préciser le n° et la date du contrat:

DEMANDE DE SUBROGATION DE L'EMPLOYEUR

La victime bénéficiera-t-elle du maintien de salaire au cours de l'arrêt de travail consécutif à l'accident ?   ☐ OUI   ☐ NON

si oui, précisez: ☐ INTEGRAL   ☐ PARTIEL

Période maximale pendant laquelle l'employeur demande la subrogation :

N° de compte postal ou bancaire de l'employeur et intitulé :

SIGNATURE DE L'ASSURE autorisant l'employeur à percevoir les indemnités journalières pour la période indiquée ci-dessus :

Nom, prénom du signataire
Qualité

Fait à   le
Signature

CETTE ATTESTATION SERA CONSERVEE PAR LA CAISSE EN VUE DES VERIFICATIONS NECESSAIRES   8.84 CPAM 00.06202.6

A. DUBOIS FILS
Commerce de bois et charbon
13, rue du Fourneau
RIOM (Puy-de-Dôme)   Riom, le 30 juillet 1986
Tél. 12-85

                                    Société d'Assurance "l'Accident"
                                    35, rue Neuve - LYON

Police Auto n° 5.143.722
Avenant de contre-assurance n° 233.126

                        DECLARATION D'ACCIDENT

    Messieurs,

    J'ai l'honneur de vous informer que mon camion 5 tonnes,
    marque Berliet, n° 3229 RV 63, est entré hier en collision
    avec une voiture particulière.

    Il est résulté de cette collision de gros domamges matériels
    de part et d'autre. De plus, un de nos employés a été blessé,
    tandis que deux personnes dans la voiture adverses étaient
    légèrement contusionnées.

    - Date : 27 juillet 1986
    - Heure : 17 heures

    Il faisait jour et le temps était sec.

    - Lieu : Croisement de la route départementale D 60 E
    prolongée par la D 80, allant de SAINT-PRIEST à VERGHEAS, et
    de la R.D. 13 allant de ESPINASSE à CHARENSAT.

    Le croisement est signalé sur les deux routes par un panneau
    d'intersection sans priorité particulière :

    - Conducteur de mon camion : M. Jean LEFEVRE, âgé de 37 ans
      Permis, catégorie C, n° 219.301, délivré le 3 mars 1969
      par la préfecture de Versailles.

    - Véhicule adverse : voiture de tourisme, conduite intérieure,
      marque Peugeot n° 5478 QT 69, 8 CV.

- Assurance : Police n° 3.721.368, à la Compagnie
  "Le Pare-Choc", 25 rue de la Tour à LYON
- Conducteur du véhicule adverse : M. Paul LOUIS,
  représentant, 131 avenue du Général-Hoche, à LYON
- Propriétaire du véhicule adverse : P. Paul LOUIS,
  représentant, 131 avenue du Général-Hoche, à LYON

L'accident s'est produit de la façon suivante :

- Mon camion circulait sur la route départementale 60 E,
  venant de SAINT-PRIEST, pour effectuer une livraison
  à VERGHEAS.

Arrivé au croisement avec la départementale 13, mon
chauffeur ralentit et klaxonna, puis s'engagea dans le
carrefour, au moment où arrivait de sa droite, à vive
allure, allant vers CHARENSAT et venant d'ESPINASSE, la
voiture Peugeot ; à noter que la visibilité est masquée
par une maison (Café LEROY), à l'angle des deux routes.

Mon camion allait au pas ; on a relevé des traces de
freinage de 1 mètre derrière ses roues. La Peugeot laissa
25 mètres de traces de freinage.

Le choc se produisit entre l'avant de la "Peugeot" et le
côté de la cabine du camion.

Mon chauffeur était accompagné d'un de mes employés
M. Gaston LEFORT, qui devait l'aider au déchargement.
M. LEFORT a été blessé au bras droit (fracture possible).
(Il s'agit pour lui d'un accident de travail, et j'ai fait
la déclaration à la Sécurité Sociale).

M. LEFORT a été transporté à l'hôpital de RIOM par un
automobiliste de passage, le Docteur MEDECIN, de RIOM.

Mon chauffeur n'a pas été blessé.

Le conducteur de la voiture légère et son passager ont été
légèrement commotionnés mais ont refusé tout soin.

La gendarmerie de RIOM, appelée par téléphone par le cafetier
M. LEROY, est rapidement arrivée sur les lieux et a procédé
aux constatations d'usage.

Les seuls témoins sont les personnes transportées, à savoir :

- dans mon véhicule :
  M. Gaston LEFORT, 34 rue Grande à RIOM

- dans la voiture Peugeot :
  M. Henri GERARD, Industriel, 177 quai des Augustins
  LYON.

- Blessés :

  - dans le camion Berliet :
    M. Gaston LEFORT, né le 28 mars 1940
    3, rue Grande, à RIOM
    Employé manutentionnaire

    Fracture probable du bras droit

  - dans la voiture Peugeot
    M. Paul LOUIS, représentant
    131, avenue Général-Hoche, à LYON

    Contusions légères - refus de soins.

    M. Henri GERARD, industriel
    177, quai des Augustins, LYON

    Contusions légères - refus de soins.

- Dégâts matériels

  - à mon véhicule :
    Côté avant droit, cabine enfoncée

  - à la voiture Peugeot :
    Tout l'avant détérioré.

Je vous serais reconnaissant de faire le nécessaire pour
que mon camion soit expertisé le plus rapidement possible.

L'expert voudra bien téléphoner pour prendre rendez-vous
au 73.24.12.85 à RIOM.

Veuillez agréer, Messieurs ...

11. Notes sur la lecture :

contusionné : meurtri par un objet dur, il n'y a pas de sang visible.
le carrefour : l'intersection de deux routes.
l'allure : la vitesse.
masqué : caché.
le cafetier : le commerçant qui tient un café.
une expertise : rapport d'un expert.

Avec l'aimable autorisation du Centre de Documentation et d'Information de l'Assurance

constat amiable d'accident automobile

Ne constitue pas une reconnaissance de responsabilité, mais un relevé des identités et des faits, servant à l'accélération du règlement

à signer obligatoirement par les DEUX conducteurs

1. date de l'accident	heure	2. lieu (pays, n° dépt, localité)	3. blessé(s) même léger(s) non ☐ oui ☐ *

4. dégâts matériels autres qu'aux véhicules A et B non ☐ oui ☐ *	5. témoins noms, adresses et tél. (à souligner s'il s'agit d'un passager de A ou B)

véhicule A

6. assuré souscripteur (voir attest. d'assur.)
Nom (majusc.) _____
Prénom _____
Adresse (rue et n°) _____
Localité (et c. postal) _____
N° tél.(de 9 h. à 17 h.) _____
L'Assuré peut-il récupérer la T.V.A. afférente au véhicule ? non ☐ oui ☐

7. véhicule
Marque, type _____
N° d'immatr. (ou de moteur) _____

8. sté d'assurance
N° de contrat _____
Agence (ou bureau ou courtier) _____
N° de carte verte _____
(Pour les étrangers)
Attest. ou carte verte } valable jusqu'au _____
Les dégâts matériels du véhicule sont-ils assurés ? non ☐ oui ☐

9. conducteur (voir permis de conduire)
Nom (majusc.) _____
Prénom _____
Adresse _____
Permis de conduire n° _____
catégorie (A,B,...) ── délivré par _____ le _____
permis valable du _____ au _____
(pour les catégories C, C1, D, E, F et les taxis)

12. circonstances

Mettre une croix (x) dans chacune des cases utiles pour préciser le croquis.

A		B
1	en stationnement	1
2	quittait un stationnement	2
3	prenait un stationnement	3
4	sortait d'un parking, d'un lieu privé, d'un chemin de terre	4
5	s'engageait dans un parking, un lieu privé, un chemin de terre	5
6	s'engageait sur une place à sens giratoire	6
7	roulait sur une place à sens giratoire	7
8	heurtait l'arrière de l'autre véhicule qui roulait dans le même sens et sur la même file	8
9	roulait dans le même sens et sur une file différente	9
10	changeait de file	10
11	doublait	11
12	virait à droite	12
13	virait à gauche	13
14	reculait	14
15	empiétait sur la partie de chaussée réservée à la circulation en sens inverse	15
16	venait de droite (dans un carrefour)	16
17	n'avait pas observé un signal de priorité	17

◀ **indiquer le nombre de cases marquées d'une croix** ▶

véhicule B

6. assuré souscripteur (voir attest. d'assur.)
Nom (majusc.) _____
Prénom _____
Adresse (rue et n°) _____
Localité (et c. postal) _____
N° tél.(de 9 h. à 17 h.) _____
L'Assuré peut-il récupérer la T.V.A. afférente au véhicule ? non ☐ oui ☐

7. véhicule
Marque, type _____
N° d'immatr. (ou de moteur) _____

8. sté d'assurance
N° de contrat _____
Agence (ou bureau ou courtier) _____
N° de carte verte _____
(Pour les étrangers)
Attest. ou carte verte } valable jusqu'au _____
Les dégâts matériels du véhicule sont-ils assurés ? non ☐ oui ☐

9. conducteur (voir permis de conduire)
Nom (majusc.) _____
Prénom _____
Adresse _____
Permis de conduire n° _____
catégorie (A,B,...) ── délivré par _____ le _____
permis valable du _____ au _____
(pour les catégories C, C1, D, E, F et les taxis)

10. Indiquer par une flèche (──▶) le point de choc initial

11. dégâts apparents
_____
_____

14. observations _____
_____

13. croquis de l'accident

Préciser : 1. le tracé des voies – 2. la direction (par des flèches) des véhicules A,B – 3. leur position au moment du choc – 4. les signaux routiers – 5. le nom des rues (ou routes).

10. Indiquer par une flèche (──▶) le point de choc initial

11. dégâts apparents
_____
_____

14. observations _____
_____

15. signature des conducteurs
A   B
A   B

---

* En cas de blessures ou en cas de dégâts matériels autres qu'aux véhicules A et B, relever les indications d'identité, d'adresse, etc.

Ne rien modifier au constat après les signatures et la séparation des exemplaires des 2 conducteurs

Voir déclaration de l'Assuré au verso ──▶

déclaration

à remplir par **l'assuré** et à transmettre dans les **cinq** jours à son assureur
(dans les 24 heures en cas de vol du véhicule)

1. nom de l'assuré └──┴──┴──┴──┴──┴──┴──┴──┴──┴──┴──┘ Profession ——————————— n° tél. ———————
(Le Souscripteur)

2. circonstances de l'accident :

_____

_____

_____

_____

_____

_____

_____

_____

_____

_____

_____

CROQUIS (seulement s'il n'a pas déjà été fait sur le constat au recto)

Désigner les véhicules par **A** et **B** conformément au recto.

Préciser : 1. le tracé des voies – 2. la direction (par des flèches) des véhicules A, B – 3. leur position au moment du choc – 4. les signaux routiers – 5. le nom des rues (ou routes).

3. A-t-il été établi un **procès-verbal de gendarmerie ?** OUI ☐ NON ☐ un **rapport de police ?** OUI ☐ NON ☐

Si oui : Brigade ou Commissariat de ————————————————————

4. conducteur du véhicule assuré : Est-il le conducteur habituel du véhicule ?................ OUI ☐ NON ☐

Réside-t-il habituellement chez l'Assuré ? OUI ☐ NON ☐ Est-il célibataire ?........ OUI ☐ NON ☐

Date de naissance ——————————————— Est-il salarié de l'Assuré ? OUI ☐ NON ☐

Sinon à quel titre conduisait-il ? ————————————————————

5. véhicule assuré : Lieu habituel de garage ————————————————————

Quel était le motif du déplacement ? ————————————————————

EXPERTISE des DÉGATS : Garage où le véhicule sera visible ————————————————

Quand ? ———————————————— Éventuellement téléphoner à : ————————————

Si le véhicule
– a été **volé**, indiquer son numéro dans la série du type (voir carte grise) ————————————
– est **gagé** : nom et adresse de l'Organisme de crédit ————————————
– est un **poids lourd** : poids total en charge ————————————
– était **attelé** à un autre véhicule (tractant ou remorqué) au moment de l'accident, indiquer le n° d'immatriculation de **cet autre** véhicule : ———————————— poids total en charge : ————————————
nom de la Société qui l'assure : ———————————— n° police dans cette Société : ————————

6. dégâts matériels autres qu'aux véhicules **A et B** (nature et importance ; nom et adresse du propriétaire) :

_____

7. blessé(s) NOM ....

Prénom et âge.....................

Adresse ....

Profession ....

Degré de parenté avec l'assuré ou le conducteur.....................

Est-il salarié de l'assuré ? .... OUI ☐ NON ☐ — OUI ☐ NON ☐

Nature et gravité des blessures .....

Situation au moment de l'accident
(conducteur, passager avant ou arrière du véhicule A ou B cycliste, piéton)

Portait-il casque ou ceinture ?....... OUI ☐ NON ☐ — OUI ☐ NON ☐

1ers soins ou hospitalisation à ....

A ——————— le ——— 19 ———

Signature de l'Assuré :

10. La publicité

Paul : Monsieur, regardez cette publicité que le magazine Le Point a envoyé à un de mes amis. C'est génial !

Perrier : Oui, c'est excellent. Savez-vous que les TROIS BELGES ont fait appel à ce même dessinateur de B.D. pour la publicité des kits, pour illustrer la façon de monter les meubles, et c'est plein d'humour...

D'après les derniers sondages leurs ventes de kits — et par conséquent les nôtres — ont quadruplé depuis qu'ils publient cette annonce. Mais vous savez qu'ils ont un gros budget pour la publicité afin de promouvoir leurs articles et qu'ils font aussi appel à d'autres supports. Avez-vous vu le film de Jean Mineur sur ces fameux kits ? Un coup de baguette magique et toutes les pièces viennent se placer là où il faut et le meuble est terminé... un jeu d'enfant !

Paul : Non, je n'ai pas vu ce film, mais j'ai vu un spot publicitaire à la télé : la vieille dame qui s'installe dans son salon pour monter ses meubles de jardin et qui dit : "Eh bien, je pourrai dire à mon petit-fils que je n'ai pas eu besoin de lui pour faire cela, et moi, je n'ai jamais joué avec un Mécano dans ma jeunesse !"

Perrier : Oui, et vous avez remarqué que toute cette gamme de meubles est très photogénique, j'espère !

Paul : Oui, c'est très joli... même à côté de meubles Louis XV ! Mais quand la vieille dame installe son salon de jardin sur cette terrasse qui domine tout Paris, cela fait rêver...

La télévision est un des médias les plus puissants et les plus persuasifs, beaucoup plus qu'un catalogue ou une brochure. En fait, j'aime bien la pub à la télé française car cela n'interrompt jamais les émissions comme aux Etats-Unis.

Perrier : Oui, vous avez raison, mais j'aime aussi beaucoup les catalogues, les dépliants... L'image s'évanouit sur l'écran, tandis que la reproduction reste dans le catalogue avec tous les renseignements pertinents : dimensions, couleurs, prix, délai de livraison, etc.

Paul : Mais le mieux, c'est encore de voir l'objet lui-même ! A ce propos, j'ai vu dans le métro des affiches annonçant l'ouverture de la Foire de Paris, est-ce que nous exposons ?

Perrier : Mon cher, les grands esprits se rencontrent ! J'allais justement vous proposer d'aller à notre stand pendant la durée de la Foire, c'est une très importante manifestation à laquelle nous participons chaque année, cela nous permet de prendre des contacts avec des clients éventuels, et même de trouver des fournisseurs nouveaux parmi les exposants. Il est toujours bon d'entretenir son image de marque !

Pendant la durée de la Foire, nous accordons, en plus de la remise spéciale "Foire de Paris", des prix de lancement pour nos nouveaux articles, les meubles "informatiques" qui permettent de loger les micro-ordinateurs, les écrans, les claviers et les imprimantes et qui possèdent des tiroirs fermant à clé pour assurer la protection des disquettes.

Nous comptons aussi exposer ces meubles au S.I.C.O.B. en plus de la gamme des bureaux "Ministre".

Paul : Tous ces salons, ces foires, ces expositions permettent de créer un véritable réseau de contacts, de distribuer des tonnes de prospectus et de circulaires pour attirer l'attention des visiteurs sur les articles, mais est-ce que c'est rentable ?

Perrier : Sans aucun doute. Il est d'ailleurs difficile d'obtenir une place disponible, ou un nouveau stand bien placé pour un nouvel exposant, ce qui en dit long sur le succès de ces manifestations. Le nombre impressionnant de visiteurs n'est pas non plus à négliger. Certains viennent de l'autre bout de la France pour voir les nouveaux modèles, emporter quelques échantillons, goûter de nouveaux produits, et passer commande à la Foire, pour profiter des réclames et épargner ainsi quelques centaines de francs...

Paul : Oui, c'est juste, je me souviens que mon professeur de français disait que les congressistes allaient toujours voir les éditeurs-exposants dans les congrès pour découvrir les nouveautés, mais aussi pour obtenir des specimens gratuits ou bénéficier des remises spéciales sur le prix des livres, ou d'abonnements à prix réduit pour des magazines ou des revues.

Perrier : Ce qui m'a beaucoup frappé aux Etats-Unis, c'est le nombre de ventes-réclames ou de soldes ! Pour le 4 juillet, pour les anniversaires des Présidents, pour Thanksgiving, pour Noël bien sûr, pour Memorial Day, et je suis certain d'en oublier ! Ici, nous avons des soldes de fins de série, ou d'inventaires, et des prix spéciaux de lancement, mais c'est à peu près tout.

Paul : Est-ce que vous faites appel à des publicitaires pour organiser vos campagnes ?

Perrier : Au début, nous faisions notre publicité nous-mêmes, nous cherchions des slogans, nous préparions nos annonces et nous achetions de l'espace dans les différents journaux et périodiques pour publier nos réclames. Mais maintenant nous utilisons les services d'une agence de publicité et... je dois avouer que le rendement est nettement supérieur... En fait, notre budget publicité, s'il est plus élevé qu'autrefois, est loin d'être une dépense inutile, les ventes réalisées grâce à la publicité nous ont permis de baisser nos prix et... donc de vendre encore plus.

Paul : Vous n'avez pas de <u>service de relations publiques</u> ? Je ne sais plus qui a comparé ce service pour l'entreprise au <u>syndicat d'initiative</u> pour une ville...

Perrier : Non, car nous ne faisons pas "visiter" et les différents vendeurs prennent directement soin des gens qui viennent au magasin. D'autre part, nous n'avons pas vraiment de relations avec la presse, et comme vous avez pu le constater vous-même, nos clients comme les TROIS BELGES ou CROISEMENT font énormément de publicité, dont nous bénéficions indirectement...

Paul : Pour récapituler, on peut dire que nous utilisons presque toutes les formes de publicité, le film de Jean Mineur est une excellente **publicité de lancement** pour les kits ; l'envoi ou la distribution des circulaires, des dépliants, des catalogues constitue la **publicité directe** ; à la Foire de Paris, puisque les clients éventuels peuvent voir, toucher, essayer les meubles, c'est de la **publicité naturelle** ; mais pendant la durée de la Foire, on fait aussi de la **publicité de rendement** pour vendre le plus d'articles pendant un temps déterminé. En fait, on peut même parler de **publicité de prestige** avec la distribution de porte-clefs, de stylos, de briquets publicitaires car cela entretient dans l'esprit du public le nom, la raison sociale de la maison. Il n'y a guère que pour la **publicité collective** que je n'arrive pas à trouver d'exemples...

Perrier : C'est plutôt pour les <u>denrées</u> alimentaires que l'on fait de la publicité collective. Les producteurs s'associent pour payer une campagne publicitaire collective ayant pour but de faire vendre rapidement leurs récoltes par exemple. Vous vous souvenez peut-être de ces slogans : "Des pêches... et vous" ou "On a toujours besoin de petits pois chez soi."

Paul : Non, je ne connaissais pas ces slogans...

Mais, c'est curieux, le second me rappelle quelque chose de familier...

Perrier : "On a souvent besoin d'un plus petit que soi." ?

Paul : Oui, c'est cela, la fable de La Fontaine Le Lion et le rat !

Perrier : Excellent, n'est-ce pas ! Et cela vient se superposer dans le subconscient à cet alexandrin appris par cœur dans l'enfance.

Le Salon du Livre au Grand Palais à Paris

VOCABULAIRE

la publicité : *advertising, advertisement, an ad*
une B.D. (bande dessinée) : *a cartoon, a comic*
un sondage : *a poll, a survey*
une annonce : *an ad*
promouvoir : *to promote*
un support : *a medium*
un spot publicitaire : *a short commercial*
les médias (f) : *the media*
un catalogue : *a catalog*
une brochure : *a catalog*
la pub : *short for "publicité"*
un dépliant : *a folder, a leaflet*
un écran : *a screen*
une affiche : *a poster*
une foire : *a fair*
exposer : *to exhibit*
un stand : *a booth*
une manifestation : *an exhibit*
prendre des contacts : *to make contacts*
un exposant : *an exhibitor*
une image de marque : *a brand/corporate image*
une remise : *a discount*
un prix de lancement : *an introductory offer/price*

un micro-ordinateur : *a personal computer*
un écran : *a monitor*
un clavier : *a keyboard*
une imprimante : *a printer*
une disquette : *a diskette*
S.I.C.O.B. : *Salon des Industries du Commerce et de l'Organisation du Bureau*
un salon : *a show*
une exposition : *a show, an exhibit (of goods)*
un réseau : *a network*
un prospectus : *a hand-out, a flyer, a leaflet*
une circulaire : *a circular (letter)*
une place disponible : *available space, a vacancy*
un visiteur : *a visitor*
un échantillon : *a sample*
une réclame : *a special offer*
épargner : *to save*
un congressiste : *a convention participant*
un specimen : *a complimentary copy*
un abonnement : *a subscription*
une vente-réclame : *a bargain sale*
des soldes (m) : *sales, stocking sales, end-of-season sales*
un publicitaire : *an ad-man*
une campagne (publicitaire) : *an advertising campaign, a publicity drive*
un slogan : *a slogan*
un périodique : *a periodical, a magazine*
une agence de publicité : *an advertising agency*
le service de relations publiques : *public relations*
un syndicat d'initiative : *a tourist information office*
une denrée : *produce, commodity*

QUESTIONS ORALES

1. Que peut-on faire pour promouvoir un produit ?
2. Quels sont les supports publicitaires que vous connaissez ?
3. Quelle différence faites-vous entre un catalogue, une brochure, un dépliant et un prospectus ?
4. Comment appelle-t-on une grande exposition commerciale périodique où des branches variées de l'industrie et du commerce sont représentées ?
5. Comment appelle-t-on une exposition commerciale où seul un secteur industriel et/ou commercial bien défini est représenté ?

6. Comment appelle-t-on l'emplacement que les exposants louent pour montrer leurs produits aux visiteurs ?
7. Que distribue-t-on aux consommateurs pour leur permettre d'essayer ou de goûter un nouveau produit ?
8. Qu'entend-on par le mot "soldes" ? Quand en fait-on en France ? aux Etats-Unis ?
9. Quel est le rôle d'une agence de publicité ?
10. A votre avis, quelles sont les entreprises qui ont besoin d'un service de relations publiques ?

EXERCICES ECRITS

1. Ecrivez le mot ou l'expression qui vous paraît convenir :

1. La radio et la télévision constituent de nos jours le principal . . . . de la diffusion de l'information.

- récepteur
- support
- objectif
- code

2. La publicité contribue à l' . . . . du prix de revient quand elle augmente les ventes d'un produit.

- abaissement
- élévation
- affaissement
- élargissement

3. Les relations . . . . ont pour objet de créer des liens étroits entre l'entreprise et sa clientèle.

- sociales
- humaines
- publiques
- privilégiées

4. Chaque année, nous éditons une . . . . qui présente à nos clients l'ensemble de nos campagnes publicitaires.

- couverture
- exposition
- participation
- brochure

5. Pour . . . . nos produits, nous faisons de de plus en plus appel à la publicité.

- percevoir
- promouvoir
- acheter
- concevoir

6. C'est . . . . de Lyon qu'on expose les biens d'équipement.

- à la messe
- au salon
- au marché
- à la foire

7. L'action publicitaire qui devait . . . . ce nouveau produit a été un grand succès.

- justifier
- lancer
- légaliser
- léser

8. Les avantages de nos produits et . . . . leur élégance ne sont plus à vanter.

- normalement
- notablement
- notamment
- nonobstant

9. A Biarritz, plus de 1 500 . . . . , représentant des entreprises de l'industrie et du commerce, ont assisté au 25e festival national du film d'entreprise.

- manifestants
- estivants
- congressistes
- parlementaires

10. Le but de la publicité est . . . . les clients à acheter.

- d'exciter
- d'inciter
- d'exposer
- d'imposer

2. Mettez au pluriel les phrases suivantes :

1. Le catalogue te sera adressé gratuitement sur demande.
2. Un succès publicitaire n'est pas forcément un succès de vente.
3. Le commerçant organise un jeu publicitaire qui permettra au gagnant de recevoir un cadeau.

3. Associez chacun des termes ci-dessous à l'une des définitions proposées :

- brochure
- catalogue
- dépliant
- prospectus
- tarif

— . . . . : liste de prix d'articles proposés par un fournisseur.

— . . . . : imprimé publicitaire consistant en une feuille pliée plusieurs fois.

— . . . . : livret publicitaire consacré, par exemple, à la présentation d'un nouvel article.

— . . . . feuillet publicitaire présentant un ou plusieurs articles.

— . . . . : livret décrivant les articles proposés par un fournisseur.

4. Bâtissez une phrase en employant les mots ou groupes de mots suivants :

Catalogue - publicité - rentrée scolaire.

Plaisir - informer - lancer - nouvelle collection - meubles - bureau.

5. Version :

1. Je vous donnerai les résultats de ce sondage dès que je les connaîtrai.

2. Le Salon International de l'Alimentation est au premier rang des manifestations internationales.

3. Exposants et visiteurs savent qu'ils pourront y prendre des contacts nombreux.

4. Avez-vous acheté la machine à écrire qui est actuellement en réclame ?

5. Les publicitaires consacrent beaucoup de temps et d'argent pour essayer de déterminer si les résultats de tous leurs efforts sont effectifs.

6. C'est le syndicat d'initiative de Paris qui m'a fait parvenir cette brochure.

7. Parmi les visiteurs étrangers dont le nombre s'est accru de 8 % par rapport à l'an dernier, on a remarqué de nombreux industriels japonais.

8. Cette rencontre internationale commence après-demain et va durer quatre jours.

9. Du 8 au 15 mars 1981, Paris redeviendra l'annuelle capitale mondiale de l'agriculture avec le 18e Salon International de l'Agriculture.

10. Le Palais des Expositions de Grenoble permet sur un seul niveau de présenter un salon homogène.

6. Thème :

1. The fair is held each Spring on open grounds located along the ring road.

2. As a new subscriber to the International Herald Tribune you can save up to 46 % of the newsstand price, depending on your country of residence.

3. For details on the special introductory offer, write the International Herald Tribune Subscriptions Department.

4. Attention Businessmen : Publish you message in this newspaper, where more than a third of a million readers worldwide, most of whom are in business and industry, will read it.

5. Just telex us before 10 a.m., ensuring that we can telex you back and your message will appear within 48 hours.

6. We enclose a copy of our catalogue showing the products currently handled as well as a brief write-up on the history and development of our company.

7. Paying guests welcomed on luxurious house-boat at Chelsea, London. Some vacancies for July and August from £ 75 per week.

8. We will place at your disposal our network.

9. The new issue of our catalogue will be mailed to you shortly.

10. Our brand image keeps improving.

7. Correspondance :

[1] Une entreprise d'appareils électro-ménagers qui vous emploie animera, cette année, un stand au Salon des Arts Ménagers à Paris. C'est la première fois qu'elle est appelée à participer à cette importante manifestation annuelle où il s'agit de mettre en valeur ses produits et de présenter les nouveautés.

TRAVAIL A FAIRE

Vous êtes chargé(e) de rédiger une lettre-circulaire à l'intention des principaux clients de cette entreprise. Cette lettre-circulaire aura pour but de les informer et de les inviter à vous rendre visite. Une carte d'entrée gratuite y sera jointe.

[2] Vous souhaitez vous rendre au Salon des Luminaires qui aura lieu du 10 au 16 mars prochain.

TRAVAIL A FAIRE

Vous écrivez au Comité directeur de ce Salon pour demander la liste des exposants et des différents catalogues de cette manifestation.

[3] Intéressé(e) par l'annonce ci-dessus parue dans la presse et désireux(se) de fêter agréablement un événement, vous écrivez au restaurant :
• pour retenir une table en donnant les renseignements nécessaires,
• pour demander les précisions que vous jugez utiles.

[4] Vous avez relevé l'annonce suivante dans le journal France-Soir du 20 décembre :
"Alpes Haute-Provence Praloup. Station ski. Appartement 6 pers. Studio 4 pers. Petit studio 2 pers. Location sem. ou quinzaine. Ecrire à M. LEGRAND, 24 Grande Rue, 04300 Forcalquier."

TRAVAIL A FAIRE

Vous êtes intéressé(e) par ces propositions. Vous écrivez pour demander toutes les précisions que vous souhaitez obtenir en vue d'une location éventuelle correspondant à vos besoins.

[5] Après un stage professionnel de plusieurs mois dans une entreprise française de province, vous envisagez de vous offrir une détente. L'annonce suivante retient votre attention :

TRAVAIL A FAIRE

Selon vos goûts, vous écrivez à MONDOVISION, 124 rue de Rivoli, Paris 4e, pour obtenir précisément toute la documentation nécessaire à un voyage éventuel.

[6] Pour améliorer vos capacités linguistiques et votre connaissance de l'entreprise, vous désirez effectuer, l'été prochain, un stage dans un établissement commercial français.
A cet effet, vous vous proposez de faire publier une annonce dans un journal hebdomadaire français de grande diffusion, en donnant toutes les informations utiles sur vous-même et ce que vous recherchez.

TRAVAIL A FAIRE

Rédigez et présentez cette annonce comme vous souhaiteriez qu'elle paraisse dans ce journal.

[7] L'entreprise où vous travaillez pratique la vente par correspondance de meubles en kit et d'articles pour la maison. Elle a conçu pour la France un catalogue de 200 pages, très précis et détaillé, abondamment illustré et propose, à titre promotionnel, 20 % de réduction sur toute première commande.

TRAVAIL A FAIRE

Vous êtes chargé(e) de rédiger une lettre publicitaire pour annoncer la diffusion de ce catalogue qui sera envoyé gratuitement sur simple demande.

8. Compréhension de texte :

FUNERAILLES EN LIBRE-SERVICE

De bien singuliers placards publicitaires fleurissent, depuis quelques jours, dans la presse du Gard. A défaut d'être de bon goût, ils font même un scandale. C'est qu'ils touchent un sujet tabou : la mort. Jugez plutôt le genre de slogans : "Sensationnel ! Ouverture des premiers libres-services de pompes funèbres en France. Le cercueil en chêne massif à 1 000 francs, mise en bière comprise."

Dans la région, à la lecture de ces placards publicitaires, c'est d'abord la surprise. Une mauvaise blague ? Puis, renseignements pris, les milieux professionnels contre-attaquent. "Concurrence sauvage, fantaisiste, déloyale !" explosent-ils.

L'homme par qui le scandale arrive, Gabriel Toyos, quarante-sept ans, d'origine espagnole, ne perd pas son sang-froid. Premier fabricant de cercueils du Languedoc-Roussillon, il est installé à Rousson, un petit village proche d'Alès. Voilà trois ans qu'il mijote son "coup".

"Je déclare la guerre à tous ceux qui se mettront en travers de ma route, menace-t-il, mi-goguenard, mi-solennel. Jusqu'ici, personne ne m'a fait de cadeau. Je n'en ferai pas. J'ignore si cela fera du chômage ailleurs, mais chez moi, ça fera des emplois."

De quoi s'agit-il ? De lancer une offensive contre ce qu'il appelle le lobby des pompes funèbres, de "casser" les prix. Et Gabriel Toyos est décidé à mener cette offensive à sa manière, non conformiste — c'est le moins qu'on puisse dire.

A Rousson, il a déjà ouvert ce qu'il appelle "un libre-service". Un mot contestable, en l'occurence. Il s'agit d'une salle d'exposition de cercueils d'à peine trente mètres carrés. Mais il va bientôt en ouvrir d'autres à Anduze — le 1er novembre — puis à Alès et Camont. Son but est de ceinturer la région et — il ne le cache pas — d'écraser la concurrence.

Il en a les moyens. Ses chaînes de fabrication peuvent sortir trois mille cercueils par mois à 1 000 francs pièce pour les moins chers. Des tarifs difficiles à tenir pour les concurrents. D'autant que son entreprise, outre le matériel, assure aussi la mise en bière.

"Avec moi, les gens peuvent avoir un enterrement complet pour 1 000 francs, explique-t-il. Car le transport de corps et l'inhumation sont assurés gratuitement par les municipalités. Généralement, on l'ignore, mais c'est écrit dans le "manuel d'application pratique de la législation funéraire". Donc c'est la loi."

"Je me débrouille."

On imagine le tollé dans la profession. Pour l'instant, Gabriel Toyos n'en a cure. Il estime qu'il "faut se battre dans la vie", qu'il s'est toujours battu. Et qu'il faut faire preuve d'initiative et d'imagination.

"Par rapport à la fabrication traditionnelle, je tire deux cercueils de plus par mètre cube de chêne, dit-il. Quant au bois, je l'achète directement aux exploitants forestiers du Lot ou de l'Allier et le sèche moi-même. Bref, je me débrouille. C'est pourquoi un cercueil me coûte, charges sociales comprises, environ 500 F. Je gagne donc 500 F sur chacun. Cela me suffit pour vivre."

Mais la maison Toyos veut développer son marché de la mort. C'est la raison de son offensive publique et de ses placards publicitaires. Gabriel Toyos s'étonne des remous qu'il provoque.

"J'ouvre quatre centres d'exposition pour que le consommateur puisse juger par lui-même, dit-il. J'ai confiance. Mes produits sont meilleurs et moins chers..."

Il n'empêche que "la mort à meilleur marché" est un slogan qui passe difficilement...

J.L.M.
Le Figaro - Novembre 1981

A COCHEZ la bonne réponse :

1. Les placards publicitaires parus depuis quelques jours dans la presse du Gard

☐ ont reçu une approbation unanime des lecteurs
☐ sont de bon goût et font même scandale
☐ ont choqué par leur mauvais goût
☐ n'ont pas provoqué de scandale

2. Gabriel Toyos lance une offensive contre

☐ la vie chère dans cette région de France
☐ la clientèle aisée
☐ le chômage
☐ le monopole dont jouissent certains professionnels

3. Son entreprise, pour un coût réduit
☐ ne fait que fabriquer des cercueils
☐ fabrique des cercueils et assure la mise en bière
☐ assure également le transport
☐ se charge de tout, inhumation comprise

4. L'ensemble de la profession
☐ est plutôt indifférent
☐ réagit de façon très critique
☐ va porter l'affaire en justice pour concurrence déloyale
☐ n'en a cure

5. "Je me débrouille" signifie
☐ j'ai confiance dans l'avenir
☐ je ne fais de cadeau à personne
☐ cela me suffit pour vivre
☐ je m'étonne des remous que je provoque

6. L'auteur de cet article
☐ prend position en faveur de M. Toyos et de son initiative qu'il juge positive
☐ ne prend pas position et relate simplement et objectivement les faits
☐ a du mal à cacher sa réprobation devant cette initiative qui lui paraît un peu scandaleuse
☐ semble s'amuser de cette histoire régionale qu'il relate sur un ton humoristique.

B "La mort à meilleur marché" — TROUVEZ deux autres slogans publicitaires qui caractérisent l'activité de cette entreprise originale.

C En une dizaine de lignes, RÉDIGEZ vous-même un court article résumant ce qui vous paraît essentiel dans cet extrait de presse.

9. Jeu de rôles :

Vous êtes au stand à la Foire de Paris et vous proposez aux visiteurs les articles que vous exposez. (Vos camarades joueront le rôle des visiteurs.)

La pub
mode d'emploi

La publicité, par les ressources qu'elle apporte aux journaux, est le seul vrai garant du pluralisme. Sauf que son aide, surtout en période de crise, est forcément sélective

Sans le secours de la publicité, il faudrait vendre *le Matin* huit francs. Cela seul explique la présence d'annonces commerciales dans la quasi-totalité des journaux et magazines que vous achetez. Car, horsmis *le Canard enchaîné* auquel sa structure légère et la fidélité d'un lectorat important permettent d'éviter de recourir à la « réclame », tous les autres titres de la presse française ou presque n'existeraient pas sans publicité.

Grâce à elle, les journaux peuvent se vendre la moitié, si ce n'est le quart, de leur prix de revient. Sans elle, ils seraient des produits de luxe.

L'équilibre parfait entre les recettes des ventes et des abonnements et celles de la publicité serait bien entendu une répartition à part égale : 50/50, mais une telle proportion est illusoire, et le partage varie selon les journaux. A titre d'exemples, citons *le Monde,* qui tire 43 % de ses recettes des ventes et 57 % de la publicité, *le Figaro* : 27 % et 73 %, *le Matin* : 54 % et 46 %. A noter que les recettes des petites annonces sont assimilées à la publicité, ce qui permet de comprendre l'écart important constaté pour *le Figaro,* qui est très riche en petites annonces. La publicité est donc la garantie de l'existence et du développement de la presse écrite, mais aussi de son indépendance rédactionnelle, puisque représentée en partie par une multitude d'annonceurs différents.

Comme tout produit de consommation, un journal est équipé d'une force de vente : c'est le service de publicité, dont le but est la promotion du titre auprès des annonceurs (sociétés faisant de la publicité), des agences de publicité.

Il ne s'agit pas de vendre le journal mais ses lecteurs. Pour chaque support de presse, quotidien ou magazine, le lectorat est étudié quantitativement — sexe, âge, catégorie socio-professionnelle, niveau d'instruction, lieu d'habitation, structure familiale — et qualitativement en terme de consommation — loisirs, équipement, revenu, mode de vie... Cette méthode permet de définir un profil du lecteur type le plus affiné possible. Des études de plus en plus pointues permettent de positionner les supports de presse, c'est le cas du CCA (Centre de communication avancée), qui définit la place de chaque titre dans l'univers de la presse en terme de style de vie, selon quatre paramètres : positivisme, évasion, défense et entropie. L'agence de publicité et l'annonceur se réfèrent à ces études lorsqu'ils ont défini la cible de la campagne, c'est-à-dire le public qu'ils veulent toucher. Par exemple, le scooter Peugeot s'adresse à des hommes et des femmes plutôt jeunes, entre vingt et quarante ans, plutôt citadins, de catégorie socio-professionnelle moyenne et supérieure (classification INSEE) et ouverts à la nouveauté. Les annonces de publicité ont donc été programmées dans des supports qui répondaient à ces critères, dont *le Matin Magazine,* puisque le profil de son lectorat correspond à ces caractéristiques.

Le service de publicité d'un journal vend son espace publicitaire à des tarifs différents en fonction de plusieurs critères : emplacement (certains sont plus en vue que d'autres : première page d'un quotidien, dos ou recto de la couverture d'un magazine...), taille de l'annonce, fréquence de parutions (des tarifs dégressifs sont appliqués selon le nombre de parutions successives dans un même journal), la présence ou non de couleur. Les tarifs varient bien sûr d'un support à l'autre selon la diffusion et la qualité de l'audience. Le service de publicité traite soit directement avec l'annonceur, ce qui est peu fréquent pour les gros budgets, soit avec les agences de publicité, ou avec des centrales d'achat d'espace. Les centrales d'achat d'espace ont d'abord été créées par des groupes importants ayant de nombreux produits dont les budgets de publicité sont répartis dans différentes agences de publicité. Leur but : rassembler l'achat d'espace de leurs produits, et ainsi bénéficier des tarifs dégressifs sur l'achat d'espace cumulé. Mais les dégressifs ne sont pas les seuls facteurs, car les acheteurs négocient aussi le prix et la qualité des emplacements. A plus forte raison lorsqu'une centrale qui manage plusieurs produits manipule des sommes très importantes. Tout le monde négocie peu ou prou les emplacements ou les tarifs. Ce maquis de plus en plus sophistiqué nécessite des interlocuteurs très puissants, la négociation des supports de presse étant une véritable épreuve de force. C'est ce qui a incité à la création de certaines centrales d'achat d'espace, regroupant tous les produits d'une même société, comme celles de Nestlé, L'Oréal ou de Lever, achetant de l'espace « en gros » qu'elles répartissent ensuite sur leurs différents clients.

Face à ces nouvelles puissances, il faut être très fort. C'est sans doute ce qui a provoqué le regroupement de certains journaux en régies. Par exemple, Interdéco, qui regroupe environ 22 titres, dont *Paris-Match, Elle,* le groupe *Femmes d'aujourd'hui, Télé-7-Jours.* Les groupes Havas et Publicis ont eux-mêmes créé des sociétés de régie.

La concurrence est âpre, surtout pour la presse, qui est extrêmement diversifiée (environ 350 magazines et une trentaine de quotidiens nationaux et régionaux), d'autant plus que l'on assiste constamment à l'émergence de nouveaux supports, comme l'ouverture de FR3 à la publicité depuis janvier 1983.

Cette mesure, qui, à fin 1983, aura rapporté à la chaîne environ 265 millions de francs de recettes publicitaires (15 millions venant des campagnes menées par des groupements d'intérêts collectifs et 250 millions pour les produits de marque), porte un sérieux coup aux autres médias. Car, même si les budgets de publicité évoluent sensiblement (14 020 millions de francs en 1981 pour 16 420 millions de francs en 1982, source IREP), la répartition entre la presse et la télévision montre en pourcentage une régression de 1 % en ce qui concerne la presse. Présage d'un dur avenir lorsque FR3 Régions ouvrira à son tour ses portes à la publicité. Influente également, l'augmentation de la redevance TV, qui a, par voie de conséquence, entraîné l'accroissement du quota autorisé pour les recettes publicitaires. En effet, par principe, les recettes publicitaires ne dépassent pas 25 % des recettes totales de l'audiovisuel. Ces recettes ayant augmenté en 1983 grâce à la redevance TV, la part des 25 % a également pris de l'ampleur. (En francs constants, les recettes publicitaires cumulées sur les trois chaînes sont passées de 1,7 milliard de francs en 1982 à 2,4 milliard de francs en 1983). A noter également une hausse moyenne des tarifs de 8 % en 1983 par rapport à 1982.

Les budgets publicitaires de marques n'étant pas, surtout en périodes de crise, extensibles, il a bien fallu que les annonceurs enlèvent aux uns ce qu'ils donnaient aux autres. Pas étonnant dans ce cas que l'équilibre financier des journaux soit sans cesse menacé.

Isabelle Merlet
Le Matin Magazine (25-6-83)

Rien à déclarer
Nothing to declare

Objets à déclarer
Something to declare

Sortie
Exit

11.
Import-export-Douanes

Paul : Bonjour, Monsieur, vous avez l'air <u>rayonnant</u> !

Grosjean : Oui, je suis plutôt content ! Vous vous souvenez de Xiffre, notre voyageur qui est maintenant dans le Roussillon pour être plus près de sa famille ? Eh bien, il vient d'<u>enlever un gros marché</u> avec un importateur de Barcelone, pour les meubles de jardin...

Paul : Ah, ça c'est formidable ! Mais, je suppose qu'il va y avoir de nombreuses <u>formalités</u> à remplir pour exporter...

Grosjean : Il faudra obtenir une <u>licence d'exportation</u>, nous devrons aussi demander à la Chambre de Commerce ou au <u>Bureau des Douanes</u> un <u>certificat d'origine</u> pour nos marchandises... En fait, nous nous adresserons à un <u>transitaire</u>.

Paul : A un transitaire, pourquoi ? Il ne s'agit pas de transit...

Grosjean : Le transitaire, qu'on appelle aussi "commisionnaire en transport" est un intermédiaire qui se charge de toutes les formalités administratives douanières pour <u>passer en douane</u> c'est-à-dire, faire entrer, traverser et sortir des marchandises d'un pays.

Paul : Si j'ai bonne mémoire, je crois avoir appris que, dans le commerce extérieur, on utilisait des <u>factures "pro forma"</u>...

Grosjean : C'est exact. Ce sont des factures fictives qui servent à l'acheteur pour prouver le montant de devises dont il a besoin pour régler son achat. C'est surtout utile dans les pays qui ont un <u>contrôle des changes</u>.

Paul : Est-ce que l'importateur espagnol va devoir payer des <u>droits de douane</u> ? Comment sont-ils calculés ?

Grosjean : Tant que l'Espagne n'est pas encore membre de la <u>C.E.E.</u> (*), il y aura en effet des droits de douane à payer, ils sont en général calculés "ad valorem", c'est-à-dire que, selon la valeur des marchandises, on ajoute un certain pourcentage. Mais, comme vous le savez déjà, la T.V.A. n'affecte pas les ventes à l'exportation, par conséquent on applique le tarif H.T. et bien souvent, en dépit des droits de douane, le prix de revient de la marchandise à l'étranger, même en comprenant le transport et l'assurance, est inférieur au prix de vente en France !

Paul : Cela semble invraisemblable...

112

Grosjean : Le Gouvernement encourage les exportations, parce que cela améliore la balance commerciale, c'est-à-dire la différence entre les importations et les exportations. Si les importations l'emportent sur les exportations, la balance est déficitaire, au contraire si les exportations sont supérieures, alors la balance commerciale est excédentaire, le pays a beaucoup de devises étrangères et s'enrichit. C'est pourquoi les gouvernements tentent de freiner les importations et favorisent les exportations.

Paul : Cela peut être compréhensible, mais, aux Etats-Unis, nous sommes partisans du libre-échange.

Grosjean : Mais le Marché Commun est une zone de libre-échange ! Il n'y a plus de barrières douanières aux frontières entre les pays membres. Quant au protectionnisme, il n'a pas que des avantages, c'est certain, mais, en période de crise économique, cela permet de protéger les industries nationales qui ne pourraient peut-être pas faire face à la concurrence étrangère.

Paul : Est-ce que les douaniers vérifient toutes les caisses ?

Grosjean : Ils peuvent le faire, mais en général, ils effectuent des vérifications par épreuve, c'est-à-dire qu'ils ouvrent quelques caisses au hasard et s'assurent que les marchandises qui s'y trouvent correspondent en tous points à la description, quantité et qualité indiquées sur la déclaration.

Paul : Et si cela n'est pas conforme ?

Grosjean : Les marchandises sont confisquées et l'expéditeur doit payer une lourde amende et il peut même aller en prison, s'il a tenté de faire passer en contrebande des marchandises illicites (des drogues par exemple).

Paul : En fait, ce sont surtout les marchandises importées qui doivent être très surveillées, beaucoup plus que les exportations.

Grosjean : Oui et non ! Il y a des interdictions d'exporter certaines choses, des produits rares, des œuvres d'art, des machines dont le procédé de fabrication doit rester secret, certaines pièces d'armement par exemple... et c'est aussi le rôle des douaniers d'empêcher leur sortie du pays. Mais, il est bien évident que la vérification des importations est leur responsabilité majeure.

Paul : Quand je suis arrivé à l'aéroport de Roissy-en-France, j'ai remarqué que les passagers avaient le choix entre deux sorties dont l'une indiquait : "Rien à déclarer" et tous les douaniers se tenaient près de l'autre sortie. Inutile de dire que tout le monde prenait la sortie "Rien à déclarer"...

Grosjean : Là encore les douaniers peuvent effectuer des vérifications par épreuve, il y a des inspecteurs des douanes en civil qui peuvent arrêter un voyageur au hasard et lui demander de retourner à la douane s'il dit qu'il n'a rien à déclarer, et si l'on trouve des objets illicites, des bijoux, plus d'alcool que la tolérance douanière permet d'introduire en franchise, c'est-à-dire sans payer de droits, alors tout sera confisqué et il devra payer une amende très forte, bien supérieure aux droits qu'il aurait normalement dû acquitter.

Paul : Aux Etats-Unis, les douaniers ouvrent tous les bagages et vérifient tout ! Alors les passagers déclarent très honnêtement tout ce qu'ils ont acheté à l'étranger...

Grosjean : "La peur du gendarme est, dit-on, le commencement de la sagesse !" Mais, excusez-moi, Paul, j'ai encore beaucoup de choses à terminer et je dois rattraper le temps perdu !

(*) L'Espagne et le Portugal sont entrés dans la C.E.E. le 1er janvier 1986.

113

VOCABULAIRE

rayonnant : *beaming*
enlever un marché : *to get a contract/a deal*
des formalités (douanières) (f) : *formalities/customs formalities*
une licence d'exportation : *an export licence*
le Bureau des douanes : *Customs house*
un certificat d'origine : *a certificate of origin*
un transitaire : *a forwarding agent*
un agent en douane : *a customs broker*
passer en douane, dédouaner : *to clear through customs*
une facture "pro forma" : *a pro forma invoice*

le contrôle des changes : *exchange control*
un droit de douane : *a customs duty*
la CEE : *E.E.C.*
la balance commerciale : *trade balance*
une balance déficitaire : *negative trade balance, trade deficit*
une balance excédentaire : *positive trade balance, trade surplus*
freiner : *to curb, to restrain*
le libre-échange : *free trade*
la frontière : *the border*
un douanier : *a customs officer*
la vérification par épreuve : *customs examination*
une amende : *a fine*
passer en contrebande : *to smuggle in/out*
rien à déclarer : *nothing to declare*
un bijou : *a jewel*
en franchise : *duty-free*
rattraper le temps perdu : *to make up for lost time*

QUESTIONS ORALES

1. Pourquoi M. Grosjean est-il rayonnant ?
2. Quelles sont les formalités à remplir pour l'exportation ?
3. Quelles sont les fonctions d'un transitaire ?
4. A quoi sert une facture "pro forma" ? Doit-on la payer ?
5. Comment calcule-t-on les droits de douane ?

6. Quand la balance des paiements est-elle déficitaire ?
7. Quel est le contraire du protectionnisme ?
8. Comment les douaniers s'assurent-ils que les marchandises correspondent à la déclaration ?
9. Que se passe-t-il quand un douanier découvre les objets que l'on a tenté d'introduire en contrebande ?
10. Que veut dire l'expression "en franchise" ?

EXERCICES ECRITS

1. Ecrivez le mot ou l'expression qui vous paraît convenir :

1. Si les importations sont supérieures aux exportations, on dit que la balance commerciale est . . . .

   • déficitaire   • excédentaire
   • en équilibre   • en déséquilibre

2. Pour . . . . à la concurrence, il est nécessaire de développer notre . . . . internationale.

   • affronter   • implantation
   • faire face   • sollicitation
   • gagner   • opposition
   • exposer   • variation

3. La . . . . du marché à l'exportation s'élève à 40,3 % contre 37,7 % l'année précédente.

   • provision   • cible
   • part   • section

4. Le rapport entre les importations et les exportations d'un pays apparaît dans . . . .

   • le bilan national   • les comptes de la nation
   • la balance commerciale   • le compte d'exploitation

5. Le système du . . . . s'oppose bien évidemment au protectionnisme.

   • libre choix   • libre échange
   • libre arbitre   • libre service

6. La commission des communautés européennes abordera le problème des importations étrangères à prix . . . . bas.

   • anormalement   • quasiment
   • surprenant   • étonnant

7. Pour prendre soin des formalités douanières, nous ferons appel à un . . . .

   • transitoire   • transporteur
   • transitaire   • transistor

8. Il a dû payer une . . . . parce qu'il avait essayé de passer de l'alcool en contrebande.

   • amante   • amande
   • aimante   • amende

9. Pour éviter les fuites de capitaux, il y a, en France, un contrôle . . . .
   - d'échange
   - des chances
   - des changes
   - d'échéance

10. Les Etats-Unis sont membres
    - de la C.E.E.
    - de l'O.T.A.N.
    - du Commonwealth
    - du Comecon

2. Faites une phrase avec les mots suivants :

- Balance commerciale - équilibre.
- Déclarer - objets de valeur - douane - amende.
- Douanier - déclarer - touriste.

3. Mettez au pluriel :

Pour freiner l'importation du café, on l'a taxée.

4. Choisissez dans la liste ci-dessous, l'expression qui convient et écrivez-la sur la ligne correspondant à sa définition :

1
  - valeur en douane
  - valeur nominale
  - valeur marchande
  - valeur vénale
  - valeur d'usage

— . . . . : Prix moyen probable que l'on pourrait obtenir par la vente d'un bien déjà usagé et dans son état actuel.

— . . . . : Valeur théorique d'émission ou de remboursement d'une monnaie, d'un titre ou d'un effet de commerce.

— . . . . : Valeur commerciale d'un produit, c'est-à-dire sa valeur d'échange.

— . . . . : Valeur de la marchandise déclarée ou forfaitaire au moment où elle pénètre sur le territoire national.

— . . . . : Appréciation de la qualité d'un bien ou d'un service en fonction de la satisfaction que l'on tire de son utilisation.

2
  - autoconsommation
  - besoin
  - devise
  - régime douanier

— . . . . : Consommation finale de biens et de services par leur producteur.

— . . . . : Réglementation applicable aux marchandises traversant la frontière d'un Etat.

— . . . . : Moyens de paiement libellés dans une monnaie étrangère.

— . . . . : Manque ressenti par l'individu ou la communauté.

5. Version :

1. Nos échanges ne sont pas à la hauteur de nos espérances, nous sommes décidés à les développer.

2. La prospection des marchés extérieurs étant très complexe, la plupart des exportateurs doivent s'adresser à des organismes spécialisés.

3. La plupart des pays européens devront exporter davantage s'ils veulent équilibrer leur balance commerciale.

4. Le poste de responsable régional sera créé prochainement pour développer nos ventes en Europe du Nord.

5. La France s'efforce d'exporter davantage pour améliorer sa balance commerciale.

6. Pour rattraper le temps perdu dans le domaine des investissements à l'étranger, la France a encore un long chemin à parcourir.

7. Il est de plus en plus difficile de faire face à la concurrence étrangère.

8. Savez-vous que les droits de douane ont été relevés de 5 % ?

9. C'est le transitaire qui va s'occuper des formalités douanières.

10. La Chambre de Commerce informe les producteurs sur les débouchés possibles à l'étranger.

6. Thème :

1. Custom broker looking for Canadian buyers for his company.

2. You will be receiving copies of packing lists, certificate of origin and commercial invoices from Messrs Harrington Bros.

3. The goods will have to be cleared through customs by the end of the week.

4. The ranking of the firms listed here does bring out a picture of the value of regional exports.

5. Maker of beautiful French jewellery looking for Canadian importers.

6. The merchandise will have to be stored in a bonded warehouse.

7. We would be grateful if you would send us a pro forma invoice.

8. We import our raw materials from Africa.

9. The importer will have to produce a certificate of origin.

10. The shipment has still to be cleared through customs.

7. Correspondance :

Vous êtes importateur de vins aux Etats-Unis.
Vous désirez recevoir des vins d'Alsace et vous écrivez à G. HUMBRECHT, propriétaire-viticulteur à 68420 HERRLISHEIM pour lui demander son dernier prix-courant ainsi que les conditions de vente de ses vins à l'exportation.

TRAVAIL A FAIRE

1. Votre lettre à G. HUMBRECHT.
2. Sa réponse.

8. Lors de la rédaction de cette annonce publicitaire, un certain nombre de verbes ont été "oubliés". Avant l'impression définitive, COMPLETEZ le texte à l'aide de la liste qui vous est fournie (ordre alphabétique) et en rétablissant, le cas échéant, la forme verbale correcte.

| aider | apporter | consulter | juger | réaliser | s'équiper |
| adapter | assister | exporter | prospecter | s'adresser | vendre |

QUI VOUS .... A GAGNER ... LES MARCHÉS ÉTRANGERS ?

. . . . est nécessaire pour votre entreprise. Mais comment . . . . cette percée sur l'étranger ?

Vous . . . . ?... le crédit prospection du Crédit Lyonnais vous donne les moyens d'aller . . . . sur place les possibilités d'affaires.

Vous . . . . ?... le Crédit Lyonnais vous . . . . pour le recouvrement de vos créances ou vous . . . . les financements nécessaires.

Vous . . . . ?... au Crédit Lyonnais on choisit avec vous le crédit (à moyen ou long terme) . . . . au développement ou la modernisation de votre équipement.

Pour mieux réussir à l'étranger, ... le Crédit Lyonnais. Il est présent dans le monde entier.

En France, ... à l'agence la plus proche (il y en a plus de 2 000) ou aux Affaires Internationales, Département du Commerce Extérieur, 16 rue du Quatre-Septembre, 75002 PARIS. Tél. : 42.95.13.70.

CREDIT LYONNAIS
VOTRE PARTENAIRE

---

9. Compréhension de texte :

EXPORTER, C'EST L'AFFAIRE DE TOUS

Exporter, ce n'est pas le bout du monde : 70 % des exportations se font à moins de 1 500 km.

Le monde est vaste. Passer de la taille nationale à la dimension internationale, cela peut donner le vertige et le frisson aux plus audacieux des chefs d'entreprises.

Pourtant, chaque année, des firmes moyennes et petites arrivent à faire le saut. Pas forcément très loin : une entreprise bretonne, par exemple, a choisi de traverser la Manche pour vendre ses produits frais aux Anglais.

Pour exporter, il suffit en somme de passer la frontière !... Mais la frontière la plus délicate à franchir est souvent celle de la connaissance des procédures administratives et de l'information.

Où s'adresser ? A qui ?
Il existe en France tout un réseau de documentation et d'expérience à la disposition des chefs d'entreprises dynamiques.

Ce sont les Chambres de Commerce et d'Industrie, les organisations professionnelles et interprofessionnelles, les banques et le Centre Français du Commerce Extérieur, ses correspondants régionaux ainsi que les 182 postes de Conseillers Commerciaux français à l'étranger.

Exploiter ce réseau pour mieux vous lancer dans un monde qui n'est plus celui de l'aventure, mais toujours celui des preneurs de risques, de risques calculés.

Réussir à l'exportation, c'est avant tout une affaire d'hommes. D'hommes qui s'informent.

[A] RÉPONDEZ aux questions suivantes :
1. En vous inspirant éventuellement d'une formule tirée du texte, donnez un autre titre à ce passage.
2. En quoi consiste l'exportation ?
3. Expliquez le sens de la phrase : "Mais la frontière la plus délicate... et de l'information."
4. En matière d'exportation, que peut apporter l'expérience des autres ?
5. A qui ce texte vous paraît-il être adressé ?
6. Commentez brièvement l'expression suivante : "Exporter, c'est l'affaire de tous."

[B] En quelques lignes, RÉSUMEZ les principales idées contenues dans ce texte.

10. Jeu de rôle :

Vous allez au bureau des douanes pour dédouaner des marchandises. Mais vous avez quelques problèmes : il manque une caisse et vous n'avez pas le certificat d'origine pour l'un des produits expédiés.
Imaginez votre conversation avec :
1. le douanier,
2. l'inspecteur des douanes.

Commerce extérieur : le mal français

*Le gouvernement l'affirme :
notre commerce extérieur se porte mieux.
Mais c'est un léger mieux qui ne suffira pas à endiguer
les effets néfastes de notre endettement international.
La France reste un pays qui s'exporte mal.*

Infatigable Edith Cresson ! La voilà qui s'apprête une nouvelle fois à partir à l'assaut d'un marché étranger. Et pas n'importe lequel : celui — redoutable et protégé — du Japon. Avec dans ses bagages, une cohorte de quelque trois cent quatre-vingt-deux chefs d'entreprise venus de toutes les régions de France (sauf, il est vrai, de la trop instable et peu industrieuse Corse). Au programme : une exposition grâce à laquelle ces dirigeants de PME espèrent vendre des produits aussi divers que des fruits et légumes déshydratés, des serviettes parfumées, des lampes en pâte de verre, des vitraux d'art, des planches à voile.

Une exposition et, comme il se doit, quelques discours dans lesquels le ministre du Redéploiement industriel et du Commerce extérieur exhortera une fois encore les entreprises françaises à exporter, exporter et exporter encore.

Car le commerce extérieur de la France se porte mal ! A la fin de cette année, le déficit de la balance commerciale de la France se situera aux alentours de 30 milliards de francs. Un mieux par rapport à 1983 où, une fois tous les comptes vérifiés, on s'est aperçu qu'il atteignait 49 milliards. Mais un "mieux insuffisant".

"De toute façon, tranche Michel Jobert, ce qu'il faudrait atteindre, ce n'est pas un déficit de 30 milliards mais un excédent de 30 milliards"...

Propos gratuit et polémiste de la part du prédécesseur déçu d'Edith Cresson ? Hélas, non ! Un seul chiffre suffit à justifier la hauteur à laquelle Michel Jobert place la barre : celui de l'endettement extérieur de la France. Celui-ci a officiellement dépassé cet été le cap des 58 milliards de dollars, soit (pour un dollar valant 9,30 francs) plus de 540 milliards de francs ! *"Pas plus de 60 milliards d'emprunts supplémentaires en 1984"*, souhaitait Jacques Delors. Mais sur l'écran du micro-ordinateur qui trône sur son bureau, Pierre Bérégovoy doit comptabiliser actuellement plus de 40 milliards d'emprunts lancés depuis janvier. Des emprunts en devises fortes qu'il nous faut rembourser en devises... de plus en plus fortes. Pour cette année, la charge de cette dette avait été évaluée à 66,7 milliards de francs. Aujourd'hui, les moins pessimistes des spécialistes du ministère l'estiment à 71,7 milliards.

Les lois de l'économie dans ce domaine sont implacables. Pour rétablir ce que Jacques Delors appelait *"les grands équilibres extérieurs de la France "*, il ne suffit pas

de stabiliser la balance de nos échanges de produits, mais encore celle, plus composite, de nos échanges de devises, qui recense tous les mouvements de fonds : paiement de services, de grands travaux, change effectué par les touristes et remboursement des emprunts. Partageant l'inquiétude de Michel Jobert, les dirigeants du CNPF évaluent à 50 ou 60 milliards de francs, le montant des exportations supplémentaires indispensables pour faire face au remboursement de cette dette.

Inaccessible ! Assurément ! Au-delà des variations mensuelles et parfois erratiques de la courbe de notre commerce extérieur, il faut le constater sans masochisme : la France s'exporte mal. "Il est vrai, avouent à la fois les chefs d'entreprise et Edith Cresson, que nous n'avons pas, par exemple, tiré un profit suffisant de la reprise américaine." (voir tableau p. 119). Et chacun, pour des raisons structurelles ou conjoncturelles, d'expliquer pourquoi. La reprise américaine s'est traduite par une plus grande demande de biens de consommation. Or, la plate-forme française aux Etats-Unis n'était pas suffisante pour y répondre. Peu de réseaux commerciaux, peu d'implantations permanentes : la France est trop souvent physiquement absente des marchés qu'elle veut conquérir. *"Regardez : à Paris, mes compatriotes japonais sont près de quinze mille à suivre le courant des affaires, à être présents dans toutes les opérations de négoce,* explique Yoshio Tearshima, du journal *Mainichi Shimbun. Or, combien êtes-vous en permanence à Tokyo ? A peine mille. Et bien peu d'entre vous parlent notre langue..."* Imparable !

Le rapport de forces est, sur ce plan, trop souvent en notre défaveur. La compagnie de commerce internationale japonaise Mitsui recueille et traite à elle seule, en une année, deux millions d'informations qui lui parviennent par téléphone ou par télex de tous les pays du monde. Le Centre français du commerce extérieur, organisme public, n'en traite guère plus de deux cent mille ! Et que dire de ces légions entières d'agents commerciaux japonais que les cinq principales *shoshas* (Mitsui, Mitsubishi, Marubeni, Itoh et Toyomenka) ont expédiées sur tous leurs marchés présents et futurs : plus de quarante et un mille personnes. Certes, la France n'est pas le Japon. Mais dans le rapport "La présence française à l'étranger" qu'il a présenté cette année devant le Conseil économique et social, Jacques Ehrsam, ancien PDG de Singer, estime à six cent mille emplois, le marché ouvert aux Français qui acceptent de s'expatrier. Mais qui veut les prendre ?

"Récemment, raconte un conseil en recrutement, *j'avais à trouver deux cadres, un directeur financier et un directeur export appelé à s'expatrier de temps à autre. Pas de problème pour le premier emploi. Les candidats affluent. Mais aucun, aucun, pour le second ! Et impossible de proposer le poste "export" à ceux qui se présentaient pour celui de financier. A qualification égale et avantages compa-*

rables, les jeunes diplômés des grandes écoles préféraient tous rester dans la mère patrie. Etonnant, non ?". Le Français n'est pas voyageur, ce n'est pas son moindre défaut, dirait aujourd'hui La Fontaine.

Mais l'économie française est-elle taillée pour cette compétition internationale ? "L'Etat, la gauche, mais aussi les gouvernements précédents, l'ont tant écrasée de fiscalités diverses et de réglementations, qu'elle est aujourd'hui littéralement handicapée face à ses concurrents", affirment les <u>Cassandres</u> de tout bord. La réalité est plus complexe... Et peut-être hélas, plus grave encore ! "Le redressement du commerce extérieur de la France engagé depuis plus d'un an, repose pour une très importante part, sur un grand nombre de petites et moyennes entreprises", affirmait encore, l'autre semaine Edith Cresson. Un acte de foi. Bien sûr, vingt mille de ces PME réalisent de 5 à 20 % de leur chiffre d'affaires hors de nos frontières. Mais ces petites rivières font-elles immanquablement les grands fleuves ? Sympathiques, à coup sûr encourageants, les success story de ces <u>petites mains</u> de l'exportation sont parfois sans lendemain. Et on a vu disparaître plus d'une entreprise après avoir été pourtant couronnée pour ses succès outre-mer...

Magasin du Printemps à Tokyo, Ginza, au Japon

fait chuter jusqu'à 25 francs le prix du parapluie vendu à la criée sur le trottoir de la rue de Rivoli ? "Non, admet à Aurillac, André Lac, du Groupement de l'industrie du parapluie, chargé de sauver l'usine Sauvagnat. La profession aurait pu se grouper, miser sur la qualité. Elle a fait exactement le contraire ! Les firmes se sont lancées dans une de ces petites guerres mes-

Pierre Cardin au Japon

"Il ne faut pas faire croire aux chefs d'entreprise qu'ils peuvent sauver leur affaire en se lançant à corps perdu dans l'exportation, affirme Régis Astier, du CNPF. L'export est un jeu dangereux, il faut des bases solides." Et ces bases font bien souvent défaut. Ainsi, par exemple, dans l'industrie de saison du parapluie. L'image traditionnelle du bon goût français, la qualité de nos produits devraient assurer un avenir à ce secteur. Pourtant, le parapluie français se meurt, le parapluie français est mort. A Aurillac, malgré les aides publiques diverses, l'une des dernières grandes marques, Sauvagnat, dépérit lentement. Le marché français est couvert à plus de 65 % par les importations et à peine 5 % de notre production est vendue à l'étranger. Irrésistible concurrence du "made in Taiwan" qui

quines dont nous avons le secret, en interdisant, par exemple, à un fournisseur de vendre ses tissus à un concurrent. Le résultat est là."

Guerres internes, conception <u>hexagonale</u> des marchés : les grands projets n'échappent pas à ce défaut. Pas même le TGV. "La France ayant épousé son temps, va désormais exporter davantage les produits de ses techniques avancées que ceux de son terroir", annonçait le Président Pompidou lors d'une conférence de presse en 1969. "Or, fait remarquer un des conseillers du cabinet d'Edith Cresson, lorsque nous sommes arrivés au Commerce extérieur, nous nous sommes aperçus qu'il n'existait aucune organisation, aucun lobby pour essayer de vendre ce TGV aux Etats-Unis ! Cela aurait dû être fait dès le lancement du premier

prototype !" Exact. Et André Chadeau a été la semaine dernière, le premier président de l'histoire de la SNCF, à se rendre aux Etats-Unis pour tenter d'y exporter le rail français...

Cadres, chefs d'entreprises, hommes politiques : personne, ici, n'échappe à la critique. La responsabilité de la faiblesse à l'exportation, ce mal endémique français est collective. Et les fonctionnaires chargés pourtant de promouvoir nos échanges n'y échappent pas... Histoires, hélas, trop classiques, de dossiers cheminant lentement dans les circuits de la Coface (Compagnie française d'assurance pour le commerce extérieur), ou réponses aberrantes des postes d'expansion économique consultés sur l'état d'un marché. "C'est vrai, avoue un ancien élève de l'<u>ENA</u>, en poste Rue de Grenelle, l'aspect économique de la présence française hors de nos frontières n'a pas toujours été primordial à nos yeux. Sortant en bonne place de l'école, l'<u>énarque</u> qui souhaitait faire une carrière brillante se tournait vers le "Quai" — le Quai d'Orsay — plutôt que vers les postes d'expansion économique." Résultat : même si cela change peu à peu depuis deux ans, on rencontre

Exportation d'équipement : la chute
(contrats en milliards de francs)

49,2	45,5	32,0	25,3	27,0
1er semestre	2e semestre	1er semestre	2e semestre	1er semestre
1982		1983		1984

SOURCE : Commerce extérieur

118

Augmentation en un an des importations de produits manufacturés aux Etats-Unis et en Allemagne fédérale

	Augmentation des importations en provenance de :					Augmentation totale des import.
	France	RFA	Italie	Royaume-Uni	Japon	
Etats-Unis	+23,8 %	+41,3 %	+35,5 %	+25 %	+64,3 %	+38,7 %
Allemagne fédérale	+5,9 %	—	+12,9 %	+20,2 %	+29,4 %	+14,7 %

Entre le premier semestre 1983 et le premier semestre 1984, les Etats-Unis ont connu une forte reprise économique. De même la RFA, dans une moindre mesure. Conséquence automatique : les importations des produits manufacturés de ces deux pays ont augmenté à vive allure. Or, si le Japon a profité largement de cette reprise pour développer ses ventes, la France est restée à la traîne.

encore trop souvent de remarquables représentants de la France qui ignorent tout du commerce international !

Fallait-il alors, pour donner plus de lustre à la fonction officielle de l'exportation et renforcer l'orientation de l'industrie française vers l'extérieur, créer un vaste ministère réunissant sous la houlette d'Edith Cresson, les anciens services du ministère de l'Industrie et ceux du Commerce extérieur ? "Là encore, note un haut fonctionnaire, *le mythe japonais a frappé. On a voulu créer un Miti à la française. Une sorte de super-ministère dont toutes les actions concourent directement ou non à l'export. L'idée de coordonner les initiatives administratives est bonne. Mais le Miti japonais n'est pas ce qu'imaginent les planificateurs français. Ce n'est pas par son pouvoir de décision pratique qu'il est important, mais par sa capacité à encourager les initiatives individuelles. Or, dans un pays où les prélèvements obligatoires ne dépassent pas 20 % (contre plus de 44,5 % en France) et où l'impôt sur les bénéfices est plafonné à 35 %, il n'est guère difficile d'inciter les compagnies à investir pour mieux exporter...".*

...Chaque ministre, chaque partenaire social serait sommé d'avoir des idées pour exporter. En première ligne, Edith Cresson, bien sûr, n'en manque pas. Mais, entre ses souhaits et les décisions gouvernementales approuvées par ses collègues, il y a parfois un long chemin. La suppression du contrôle des changes ? Elle y est favorable. L'implantation de filiales d'entreprises françaises à l'étranger pour y affirmer notre présence ? Elle l'encourage. Les contrats à durée déterminée permettant aux entreprises d'embaucher provisoirement pour faire face à la demande subite d'un marché extérieur ? Elle n'y est pas hostile. Mais ses partenaires politiques ou les syndicats se montrent souvent plus réservés. La fuite des capitaux, le transfert des emplois restent dans les esprits des "pièges capitalistes" dont il faut à tout prix se préserver. Et les dossiers attendent...

Le patronat, lui aussi, ne manque pas d'idées. Et si toutes ne sont pas neuves, beaucoup n'ont pas encore servi ! Ainsi la suppression de la taxe professionnelle, qui serait remplacée par une augmentation de la TVA. Remis à l'ordre du jour, l'autre semaine par le vice-président du CNPF, Guy Brana, ce tour de passe-passe fiscal devrait améliorer suffisamment la compétitivité du prix français à l'exportation sans avoir — en principe — d'effet néfaste sur les prix intérieurs. " *Astucieux*", aurait estimé Pierre Bérégovoy...

Et si on faisait l'Europe ? C'est aussi ce que se propose d'annoncer le plus sérieusement du monde, cette semaine, le CNPF ! *"Pas l'Europe des hommes politiques ni celle des technocrates*, explique Régis Astier, *mais l'Europe des entreprises. Observez attentivement les échanges franco-allemands. L'essentiel de notre commerce avec la RFA se déroule dans le cadre d'accords entre firmes. Fabrication conjointe, répartition des productions entre différentes usines."*

Après tout, pourquoi pas ? Ce qui importe, aujourd'hui, c'est d'agir et d'agir vite, car d'autres nuages s'amoncellent au-dessus de nos échanges internationaux. Ainsi la chute libre du nombre de grands contrats d'équipement enregistrée depuis 1982, va bientôt faire sentir ses effets sur notre balance des paiements. Les contrats de ventes d'avions, de constructions publiques ou de réalisations d'usines clés en main qui n'ont pas été signés ces dernières années, constitueront un manque à gagner cruel lorsque, dès l'an prochain, le remboursement de nos dettes extérieures nous coûtera plus de 80 milliards de francs. Et la seule vente des Airbus — qui reste d'ailleurs à confirmer — ne suffira pas à franchir sans secousses cette zone de turbulences.

Extrait d'un article de
Georges POTRIQUET
Le Point, n° 629 (8-10-84)

Notes sur la lecture :

un vitrail : une décoration transparente formée de panneaux de verres colorés (stained glass).

une planche à voile : surf board muni d'une voile.

C.N.P.F. : Conseil National du Patronat Français.

Cassandre : figure mythologique. Fille de Priam et d'Hécube, elle reçut d'Apollon le don de prédire l'avenir à condition de se donner à lui. Elle refusa et le Dieu décréta que personne ne croirait ses prédictions.

les petites mains : on appelle ainsi les ouvrières d'une maison de couture.

hexagonale : française. La France a la forme d'un hexagone et par extension, on appelle souvent la France métropolitaine l'hexagone.

un énarque : un diplômé de l'ENA (Ecole Nationale d'Administration).

la houlette : le bâton des bergers. Au figuré l'autorité sévère de quelqu'un.

un tour de passe-passe : un tour d'adresse des prestidigitateurs, une tromperie adroite.

la R.F.A. : la République Fédérale d'Allemagne.

12. La bourse

Sophie : Je vais à la Bourse de Paris, voulez-vous m'accompagner ?

Paul : Avec plaisir, j'ai toujours eu envie de la visiter. Vous y allez pour acheter des titres ?

Sophie : Non, c'est impossible...

Paul : Impossible ? Pourquoi, je croyais que la Bourse était un marché où l'on achetait et vendait des valeurs mobilières, c'est-à-dire des actions, des obligations et des fonds d'état !

Sophie : C'est vrai, mais les particuliers ne peuvent pas agir directement, seuls les agents de change sont habilités à effectuer les transactions, c'est-à-dire qu'ils ont le monopole des négociations en bourse.

Paul : Je croyais que les agents de change

changeaient l'argent, par exemple les dollars en francs et vice-versa !

Sophie : Autrefois, oui, mais maintenant ce sont les cambistes qui font le change, les agents de change sont des intermédiaires...

Paul : Des courtiers ?

Sophie : Oui, mais d'un genre particulier parce que la bourse est un marché réglementé, placé sous l'autorité du gouvernement. Un agent de change est un officier ministériel, c'est-à-dire qu'il est nommé par le gouvernement. Il doit être de nationalité française, avoir 25 ans au moins, jouir de ses droits civils et politiques, avoir travaillé pendant 4 ans minimum chez un agent de change, il doit être agréé par la Chambre Syndicale des Agents de Change et ce n'est pas tout, il doit pouvoir verser un cautionnement très élevé à la Caisse des Dépôts et Consignations...

Paul : Un cautionnement ?

Sophie : C'est une somme d'argent déposée en garantie. S'il fait une faute, cette somme doit pouvoir dédommager un client lésé. De plus, il doit acheter sa charge, et une charge vaut très cher !

Paul : Cela semble bien compliqué ! ... Et... on arrive à trouver des agents de change ?

Sophie : Oh oui, ne vous inquiétez pas ! Il y en a 83 à Paris et 35 en tout pour les six autres bourses de province, à Lille, Nancy, Lyon, Marseille, Bordeaux et Nantes.

Paul : Mais, au fait, vous ne m'avez pas dit ce que vous alliez faire à la Bourse...

Sophie : J'ai un ami belge, Didier Wouters, qui fait un stage chez un remisier et qui m'a invitée à visiter la Bourse, je lui ai parlé de vous et il m'a dit de vous amener si vous étiez intéressé.

Paul : C'est très aimable à lui ! Mais que fait un remisier ?

Sophie : Ah, voici Didier, il va vous l'expliquer lui-même beaucoup mieux que je ne pourrais le faire !

Didier : Bonjour, Sophie, bonjour... Paul ! Expliquer quoi ?

Paul : Je ne sais pas ce que font les remisiers.

Didier : Eh bien, comme vous le savez déjà sans doute, les agents de change ont le monopole des transactions en bourse, le remisier sert d'intermédiaire entre les particuliers qui veulent acheter ou vendre des titres et les agents de change. Il touche une remise, c'est-à-dire un pourcentage que l'agent de change lui remet sur son propre courtage. Mon travail à moi consiste à apporter les ordres d'achat ou de vente à notre agent de change.

Sophie : Pour les Français, la Bourse est toujours un peu mystérieuse et pour ceux qui ont lu le roman de Zola *L'argent* elle est même dangereuse ! Les femmes n'avaient pas le droit d'y entrer et ce n'est que depuis 1972 que la Bourse de Paris a ouvert au public cette "Galerie des visiteurs" où nous sommes. Pour beaucoup, la bourse est une sorte de casino où l'on joue et où l'on perd des fortunes !

Didier : C'est tout de même beaucoup plus sérieux, croyez-moi la bourse est nécessaire. Pour que leur capital soit souscrit, les sociétés anonymes font appel à l'épargne publique par le truchement des banques d'affaires qui placent leurs actions. Les actionnaires ont donc investi une certaine somme dans ces actions or, il se peut qu'ils aient besoin de cet argent par la suite, ou qu'ils désirent en investir davantage, ils vont donc vouloir soit revendre leurs titres, soit en acheter d'autres. Mais comment estimer la valeur d'une action ? C'est là qu'intervient la bourse. C'est la loi de l'offre et de la demande qui va permettre de déterminer la cote de l'action jour par jour, presque heure par heure à chaque session de la bourse. Si tout le monde veut acheter et personne ne veut vendre, les cours montent en flèche, et si, au contraire, tout le monde veut vendre et personne ne veut acheter, les cours s'effondrent. Maintenant les raisons pour lesquelles les actionnaires veulent vendre ou acheter sont multiples, comme on vient de le voir, il y a le besoin de liquidité qui amène l'actionnaire à revendre et le désir d'investir qui le pousse à acheter, mais il y a aussi la crainte de perdre de l'argent quand une société est victime d'une crise économique ou d'une mauvaise gestion et ne fait plus de bénéfices, ses actions baissent et l'actionnaire cherche à s'en débarrasser pour limiter sa perte. Par contre si la société est prospère et fait de gros bénéfices, elle verse de gros dividendes à ses actionnaires et ses actions sont recherchées... Mais il n'y a pas que les actions qui sont négociées en bourse, il y aussi des obligations et des rentes d'état.

Paul : Oui, c'est ce que je n'ai jamais très bien compris. Quelle différence y a-t-il entre une action et une obligation par exemple ?

Didier : Lorsque l'État ou les collectivités publiques (villes, départements, services publics comme les P. & T., la S.N.C.F. ou l'E.D.F.-G.D.F.) ont besoin d'argent en plus de l'apport constitué par les divers impôts, ils font appel à l'épargne publique et lancent un emprunt. Les obligations sont des titres qui représentent ces prêts à l'Etat ou aux collectivités et qui rapportent un intérêt et sont amortissables, c'est-à-dire remboursables à une certaine date. Le titulaire d'une obligation, l'obligataire, est un créancier tandis que l'actionnaire est un associé. L'action rapporte des dividendes variables, qui sont des fractions de bénéfices, tandis que l'obligation rapporte un intérêt fixe... Il y a aussi les rentes d'Etat et les Bons du Trésor...

Sophie : Mon Dieu, que c'est bruyant, on ne s'entend plus. Que font ces gens autour de ce tas de sable et ceux-là qui gesticulent devant ce tableau noir sur lequel ce petit homme inscrit à la craie des chiffres qu'il efface presque aussitôt pour en écrire d'autres ? Didier peux-tu nous expliquer ce qui se passe ?

Didier : Ce tas de sable, c'est la corbeille et ces gens sont les agents de change, leurs gestes veulent dire quelque chose, le bras poussé vers le dehors veut dire : "Je suis vendeur" et le bras que l'on ramène vers soi veut dire : "Je suis preneur" et en même temps ils crient la quantité de titres qu'ils veulent acheter ou vendre et le prix auquel ils sont disposés à le faire. Ils finissent par se mettre d'accord sur un prix, c'est le cours. Cette cotation à la criée est très spectaculaire, mais c'est quand même lent, alors il y a un autre système, la cotation par casier, les ordres d'achat et de vente sont déposés dans une boîte — le casier — et sont dépouillés par un commis.

Sophie : Et quand le cours est fixé, comment se passent les transactions ?

Didier Les opérations peuvent s'effectuer au comptant et dans ce cas, le paiement et la livraison des titres suivent de près la transaction, ou bien à terme — et c'est ce marché-là qui est spéculatif — la livraison et le paiement d'un montant immédiatement stipulé sont reportés à une date fixe qui constitue le terme du marché — ce qui laisse à l'acquéreur la possibilité de revendre à meilleur prix des titres qu'il n'a pas encore payés (ni touchés d'ailleurs) et au vendeur la possibilité d'acheter à un cours

plus bas les actions qu'il a vendues sans les avoir ! L'acheteur est un haussier puisqu'il spécule à la hausse, alors que le vendeur est un baissier.

Paul Et bien cela n'est pas simple ! Je me sens de plus en plus français en ce qui concerne la bourse !!! Est-ce que les bourses de commerce fonctionnent de la même façon ?

Didier Plus ou moins, oui. Il y a 33 bourses de marchandises en France qui permettent de coter les marchandises, le sucre, le café, la laine, etc. La cote officielle s'appelle la mercuriale.

Paul A cause de Mercure, le dieu romain du commerce, des voleurs et... des médecins !

Didier Oui, cela se passe de commentaires ! Au sous-sol de ce bâtiment, il y a d'autres salles où sont fixés le cours de l'or et des métaux précieux et le cours des changes.

Sophie Moi, j'aimerais que tu m'expliques ce que veulent dire ces sigles S.I.C.A.V. et S.I.C.O.V.A.M.

Didier Les valeurs mobilières peuvent être gardées à la maison aux risques et périls de leur propriétaire, ou bien mises en garde dans une banque, et c'est la banque qui — moyennant un intérêt — prendra soin de toucher les coupons, d'encaisser les dividendes, qui transmettra à l'agent de change les ordres d'achat ou de vente de son client, ou bien encore elles peuvent être remises à un organisme la S.I.C.O.V.A.M., qui va transférer les titres d'un vendeur à un acheteur par un simple jeu d'écritures, comme un virement dans une banque. Quant aux S.I.C.A.V. ce sont des Sociétés d'Investissement à Capital Variable qui ont pour but de gérer pour le compte de leurs actionnaires un portefeuille de valeurs mobilières.

Sophie Didier, tu es un puits de science, mais est-ce que tu as des tuyaux sur les bonnes affaires ?

Didier Les experts, eux-mêmes, ne sont pas toujours d'accord ! On peut se tromper... Mais je pense que les fonds d'état sont des placements "de père de famille", des investissements sûrs, même s'ils ne rapportent pas beaucoup.

Paul Cette visite était très intéressante, merci Didier. J'ai de l'argent à placer et je vais l'investir dans... un restaurant. Venez, il est tard et nous n'avons pas déjeuné : je vous invite.

VOCABULAIRE

La Bourse : *the Stock Exchange, the stock market*
un titre : *stock, security*
les valeurs mobilières (f) : *stocks and bonds, transferables securities*
une obligation : *a bond*
des fonds d'état (m) : *government stocks/securities*
un agent de change : *a stock broker*
le monopole : *monopoly*
changer : *to exchange*
un cambiste : *foreign exchange dealer/broker*
le change : *exchange*
un courtier : *a broker*
un cautionnement : *caution money, security*
une charge : *an office, a practice*
un remisier : *an intermediate broker*
une remise : *a commission*
un courtage : *a broker's commission*
l'offre et la demande : *supply and demand*

la cote : *quotation*
le cours : *quotation, price*
s'effondrer : *to collapse*
un dividende : *a dividend*
une rente : *a government bond*
lancer un emprunt : *to issue/to float a loan*
amortissable : *redeemable*
un obligataire : *a bond holder*
rapporter un intérêt : *to bear an interest*
un Bon du Trésor : *a Treasury bond*
la corbeille : *the trading floor*
la cotation à la criée : *quotation by oral bid*
la cotation par casier : *quotation by written bid*
dépouiller : *to analyse, to sort/(am. analyze)*
le marché à terme : *forward market/options market*
un haussier : *a bull*
un baissier : *a bear*
la Bourse de commerce : *the commodity exchange*
la Bourse des marchandises : *the commodity exchange*
la mercuriale : *the market price-list*
le cours de l'or : *the rate of gold*
un coupon : *a coupon*
la S.I.C.O.V.A.M. : *Société Interprofessionnelle de COmpensation des VAleurs Mobilières*
la S.I.C.A.V. : *mutual funds*

QUESTIONS ORALES

1. Qu'appelle-t-on valeurs mobilières ?
2. Où sont-elles négociées ?
3. Qui a le monopole de ces transactions ?
4. Comment appelle-t-on les gens qui changent l'argent ?
5. Que fait le remisier ?
6. Quand les cours montent-ils ?

7. Quand s'effondrent-ils ?
8. Quelles différences y a-t-il entre une action et une obligation ?
9. Qu'est-ce qu'un haussier ? un baissier ?
10. Comment s'appelle la cote officielle à la bourse des marchandises ?

EXERCICES ECRITS

1. Ecrivez le mot ou l'expression qui vous paraît convenir :

1. L'opération de . . . . consiste à acheter ou à vendre des monnaies étrangères.
   - escompte
   - crédit
   - change
   - cours

2. C'est à la . . . . que s'effectuent les opérations relatives aux valeurs mobilières.
   - Bourse de commerce
   - Bourse des valeurs
   - banque de dépôt
   - banque mobilière

3. Un . . . . est une valeur mobilière.
   - titre
   - crédit
   - chèque
   - mobilier

4. Les bourses sont des marchés . . . . placés sous l'autorité du gouvernement.
   - réglementés
   - commissionnés
   - administrés
   - régularisés

5. En ce qui concerne l'émission de nos nouvelles actions, vous pouvez . . . . auprès des établissements bancaires et des agents de change.
   - vous associer
   - remplir
   - souscrire
   - émettre

6. Des actions et des . . . . sont des valeurs négociées à la bourse.
   - lettres de change
   - dividendes
   - traites
   - obligations

123

7. Les mouvements de la bourse sont déterminés par la loi . . . .
- du talion
- de l'offre et de la demande
- du plus fort
- divine

8. On dit souvent que les rentes d'Etat sont des placements de . . . . famille.
- grande
- nom de
- père de
- fils de

9. Les . . . . sont chargés du change.
- agents de change
- échangeurs
- chargeurs
- cambistes

10. Les . . . . ont le monopole des transactions en bourse.
- courtiers
- agents de change
- courtisans
- agents de police

2. Bâtissez une phrase cohérente avec chacun des mots suivants :

- prêter
- épargne
- investissement
- marché

3. Mettez au pluriel la phrase suivante :

Le capital investi a vite été rentabilisé.

4. Vrai ou faux :

1. La France compte 33 bourses des valeurs. | VRAI | FAUX |

2. Un agent de change a le monopole des transactions en bourse. | VRAI | FAUX |

3. Les spéculateurs font des placements de père de famille. | VRAI | FAUX |

4. Quand il y a une crise économique les cours montent en flèche. | VRAI | FAUX |

5. Un agent de change est un officier ministériel. | VRAI | FAUX |

5. Choisissez ci-dessous l'expression qui convient et écrivez-la sur la ligne correspondant à sa définition :

- marché des changes
- marché noir
- marché d'un produit
- marché potentiel
- marché captif

— . . . . : partie ou totalité d'un marché dans lequel un seul producteur vend un bien ou un service.

— . . . . : ensemble des acheteurs actuels ou potentiels d'un produit qui se trouve sur un territoire déterminé.

— . . . . : marché au comptant ou à terme des devises étrangères.

— . . . . : marché dont les transactions sont opérées dans le non-respect des lois et des règlements économiques.

— . . . . : ensemble des consommateurs possibles d'un bien ou d'un service.

6. Version :

1. Depuis juillet 1979 le cours de l'or a doublé.

2. De nos jours, il est plus intéressant d'acheter des actions que des obligations.

3. Tout spéculateur cherche toujours à revendre plus cher qu'il n'a acheté.

4. Quand il y a une crise économique, les cours s'effondrent.

5. Les petits épargnants cherchent des investissements sûrs.

6. Notre banquier a exigé des titres en garantie avant de nous accorder un prêt.

7. Les devises sont cotées chaque jour sur le marché des changes.

8. Le gouvernement vient d'annoncer sa décision de faire flotter le flanc.

9. La spéculation internationale va forcer le gouvernement à soutenir le franc.

10. Les titres d'état sont considérés comme un placement de père de famille.

7. Thème :

1. Commodity exchanges operate according to the same principles as stock exchanges.

2. The London Stock Exchange, while ranging behind the New York and Tokyo Exchanges in terms of the value of the securities quoted, today lists almost 8 000 separate issues.

3. They have a large portfolio of tax-free bonds.

4. Shareholders receive a dividend which may vary, while bondholders are paid a fixed interest.

5. Bulls as well as bears contribute to the activity of the market.

6. Economists do not understand this new upward trend.

7. The interest yielded is 10 %, it is a good investment.

8. No doubt the fear of a devaluation of the franc can explain this downward trend.

9. Would the distribution of dividends be worth the investment ?

10. How much is the stock broker's commission ?

8. Correspondance :

Vous avez passé par téléphone un ordre d'achat pour un lot d'actions d'une société d'électronique et un ordre de vente d'obligations des Aciéries de France à votre agent de change. Vous écrivez pour confirmer votre communication téléphonique.

TRAVAIL A FAIRE

Votre lettre à votre agent de change.

9. Compréhension de texte :

Ce texte n'a pas particulièrement la Bourse pour sujet, mais il fait partie des textes d'examen donnés par la CCIP.

L'AVENTURE DE LA CREATION D'ENTREPRISE

Ils sont cinq apprentis ingénieurs pas encore sortis de l'école, d'une moyenne d'âge de vingt-trois ans. Leur société de graphisme informatique est déjà lancée : une carte électronique, introduite dans un ordinateur, pilote l'écran vidéo et lui permet d'en restituer les données dessinées. L'affaire tourne honorablement.

Les petits Français ont câliné un million de poupées E.T. grâce à Laurent, un jeune importateur qui a réussi à arracher les droits de diffusion à la Société Kamar, la multinationale de la poupée.

L'âge tendre fait aussi vivre Sylvain et ses deux acolytes qui ont lancé à Bazarnes, dans l'Yonne, la fabrication de meubles pour poupées.

A Lyon, une S.C.O.P. (*) de formation et de conseil en micro-informatique, créée il y a deux ans à peine, parraine déjà d'autres jeunes entrepreneurs.

L'aventure de l'entreprise tente aussi des jeunes dont le désir n'est pas seulement d'être performant.

C'est l'amour de l'art qui a poussé Patricia, vingt-cinq ans, à créer l'un des cinq ateliers de restauration de textiles anciens en France.

Préoccupation sociale pour Pierre, qui a lancé à Marseille un atelier de construction de bateaux en bois. Les ouvriers ? Des loubards à qui il souhaite donner une occasion de se réinsérer dans le circuit économique.

Pour devenir créateur d'entreprise, il suffit au départ d'avoir une idée ou simplement d'être très motivé.

En fait, il y a trois catégorie de créateurs : ceux qui ont une idée originale, innovatrice et qui lancent l'entreprise qui la met en pratique. Ceux qui se propulsent habilement, et à leur manière, dans les mailles libres d'un créneau déjà existant. Ceux, enfin, qui créent pour créer et changent d'entreprise sitôt qu'elle est à flot. "On n'a rien à perdre quand on est jeune", estiment-ils tous.

L'argent ? En manquer n'est pas toujours un obstacle incontournable. Plus la somme dont ils disposent est mince, plus les créateurs doivent faire preuve d'imagination. Il faut surtout choisir son projet.

Faute, cependant, de disposer de capacités financières pour les investissements initiaux, beaucoup préfèrent se lancer dans les services plutôt que dans la production industrielle.

Le savoir-faire ? Sans étude de marché ni plan financier, un projet n'en est pas un. A vingt ans, rares sont ceux qui savent en établir ! Ils se tournent alors vers des organismes spécialisés dans le conseil.

Certains font payer leurs services. D'autres, telles l'Agence Nationale pour la Création d'Entreprise (A.N.C.E.), les Chambres de Commerce et d'Industrie ou France-Initiative, établissent gratuitement le plan financier.

Encore faut-il le savoir. "Officiellement, l'Etat encourage la création d'entreprise mais, concrètement rien n'est fait pour la faciliter, déplorent en chœur les candidats. On perd un temps fou à s'informer sur les démarches à effectuer et sur les différentes aides."

Lorsque l'entreprise est officiellement lancée, les jeunes patrons se plaignent de leurs rapports avec la banque, la seule à pouvoir permettre le découvert inévitable du début.

"Les banquiers ne prennent pas de risques", enragent-ils. "Là n'est pas notre rôle", rétorquent les accusés.

Sans doute leur est-il plus difficile encore de faire confiance à un garçon ou à une fille de vingt-trois ans dont le projet se fonde sur une idée totalement innovatrice.

Malgré ces difficultés, les candidats à cette aventure ne manquent pas. C'est que, créer son entreprise, c'est aussi, pour des jeunes, une manière d'affronter la crise. Et cette attitude n'est pas l'apanage des jeunes diplômés ou des "fils à papa". Et ils sont nombreux à se lancer. France-Initiative en est un bon baromètre. Son fondateur, Jean-Philippe Mallet, de l'Institut de développement industriel, a entrepris depuis quatre ans un véritable combat "contre le chômage et pour l'émergence et l'accompagnement des entreprenants".

Grâce à une "cagnotte" alimentée par le mécénat industriel, ce fonceur donne des "coups de pouce" à des créateurs. Il reçoit deux projets par semaine, presque tous solides, mais il n'est pas en mesure de les aider tous.

La micro-entreprise est, à ses yeux, un remède au chômage : de 1974 à 1980, elle a créé cinq cent cinquante mille emplois. Les vingt-huit premiers coups de pouce de France-Initiative en ont créé cent cinquante.

Ces premiers chiffres amènent Jean-Philippe Mallet a préconiser l'élaboration d'un statut de l'"entreprise en émergence" laissant à des jeunes innovateurs la possibilité d'être dégrevés au tout début de leur expérimentation. "Il faut laisser les créateurs créer", répète-t-il inlassablement.

D'après un article du Monde de l'Education
octobre 1983

(*) S.C.O.P. : Société Coopérative Ouvrière de Production.

[A] COMPLÉTEZ à l'aide du texte, la fiche de synthèse ci-dessous :

1. Thème de l'article :	
publié par :	
2. Réalisation	
au mois de :	

Quelles sont les activités des entreprises citées en exemple ?
La principale motivation des jeunes qui les ont créées ?
Autres types d'entreprises également créées par des jeunes ?
Les motivations respectives de leurs créateurs ?
Que faut-il, au départ, pour tenter l'aventure de la création d'entreprise ?
Quelles sont les difficultés rencontrées par les jeunes candidats ?
Comment remédier au manque d'argent ?
Sans savoir-faire, comment établir un plan financier ?
L'aide à la création d'entreprise : d'où viennent les fonds qui permettent d'aider de jeunes créateurs ?
Quelle est la principale justification économique de la micro-entreprise ?
Quels sont les chiffres qui le prouvent ?
En conclusion, que peut-on souhaiter pour aider les jeunes créateurs d'entreprise ?

[B] Que pensez-vous de ces jeunes qui créent leur entreprise ? Peut-être aimeriez-vous, vous-même, tenter l'aventure ? EXPRIMEZ librement votre point de vue en une dizaine de lignes.

10. Jeu de rôles :

Vous avez visité la Bourse des Valeurs de Paris, et vos camarades vous posent des questions. Vous leur répondez en leur expliquant le fonctionnement de ce marché.

Thomson : la corbeille percée

*Un haut fonctionnaire du ministère de la Défense
serait impliqué dans une affaire boursière,
à propos des actions de Thomson-CSF.*

BOURSE

Depuis plusieurs jours maintenant, le ministre de la Défense, est informé d'une enquête de la COB (Commission des opérations de Bourse) mettant en cause un des hauts fonctionnaires de son ministère...

...Les griefs a son égard ? Etre impliqué dans une affaire "d'initiés". En clair, selon les investigations de la COB auprès d'agents de change et des banques, il aurait racheté, en décembre 1983, 6 000 actions Thomson-CSF. Et cela dans l'espoir de les revendre à un taux bien supérieur, et de réaliser une bonne opération.

L'ennui est que ce fonctionnaire avait été — pour le compte du ministère de la Défense — l'un des négociateurs du contrat décroché par Thomson-CSF en Arabie Saoudite au mois de janvier dernier. Un fabuleux contrat — connu sous le nom de "Shahine 2", œil de Faucon — d'un montant de 4,2 milliards de dollars (35 millards de francs) portant sur la livraison à Riyad d'un système de défense anti-aérienne intégré (25 % de ce contrat revenant à Matra, au Groupement industriel de l'armement terrestre et à trois entreprises de travaux publics, dont Bouygues).

A n'en pas douter, ce contrat est apparu comme une belle bouffée d'oxygène pour la firme française, dont les comptes prévisionnels n'apparaissent guère mirobolants.

Ce n'est d'ailleurs pas un hasard si du côté de la corbeille, l'action Thomson-CSF — avant la signature de ce contrat — ne s'envolait guère : 189,80 F au 1er décembre 1983.

Or, phénomène bizarre, elle va grimper vigoureusement au début de 1984 ; 242 francs le 10 janvier ; 260 francs le 12 janvier. Ce jour-là, 70 000 titres changent de mains à la Bourse de Paris. A la COB, supputations et interrogations vont bon train : qui sont ces gros et mystérieux acheteurs ?

La Bourse à Paris

Le 16 janvier, nouvelle alerte : 100 000 titres Thomson-CSF sont cette fois échangés. Curieusement, pourtant, l'action a légèrement chuté : moins 4 francs par rapport au 12 janvier. (Elle repart les jours suivants pour coter 281 francs le 17 et 288 francs le 18).

Le 16 janvier, précisément, est annoncée officiellement la signature du contat entre Thomson-CSF et Riyad. A la Bourse, la rumeur enfle : *"Pas de doute, entend-on quelques informés connaissaient la signature imminente d'un contrat juteux pour Thomson-CSF, d'où ces opérations d'initiés..."*

En réalité — la précision est capitale — le contrat a été paraphé dans le plus grand secret à Paris, le 11 janvier. Après d'ultimes négociations qui se sont déroulées à Riyad du 4 au 8 janvier.

Or, c'est le 10 et le 12 janvier — rappelons-le — que l'action Thomson-CSF s'est envolée.

De plus en plus intrigués, les enquêteurs de la COB poursuivent leurs investigations auprès de l'administration et des banques. Finalement, ils estiment que lorsqu'il a acheté ses 6 000 titres avec son épouse en décembre 1983, ce fonctionnaire savait qu'un contrat entre Thomson-CSF et l'Arabie Saoudite allait être signé dans les prochaines semaines et qu'il aurait pu bénéficier d'informations privilégiées.

Or, l'ordonnance sur les sociétés commerciales du 28 septembre 1967, dans son article 10.1, est claire : elle punit de sanctions pénales toute personne qui à l'occasion de ses fonctions, disposant d'informations privilégiées, a réalisé une opération boursière avant que le public en soit informé.

C'est sur la base de ce texte — sans préjuger bien sûr d'une décision de justice — que la COB a saisi les autorités judiciaires de cette affaire . Reste évidemment une question clé : qui a acheté, entre le 8 et le 16 janvier 1984 — pour une somme supérieure à 1,5 milliard de centimes — plus de 60 000 actions Thomson ?...

Extrait d'un article de
Gilles GAETNER
Le Point, n° 609 (21-5-84)

Notes sur la lecture :

la corbeille : le mot a ici un double sens : centre de la bourse et aussi panier, d'où l'allusion au panier percé.

un grief : une plainte.

mirobolant : merveilleux, trop beau pour avoir des chances de se réaliser.

s'envoler : se dit des oiseaux qui montent dans le ciel, au figuré : monter très vite et très haut.

grimper : monter.

chuter : baisser, tomber.

juteux : juicy.

paraphé : signé.

[Note: La page contient plusieurs tableaux de cotations boursières (VALEURS, Cours préc., Dernier cours, SICAV 4/7, Actions au comptant, Second Marché) reproduits ci-dessous de manière partielle.]

Actions au comptant

VALEURS	Cours préc.	Dernier cours
Aciers Peugeot	162	160
A.G.F. (St Cent.)	1950	1970
Amrep	53	55
André Roudière	280	275
Applic. Hydraul.	360	372
Arbel	72	69 10
Artois	1620	
Avenir Publicité	1055	1100
Bain C. Monaco	375	360
Banania	480	478
Banque Hypoth. Eur.	330	
B.G.I.	271 60	282 50
	442	483 50 d
Blanzy-Ouest	174	
B.N.P. Intercontin.	2880	2900
Bénédictine	274 80	274 80
Bon-Marché	579	579
Calif	335	
Cambodge	137	135 10
C.A.M.E.	185 30	181 10
Campenon Bern.	490 10	509
Caout. Padang	292 40	293
Carbone-Lorraine	1550	1550
Caves Roquefort	550	540
C.E.G.Frig.	52	51
C.E.M.	1050	1008
Centen. Blanzy	125	127
Centrest (Ny)	45	46 40
Cerabati	269	265 50
C.F.C.	355	350 50
C.F.F. Ferrailles	600	

13.
Les impôts - les syndicats

Paul : M. Verdier n'est pas très souriant aujourd'hui. Je ne sais pas ce qu'il a.

Mlle Simon : Il est en train de préparer la <u>déclaration d'impôt</u> pour la remettre à M. Lecomte, l'expert-comptable, qui la vérifie et la signe avant de l'envoyer, c'est très complexe et cela doit être fait avant le 22 février, alors cela explique sa mine soucieuse !

Paul : A propos d'impôt, j'ai déjà entendu le mot "<u>fisc</u>", mais je ne sais pas très bien ce que cela signifie...

Mlle Simon : On appelle "fisc" l'administration chargée de calculer et de <u>percevoir</u> les impôts.

Paul : Ah, oui, je vois, c'est l'équivalent de notre I.R.S. alors. Est-ce que les sociétés paient beaucoup d'impôts ici aussi ?

Mlle Simon : En principe, pour les sociétés de capitaux, les bénéfices sont <u>imposables</u> à 50 %, mais il y a des <u>dégrèvements</u> et des <u>exonérations</u> pour aider certains secteurs de l'industrie.

Paul : Et les <u>particuliers</u> ? Aux Etats-Unis, nous payons beaucoup de <u>taxes</u> sur le <u>revenu</u>.

Mlle Simon : Je crois que vous voulez dire : impôt, car on emploie le mot "taxe" uniquement pour les impôts indirects qui ne frappent que le <u>consommateur</u> ou l'utili-

sateur puisqu'ils sont perçus à l'achat de certaines marchandises ou lors de l'utilisation de certains services. La principale de ces taxes est la T.V.A., vous savez, la taxe dont vous devez indiquer le montant sur les factures...

Paul : Y a-t-il d'autres taxes ?

Mlle Simon : Oui, sur les spectacles, sur l'essence, sur les tabacs, etc. Elles sont toujours incluses dans le prix de vente, il y a une taxe spéciale sur la circulation de l'alcool qu'on appelle le "congé" et qui confère l'autorisation de transporter des bouteilles de vin ou de liqueur dans sa voiture ou dans ses bagages... Pour être encore plus précis, il faut aussi ajouter les droits de douane, les droits d'enregistrement, de succession, et aussi la <u>vignette</u> pour les automobiles, une taxe proportionnelle à la puissance et à l'âge de leur véhicule que les automobilistes doivent payer chaque année. Pour les sociétés, il y a aussi la <u>taxe d'apprentissage</u>, et, maintenant une contribution pour le fonds de <u>chômage</u>. Quant à l'impôt sur le revenu, l'<u>I.R.P.P.</u>, cela équivaut à peu près à un mois et demi ou deux mois de <u>salaire</u>.

Paul : Comment le calcule-t-on ? Est-ce que vous savez le faire ?

Mlle Simon : Bien sûr. En général les Français établissent eux-mêmes leur déclaration de revenus, sans faire appel à un conseiller fiscal. Il faut tout d'abord pour établir l'assiette fiscale, c'est-à-dire la somme imposable, faire le total de ses revenus : son salaire, plus les dividendes touchés si l'on possède des actions, les loyers encaissés si l'on est propriétaire, les intérêts de l'argent placé, les rentes, les pensions alimentaires, etc., puis on déduit de ce total les frais professionnels soit de façon forfaitaire, c'est-à-dire un certain pourcentage admis, soit ses frais réels, à condition de pouvoir les justifier en cas de contrôle, on déduit aussi les exonérations auxquelles on a droit et on détermine ensuite le nombre de parts, c'est-à-dire le nombre de personnes dans le ménage, y compris les personnes à charge, enfants, parents âgés, etc. On divise le revenu imposable par le nombre de parts pour déterminer ainsi la tranche d'imposition à laquelle on appartient et on trouve, grâce au barème, le montant de l'impôt à payer.

Paul : Eh bien, cela n'a pas l'air tellement facile... Et une fois que l'on a réussi à faire cette déclaration, que se passe-t-il ?

Mlle Simon : On l'envoie à l'Inspecteur des Contributions Directes qui va la vérifier et l'inscrire sur le rôle — la liste des contribuables et de leur contribution — qu'il enverra au percepteur chargé du recouvrement.

Paul : Aux Etats-Unis, l'employeur retient les impôts chaque mois sur les salaires et les verse directement à l'I.R.S. En fin de compte, le contribuable paie la différence, si la retenue est inférieure à l'impôt, mais c'est bien souvent le contraire qui se produit et il reçoit un chèque du Trésor pour le trop-perçu.

Mlle Simon : En France, en général, on paie des tiers provisionnels basés sur l'impôt de l'année précédente et en fin d'exercice fiscal, en faisant le calcul que je viens d'indiquer, on sait combien on doit payer en soustrayant les tiers déjà versés, il ne reste que le reliquat à envoyer à la recette Perception. Mais on peut aussi demander qu'une provision soit retenue chaque mois directement sur la paie, c'est le prélèvement à la source, comme chez vous. Par contre, si l'on a trop versé, le Ministère des Finances vous accorde un avoir à déduire de vos prochains impôts... pas de remboursement !

Paul : En définitive, c'est partout la même chose, plus on gagne d'argent, plus on paie d'impôts, mais je crois qu'aux Etats-Unis le contribuable paie l'équivalent de deux mois et demi de son salaire en impôt. On dit que c'est à partir du 15 mars que l'on commence à travailler pour soi ! Lorsqu'on est employé, l'impôt est assez facile à calculer puisque l'employeur le déclare et que l'employé en fait autant de son côté, mais que se passe-t-il pour les commerçants ?

Mlle Simon : Ils doivent déclarer leur chiffre d'affaires, mais bien souvent ils sont imposés au forfait, c'est-à-dire que le fisc estime le bénéfice qu'ils ont pu faire sur leur chiffre d'affaires et ils sont taxés sur cette somme. S'ils pensent qu'ils ont fait moins de bénéfices, alors ils peuvent dénoncer le forfait en fournissant des preuves. L'administration peut aussi augmenter le forfait si elle estime que le chiffre d'affaires étant supérieur, les bénéfices ont aussi augmenté. C'est toujours au commerçant qu'appartient de faire la preuve.

Paul : Et pour les membres des professions libérales ?

Mlle Simon : Les médecins, par exemple... S'ils sont conventionnés, c'est-à-dire s'ils ont signé une convention avec la Sécurité Sociale, leurs honoraires sont connus car ils figurent sur les feuilles de soins ou de maladie que les patients envoient à la Sécurité Sociale pour être remboursés de leurs frais médicaux ; s'ils ne le sont pas, ils sont aussi imposés au forfait. De même pour les architectes, les avocats, etc.

Paul : Vous avez parlé d'honoraires pour les médecins... cela me fait penser à vous demander la différence qu'il y a entre le traitement, les appointements, les émoluments...

Mlle Simon : C'est surtout une question de vocabulaire, car il s'agit de rémunération dans tous les cas, ou de salaire si vous voulez. Un employé touche des appointements, un fonctionnaire un traitement et un officier ministériel reçoit des émoluments pour sa rétribution. On parle aussi de gages pour les domestiques et gens de maison, de cachet pour les vedettes et de solde pour les soldats.

Paul : Cela je le savais, c'est même pour cela que sous la Restauration on appelait les soldats de Napoléon des demi-soldes... Mais puisqu'on parle de salaire, comment obtient-on des augmentations ?

Mlle Simon : Bonne question ! Par la qualité de son travail, à l'ancienneté, et aussi grâce à l'action syndicale qui oblige souvent le patronat à accorder des avantages aux ouvriers et employés. Les syndicats qui, comme vous le savez, sont des groupements formés pour la défense des intérêts communs à la profession, ont beaucoup contribué à l'amélioration du sort des travailleurs. Ils ont obtenu, dès 1936, le droit aux congés payés — deux semaines à l'époque et cinq maintenant — la semaine de 40 heures et de 39 maintenant en attendant celle de 35 heures. Ils ont fait ratifier les conventions collectives entre employeurs et employés pour réglementer les conditions de travail. Ils ont aussi obtenu la création des comités d'entreprise dans les usines et firmes employant plus de 50 personnes et la présence de délégués du personnel lors des réunions de la Direction. De même on peut leur attribuer le S.M.I.C., c'est-à-dire le Salaire Minimum Interprofessionnel de Croissance qui est le salaire minimum légal que l'on puisse donner à un ouvrier.

Paul : Nous aussi nous avons un tarif horaire minimum pour les gens qui travaillent. J'ai entendu parler de "temps posté" à propos des horaires de travail, mais je ne sais pas très bien ce que cela représente...

Mlle Simon : C'était surtout dans les usines que cela se produisait : l'usine tournait jour et nuit, sans arrêt et les ouvriers se relayaient par équipes et ils travaillaient pendant 8 heures de suite.

Paul : C'est ce que je pensais, on appelle ces équipes des "shifts" aux Etats-Unis, mais vous avez employé le passé, cela ne se fait plus ?

Mlle Simon : En tout cas, beaucoup moins que dans les années 50, c'est un peu comme le travail à la chaîne, maintenant beaucoup de ces tâches sont exécutées par des robots...

Paul : Oui, mais cela supprime des postes et accroît le chômage !

Mlle Simon : Hélas, vous avez raison. Dans la conjoncture économique actuelle, ce sont les jeunes et les femmes qui sont les plus défavorisés sur le marché de l'emploi et les plus touchés par le chômage. Les syndicats font pression sur le gouvernement et le patronat pour éviter les licenciements en proposant comme solution la formation professionnelle allongée pour les jeunes ou le recyclage, ou bien la retraite anticipée ou même le travail à temps partiel, voire à mi-temps pour libérer des emplois pour les demandeurs d'emploi... Lorsque les pourparlers avec l'administration ou les pouvoirs publics échouent, les syndicats lancent alors un mot d'ordre de grève et le travail cesse.

Paul : Aux Etats-Unis, nos "unions" se préoccupent plus du renouvellement des contrats et des salaires que des conditions de travail. Vous avez parlé surtout des syndicats ouvriers. Tout le monde connaît la C.G.T., mais y en a-t-il d'autres ?

Mlle Simon : Oh, oui, en plus de la C.G.T. d'obédience communiste, qui était l'un des syndicats les plus puissants, il y a F.O., qui est de tendance socialiste mais plus centriste que la C.F.D.T. en majorité socialiste mais plus à gauche. Citons aussi la C.F.T.C. et n'oublions pas la C.G.E., la Confédération Générale de l'Encadrement, qui remplace la C.G.C. pour les cadres. Même les patrons se sont syndiqués en créant le C.N.P.F. pour les grandes entreprises alors que les dirigeants des P.M.E. et des P.M.I. se sont regroupés dans la C.N.P.M.E..

Paul : Je sais qu'il y a des délégués du personnel dans cette entreprise, est-ce que ce sont des délégués syndicaux ?

Mlle Simon : Théoriquement non, ce sont des ouvriers ou des employés élus par leurs camarades pour les représenter auprès de l'administration, mais pratiquement oui, car les candidats sont presque toujours des syndicalistes convaincus. Nous avons aussi un comité d'entreprise présidé par M. Perrier. Il comprend aussi des représentants du personnel qui assistent aussi aux réunions de la Direction. Bien que son rôle soit consultatif, cet organisme permet à la direction de mieux connaître les besoins et les vœux du personnel et de les satisfaire lorsque c'est possible. En plus ce comité est chargé d'organiser les fêtes du personnel, le gala et l'arbre de Noël, les excursions, etc., il prend aussi soin des œuvres sociales et d'entr'aide et il assure même le roulement pour les permanences et les congés annuels.

Paul Ce n'est pas une mauvaise idée, cela allège la tâche de l'administration et cela permet — sans doute — de faire plaisir au personnel !

V VOCABULAIRE

La déclaration d'impôt : *income tax return form*
le fisc : *internal revenue service*
percevoir : *to collect, to levy*
imposable : *taxable*
un dégrèvement : *a tax cut, tax relief*
une exonération : *an exemption*
un particulier : *a private individual*
une taxe : *a tax, a duty*
le revenu : *revenue*
un consommateur : *a consumer*
la vignette : *sticker/tax on vehicles*
une taxe d'apprentissage : *a training tax*
le chômage : *unemployment*
I.R.P.P. : *Impôt sur le Revenu des Personnes Physiques*
le salaire : *salary, wages*
établir : *to draw up*
un conseiller fiscal : *a tax consultant*
l'assiette fiscale (f) : *taxable income*
le loyer : *the rent*
une rente : *unearned income*
la pension alimentaire : *alimony*
déduire : *to deduct*
le contrôle : *auditing*
la tranche d'imposition : *the tax bracket*
le barème : *the table*
Inspection des Contributions Directes : *Direct Taxation Office, I.R.S.*
le rôle : *the list, record*
le contribuable : *the tax payer*
le percepteur : *the collector*
le recouvrement : *collection*
le trop-perçu : *over payment*
un tiers provisionnel : *interim tax payment (1/3 of the tax paid the previous year)*
un exercice fiscal : *financial year*
le reliquat : *the remainder, the balance*
la recette-perception (ou perception) : *the tax collector's office*
un prélèvement à la source : *tax deduction at source/pay as you go*
gagner : *to earn*

un forfait : *a flat rate*
dénoncer un forfait : *to denounce the agreement*
les membres des professions libérales : *professional people*
les honoraires (m) : *fees*
le traitement : *salary*
les appointements (m) : *salary*
les émoluments (m) : *salary, fee*
une rémunération : *salary, remuneration*
un fonctionnaire : *a civil servant*
une rétribution : *salary, reward*
les gages (m) : *wages, salary*
un cachet : *artist or performer fee*
une solde : *soldier's pay*
un syndicat : *a trade-union*
un travailleur, les travailleurs : *a worker, labor force*
les congés payés (m) : *paid leave, paid vacation*
le conventions collectives (f) : *collective bargaining agreement*
un comité d'entreprise : *works council*
une usine : *a plant, a factory*
un délégué du personnel : *a personnel representative*
le S.M.I.C. : *Index linked guaranteed minimum wage*
le marché de l'emploi : *the job market*
touché : *hit, hurt*
le chômage : *unemployment*
un licenciement : *lay-off*
la formation professionnelle : *employee training*
le recyclage : *retraining*
la retraite anticipée : *early retirement*
le travail à temps partiel : *part time employment*
le travail à mi-temps : *half time employment*
un demandeur d'emploi : *a job applicant*
lancer un mot d'ordre de grève : *to call a strike*
la C.G.T. : *Confédération Générale du Travail*
F.O. : *Force Ouvrière*
C.F.D.T. : *Confédération Française Démocratique du Travail*
C.F.T.C. : *Confédération Française des Travailleurs Chrétiens*
C.G.C. : *Confédération Générale des Cadres*
se syndiquer : *to unionize*
C.N.P.F. : *Conseil National du Patronat Français*
les P.M.I. : *Petites et Moyennes Industries*
le C.N.P.M.E. : *Conseil National des Petites et Moyennes Entreprises*
un délégué syndical : *a union representative*
une excursion : *an outing*
un roulement : *a rotation*
une permanence (être de permanence) : *duties (to be on duty)*

1. Qu'est-ce que le "fisc" ?
2. Quelle différence faites-vous entre un impôt et une taxe ?
3. Que fait un percepteur ?
4. Comment sont généralement imposés les commerçants ?
5. Donnez des synonymes de "salaire" pour les médecins, les fonctionnaires, les employés, les ouvriers, les domestiques, les vedettes, les soldats et les officiers ministériels.

6. Quel est le rôle des syndicats ?
7. Qu'est-ce que le S.M.I.C. ?
8. De quelle "arme" disposent les syndicats en cas d'échec des pourparlers ?
9. Quels sont les syndicats français que vous connaissez ?
10. A quoi servent les comités d'entreprise ?

EXERCICES ECRITS

1. Ecrivez le mot ou l'expression qui vous paraît convenir :

1. Pour un particulier, les . . . . sont établis, perçus et contrôlés par l'Administration des Finances.
   - revenus
   - bénéfices
   - dépenses
   - impôts

2. Les architectes, médecins et avocats exercent une profession libérale et perçoivent des . . . . qui rétribuent leur travail.
   - appointements
   - salaires
   - honoraires
   - traitements

3. La plupart du temps, les revenus déclarés sont inférieurs aux revenus . . . .
   - indirects
   - réels
   - fiscaux
   - directs

4. L'abréviation T.V.A. signifie taxe à la valeur . . . .
   - additionnelle
   - additive
   - ajoutée
   - accumulée

5. Chaque année, nous devons faire . . . . à notre percepteur.
   - un cadeau
   - un serment
   - une déclaration de nos bénéfices
   - une déclaration de nos revenus

6. Un . . . . gagne quelquefois autant qu'un diplômé d'université.
   - ouvrier spécialisé
   - ouvrier occasionnel
   - ouvrier qualifié
   - chômeur

7. Cette usine tourne 24 heures sur 24, les ouvriers sont soumis au régime du travail . . . .
   - posté
   - à mi-temps
   - à plein temps
   - à temps partiel

8. De plus en plus les entreprises misent sur . . . . pour créer un nouveau climat social.
   - la pratique
   - la formation
   - la concordance
   - la procédure

9. . . . . le congé individuel de formation fera l'objet d'un financement particulier.
   - Présentement
   - Dorénavant
   - Indépendamment
   - Conformément

10. Le patronat a signé . . . . avec les syndicats.
    - des conventions collectives
    - un constat
    - un traité
    - des accords

2. Complétez les phrases suivantes :

1. Désormais, la durée du travail . . . .
2. Bien que le chômage . . . .

3. Vrai ou faux :

1. L'abréviation T.V.A. signifie Taxe à la Valeur Ajoutée. [VRAI] [FAUX]
2. L'impôt sur le revenu est un impôt direct. [VRAI] [FAUX]

4. Choisissez dans la liste de mots ci-dessous celui qui correspond à sa définition et écrivez-le sur la ligne correspondant au bon choix :

- chiffre d'affaires
- bénéfice
- actionnaire
- détaillant
- pouvoir d'achat
- bilan
- raison sociale
- impôt

. . . . : inventaire périodique de ce qui est possédé et de ce qui est dû par une entreprise.

. . . . : détenteur d'une fraction du capital d'une société.

. . . . : quantité de biens et de services qu'une somme d'argent permet d'acheter.

. . . . : appellation sous laquelle fonctionne une entreprise.

. . . . : ultime échelon entre le producteur et le consommateur.

. . . . : contribution obligatoire des membres d'une collectivité aux dépenses de l'Etat.

.... : montant total des ventes pour une période donnée.

.... : produit net d'une entreprise au terme d'un exercice.

5. Version :

1. Le directeur du personnel se rend de toute urgence dans notre succursale de Tours pour éviter une grève.

2. Si la demande des consommateurs se stabilise ou decroît, les employeurs n'auront finalement plus d'autre choix que de licencier du personnel.

3. Notre entreprise emploie sur ses chantiers un grand nombre de travailleurs étrangers de diverses nationalités.

4. On craint une brusque augmentation du nombre des chômeurs.

5. Ce commerçant a obtenu un dégrèvement d'impôts.

6. Les contribuables remplissent une déclaration grâce à laquelle l'inspecteur des Contributions Directes établit le rôle d'imposition.

7. Nous sommes à votre disposition pour vous fournir toutes les pièces justificatives dont vous pouvez avoir besoin.

8. Il a dû payer une forte amende parce qu'il n'avait pas payé ses impôts en temps voulu.

9. Certains revenus ne sont pas imposables.

10. Les bénéfices agricoles sont imposés selon un régime forfaitaire largement favorable au contribuable.

6. Thème :

1. The wages they are paid are barely sufficient for them to live on.

2. Income tax forms must be filled out and sent to the I.R.S. before April 15.

3. The unemployment rate has gone up by 3 %.

4. The present state of the economy makes it impossible to meet the union demands.

5. If you have income not subject to income tax witholding you may have to make estimated taxe payments.

6. Earned income is income you receive for personal services you have performed. It includes wages, salaries, tips and professional fees.

7. You may deduct contributions to organizations, that are religious, charitable, educational, scientific or literary in purpose.

8. Salaries below a certain amount may be exempt from income tax.

9. The Union leaders have called a strike.

10. They are asking for a 5 % increase in their salaries.

7. Correspondance :

1 Vous venez de recevoir un courrier d'un de vos correspondants français vous demandant de lui trouver un stage pour l'été dans une entreprise industrielle.
En fonction des recherches que vous avez effectuées, vous lui répondez en lui décrivant, par la même occasion, la situation actuelle de l'emploi dans votre pays.

TRAVAIL A FAIRE

Rédigez la lettre demandée.

2 **DÉCOUVREZ LA VIE AVEC MOINS D'IMPOTS ÉPARGNE - FISCALITÉ**

Imaginez que vous puissiez payer moins d'impôts pour mieux profiter de votre argent.
Avec les conseils de notre banque c'est possible. Nous vous donnons les moyens de diminuer vos impôts en épargnant intelligemment.
Parmi les produits qui bénéficient d'avantages fiscaux, nous vous aidons à choisir ceux qui correspondent le mieux à votre cas particulier, au regard de votre situation fiscale.
Par exemple : Plan d'Epargne-Vie, investissements exonérés d'impôts, etc.
Prendre le temps de vous conseiller efficacement, c'est notre manière de créer des relations basées sur la confiance.

Notre banque, un banquier à votre service.
106 succursales dans la Région Parisienne.
(d'après une publicité parue dans la presse)

TRAVAIL A FAIRE

Intéressé par cette annonce, vous écrivez à cette banque pour exposer votre situation, demander des précisions, prendre rendez-vous...

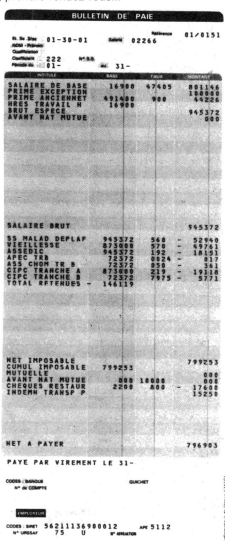

8. Compréhension de texte :

UN RENDEZ-VOUS VITAL POUR LES CHEFS D'ENTREPRISE

L'INNOVATION est un thème cher au patronat puisqu'en moins de dix ans ce sera, les 23 et 24 octobre prochains, la troisième fois que le CNPF consacrera ses assises à cette question. En 1972, en effet, les chefs d'entreprises s'étaient penchés sur le problème de l'amélioration des conditions de travail.

Déjà, à cette époque, l'innovation sociale apparaissait comme, tout à la fois, le complément et la conséquence du progrès technique. En 1977, le patronat a voulu faire juge le public de l'élan qui avait été donné cinq ans plus tôt. Plusieurs expériences avaient alors été présentées qui devaient traduire l'effort accompli par les entreprises. 1980 sera donc pour la troisième fois une année de l'innovation.

Le renchérissement des matières premières, la concurrence de plus en plus vive de pays qui, il y a quelques années à peine, n'avaient pas ou peu de structures industrielles sont autant d'éléments qui demandent que les entreprises françaises multiplient leurs actions pour gagner en productivité et accroître leur compétitivité.

Dans ce que le président du CNPF définit comme un "combat", les chefs d'entreprises ont pour allié potentiel "la prodigieuse accélération du progrès technique de ce début des années 80". Les chefs d'entreprises doivent avoir pour objectif essentiel d'agir avec ce progrès ; l'ignorer serait renforcer leurs concurrents et, à terme, se condamner à disparaître.

Les prochaines assises de Strasbourg auront donc pour principal objet de susciter chez les dirigeants français un puissant désir d'innovation leur permettant d'être à la pointe de cette nouvelle révolution industrielle. Pour en arriver là, les responsables patronaux ont prévu trois clés. La première est d'alerter.

Il est, en effet, nécessaire de faire prendre à tous les participants de ces assises "la mesure des défis d'un monde en pleine transformation et des menaces que les moyens mis en œuvre par les pays industrialisés font peser sur les débouchés des produits nationaux". Il faut ensuite échanger. C'est, en effet, dans la confrontation des expériences, dans la diffusion des technologies que les chefs d'entreprise pourront puiser les armes de l'innovation.

La troisième clé est celle de l'information. L'innovation ne pourra se développer dans l'entreprise que si elle emporte l'adhésion de l'ensemble des salariés. S'il est, en effet, nécessaire d'intensifier l'effort de recherche, s'il faut libérer les entreprises des entraves administratives, si une plus grande collaboration est indispensable entre les chercheurs et les chefs d'entreprise, il est tout aussi important d'enlever l'adhésion du personnel.

Les craintes qui pèsent sur l'emploi dès que l'on parle de mettre en place de nouvelles techniques sont un frein à celle-ci.

Les responsables sont convaincus que ces craintes ne seront surmontées que si les chefs d'entreprise font un véritable effort de formation et d'information. L'innovation, c'est aussi ce défi social.

Jérôme FAURE
(Les Echos - 24.09.80)

A RÉPONDEZ aux questions :
1. Donnez un autre titre à cet article.
2. Quelles sont les trois clés de l'innovation prévue par les chefs d'entreprise ?
3. Qu'est-ce qui contribue essentiellement à freiner l'innovation ?
4. Pourquoi les entreprises françaises doivent-elles nécessairement accroître leur productivité ?
5. En général, êtes-vous personnellement partisan du changement ? Justifiez brièvement votre attitude en quelques phrases.

B DÉGAGEZ les idées principales exprimées dans cet article (12 lignes maximum).

9. Jeu de rôles :

Vous n'êtes satisfait ni de vos conditions de travail, ni de votre salaire. Vous en parlez avec vos camarades de travail, puis avec le délégué syndical.

Profils de militants syndicalistes

Le militant de la CFDT

Le militant de base CFDT n'est pas un homme heureux qui se prélasse avec aisance dans son syndicat. Son insatisfaction et son état de grogne permanent contre ses leaders et l'organisation viennent de plusieurs raisons :

a) Le corps doctrinal est incertain et il n'y a pas de polarisation sur des thèmes simples : contre les monopoles, contre les communistes, pour le bifteck. Les thèmes CFDT sont compliqués : l'autogestion, les revendications qualitatives, etc.

b) L'assise de référence n'existe pas comme à la CGT et au PCF ou même chez les maoïstes qui peuvent invoquer à tout moment des centaines de millions d'hommes vivant leur doctrine. Même FO peut brandir les millions de syndiqués affiliés à la CISL. La CFDT n'a rien à exhiber ; ses peintures sont neuves, le mobilier n'a pas de style, le plafond vient à peine d'être terminé.

c) L'organisation se sécurise pas non plus par son idéologie ; à l'intérieur on se sent parfois au milieu d'une maelström dans lequel les différents courants de pensée s'affrontent ou se tolèrent.

d) L'appareil est fragile ; il a peu d'argent, peu de permanents et des équipements souvent dérisoires.

e) La CFDT, en s'efforçant d'éviter le piège de l'anticommunisme — et ce ne fut pas là son moindre mérite — en conservant une certaine admiration pour la grande CGT, n'a pas attiré à elle que des amis conservateurs ; loin de là, elle réussit à attirer à elle des éléments jeunes et dynamiques, ce qui la fait considérer comme dangereuse par bien des directions d'entreprise.

Le militant de la CGT

Derrière ce colosse[1] se cache toute une société fraternelle de copains dans laquelle le militant aime se retremper pour éponger ses ennuis et avoir un avant-goût d'une société égalitaire et amicale. C'est surtout cette combinaison de force et de fraternité qui alimente le militant de base, sorte d'homme-orchestre qui remplit toutes les multiples tâches insidieuses qui permettent de faire marcher la machine en lui donnant une certaine cohésion. Il n'est pas le militant occasionnel qui de temps à autre "vient aider les copains", il est l'homme solide sur lequel reposent toutes les tâches ingrates qui n'apportent aucun prestige mais qui le mettent en règle avec sa conscience — ce qui semble bien être l'essentiel pour lui.

Il semblerait que le sur-moi est relié à la collectivité de l'organisation par tout un système d'habitudes provoquant des attitudes, des comportements et des réactions identiques.

1. Il s'agit de la CGT

Le militant de FO

Le militant FO semble être une sorte de négatif du militant PCF, mais tellement polarisé sur le premier qu'il a transformé toutes les valeurs de son adversaire en anti-valeurs, qui sont autant de boucliers rassurants [...]

Le militant FO est souvent une personne qui a dépassé la quarantaine et qui ne cesse de se souvenir de la période de la guerre froide où il s'est retrouvé subitement, après la scission de 1948, au sein d'une organisation minoritaire [...]

Le militant FO vit toujours cette blessure et considère que le militant communiste est encore plus dangereux que son patron. Mais cette situation l'a placé dans une situation très délicate.

Il est difficile en effet d'avoir plusieurs ennemis ; il y en a toujours un que l'on privilégie et le militant FO combattant à la fois la direction de son entreprise et l'organisation syndicale majoritaire a été souvent entraîné à une politique plus conciliante envers la première qu'envers ses anciens camarades.

D. Mothé, Le métier de militant, Le Seuil, 1973

Notes sur la lecture :

éponger : résorber

un homme-orchestre : un homme capable de "jouer toutes les partitions", c'est-à-dire de tout faire.

ingrat : déplaisant et infructueux.

se prélasser : prendre une attitude commode et satisfaite.

la grogne : le mécontentement.

le corps doctrinal : l'ensemble de la doctrine.

une assise de référence : une base de référence.

sécuriser : donner un sentiment de sécurité, ôter la crainte et l'inquiétude.

un bouclier : une protection.

Chambre de Commerce et d'Industrie à Paris

14.
Chambres de Commerce & d'Industrie - l'économie

Perrier : Ah, Paul, vous voici, j'allais vous appeler... Il y a cet après-midi à la Chambre de Commerce et d'Industrie de Paris un important colloque sur l'économie, auquel prendront part des économistes très brillants, Raymond Barré, Jacques Esther et bien d'autres. J'ai pensé que cela vous intéresserait. J'ai une invitation mais je ne peux pas y aller, alors, profitez-en ! Vous me ferez un compte-rendu...

Paul : Merci beaucoup, Monsieur... Je venais justement vous demander la permission d'y aller ! C'est la C.C.I.P. qui organise ce colloque... cela m'amène à vous demander quel est exactement le rôle d'une Chambre de Commerce.

Perrier : Les Chambres de Commerce et d'Industrie, dont les membres sont élus par les commerçants et les industriels de la circonscription, assurent le lien entre les Pouvoirs Publics et leurs membres. Elles ont trois grandes missions. Une mission représentative : elles défendent les intérêts des commerçants et des industriels auprès des Pouvoirs Publics, mais à cette mission en correspond une autre, consultative cette fois : les C.C.I. informent leurs membres des changements survenus dans les réglementations juridique, fiscale, sociale ou financière. Elles peuvent aussi aider les industriels qui désirent exporter leurs produits, il y a un service d'assistance technique pour la décentralisation et l'implantation de nouvelles industries, en province par exemple.

Les C.C.I. publient des brochures, des annuaires pour renseigner leurs adhérents. Mais ce rôle consultatif n'est pas à sens unique, puisque les C.C.I. donnent aussi des avis aux Pouvoirs Publics en vue de la promotion de l'économie. De plus elles sont aussi chargées de la gestion des ports, des aéroports, des magasins généraux, etc., et enfin, un rôle que vous connaissez bien : je veux parler de leur mission éducative, puisque les C.C.I. ont fondé de grandes écoles de commerce, H.E.C., SupdeCo, entre autres, et qu'elles organisent des examens pour les étrangers comme celui que vous avez passé...

Paul : Ah oui, je comprends mieux maintenant pourquoi cette conférence a lieu à la C.C.I.P. plutôt qu'à H.E.C. par exemple.

Le lendemain

Perrier : Alors, ce colloque ?

Paul : C'était très intéressant, mais assez difficile à suivre.

Barré a parlé des grands problèmes actuels, le chômage, le travail clandestin, au noir, et des sanctions qu'il faudrait prendre ainsi que des dispositifs à mettre en place pour développer l'économie. Il a parlé de l'autofinancement qu'il préconise pour relancer l'économie. Après avoir rappelé les conséquences désastreuses de l'embargo sur le pétrole par l'O.P.E.P. en 1973, il a insisté sur la nécessité de faire des économies d'énergie, il semble penser que les réacteurs nucléaires ne sont pas toujours très fiables et qu'il pourrait être dangereux de continuer à implanter d'autres centrales atomiques. Il y avait aussi un sigle qui revenait très fréquemment dans son discours : P.N.B. mais je ne sais pas très bien ce qu'il signifie...

Perrier : C'est le Produit National Brut, c'est-à-dire le total des biens et services, y compris les investissements et amortissements produits dans un pays pendant un an.

Paul : Ah, je vois, c'est ce que nous appelons G.N.P. ! Il y aussi une autre chose que je n'ai pas très bien comprise... Attendez que je consulte mes notes... Ah voilà, il a parlé à plusieurs reprises des beaux commerciaux...

Perrier : Des baux, c'est le pluriel de bail ! Un bail est un contrat par lequel le propriétaire d'un local en cède la jouissance à un tiers, le locataire, pendant une période déterminée et moyennant le paiement d'une certaine somme appelée le loyer. Les commerçants et les industriels ont un droit au bail, c'est-à-dire que le propriétaire ne peut refuser le renouvellement du bail que sous certaines conditions — non paiement du loyer par exemple, ou pour occupation personnelle des locaux par lui-même, ses enfants ou ses parents, et ce, pendant une période de cinq ans minimum. Comme vous le voyez, la jurisprudence protège les commerçants.

Paul : Je corrige tout de suite, cela n'a rien à voir avec la beauté ! C'est d'autant plus stupide de ma part que je connaissais le mot bail au singulier !

Esther a fait un exposé sur l'économie en remontant à l'origine et en parlant du troc pour souligner qu'aujourd'hui on revient à cette forme d'échange avec les pays du Tiers Monde qui sont encore sous-développés et qui troquent des matières premières contre des produits finis.

Il a fait allusion, lui aussi, aux problèmes actuels et il pense que l'autogestion est un moyen de rentabiliser les entreprises. Il a aussi parlé des nationalisations et de leurs conséquences sur l'économie française. Il a expliqué les problèmes qui proviennent de l'appartenance de la France à la C.E.E., de sa participation à l'O.C.D.E. et au F.M.I., et bien sûr des difficultés qui découlent de la faiblesse actuelle du franc par rapport au dollar.

J'ai cru comprendre que tous deux penchaient pour la planification en économie plutôt que pour l'économie de marché. Et bien sûr, ils ont parlé d'inflation, de stagflation, de récession, de dépression, de la balance des paiements, et de relance de l'économie, de croissance, d'expansion... Ils suivent de très près les "clignotants". A ce propos, j'ai une question : je croyais que les clignotants étaient, sur une voiture, ce qui servait à indiquer les changements de direction...

Perrier : Oui, vous avez raison, mais on appelle également ainsi les indicateurs, c'est-à-dire l'indice des prix, le taux d'inflation, de chômage, le pouvoir d'achat, le panier de la ménagère, etc.

Paul : Ce qui m'a surtout frappé c'était les disparités entre les solutions proposées pour pallier la crise. Lorsqu'on écoute le premier conférencier, on ne peut s'empêcher d'être d'accord avec son analyse et les remèdes proposés, mais lorsqu'on entend le second, sa démonstration semble tout aussi valable, si bien qu'en définitive, on ne sait plus que penser !

Perrier : Effectivement, le problème est des plus complexes et n'oubliez pas que ces deux économistes sont aussi des politiciens !

Paul : En tout cas, ce colloque m'a fait prendre conscience de mes déficiences en matière d'économie... Je vais m'abonner à une revue, car il faut absolument que je me tienne au courant. Quel magazine me conseillez-vous ?

Perrier : Il y en a plusieurs... Je pense à l'Expansion par exemple car en ce moment ils offrent des abonnements à des prix vraiment intéressants, ce qui met le numéro nettement au-dessous de son prix au kiosque.

Paul : Alors je vais en profiter. En ce qui concerne le colloque, je ne suis pas sûr d'avoir pu vous donner un compte-rendu vraiment précis, mais au début de la séance, on nous a dit que si nous voulions recevoir gratuitement les Actes du Colloque, il suffisait d'inscrire ses nom et adresse sur le registre. Alors j'ai pris la liberté de vous inscrire aussi sur la liste.

Perrier : Merci beaucoup, mon cher. Votre stage tire à sa fin maintenant, vous allez nous manquer...

Paul : Oui, le temps a passé bien vite et j'ai appris tellement de choses, je ne sais vraiment comment vous remercier...

Perrier : J'espère que, dans un proche avenir, vous trouverez le poste de vos rêves, que votre travail vous ramènera en Europe et que vous viendrez de temps en temps nous rendre visite.

Paul : Inutile de vous dire, Monsieur, que je ferai même un détour pour venir vous saluer et dire bonjour à tous mes amis !

VOCABULAIRE

un colloque : *a colloquium*
le travail clandestin : *moonlighting*
le travail au noir : *moonlighting*
un dispositif : *a device*
l'autofinancement (m) : *self financing*
relancer : *to revive/to boost*
le pétrole : *(crude) oil*
l'O.P.E.P. : *Organisation des Pays Exportateurs de Pétrole :*
O.P.E.C.
un réacteur nucléaire : *a nuclear reactor*
fiable : *reliable*
un sigle : *an acronym*
P.N.B. : *Produit National Brut : G.N.P.*
un bail, des baux : *a lease*
le propriétaire : *owner (of the building)*
un local : *a building/premises*

le locataire : *the tenant*
le loyer : *the rent*
le droit au bail : *the right to the renewal of the lease*
la jurisprudence : *the law*
le troc : *barter*
le Tiers Monde : *the Third World*
sous-développé : *underdeveloped*
les matières premières (f) : *raw materials*
l'autogestion (f) : *self management*
rentabiliser : *to make (sthg) show a profit*
C.E.E. : *Communauté Economique Européenne : E.E.C.*
O.C.D.E. : *Organisation de Coopération et de Développement*
Economique : O.E.C.D.
F.M.I. : *Fonds Monétaire International : I.M.F.*
la planification : *planning*
un clignotant : *a turn signal (on a car) an indicator*
un indicateur : *an (economic) indicator*
le panier de la ménagère : *the shopping cart*
pallier : *to palliate*
s'abonner à : *to subscribe to*
un abonnement : *a subscription*
un kiosque : *a newsstand*
tirer à sa fin : *to be drawing to an end*

QUESTIONS ORALES

1. Quelles sont les trois missions des Chambres de Commerce et d'Industrie ?
2. Quels sont les grands problèmes actuels ?
3. Qu'est-ce que le P.N.B. ?
4. Donnez une définition du mot "bail".
5. Qu'est-ce que le "troc" ? Se pratique-t-il encore ? Où ? Par qui ?

6. Donnez un synonyme de "pays sous-développé".
7. En quoi consiste la "stagflation" ?
8. Quels sont les indicateurs en économie ?
9. Que veut faire Paul pour se tenir au courant ?
10. Où achète-t-on les journaux et les magazines ?

EXERCICES ECRITS

1. Ecrivez le mot ou l'expression qui vous paraît convenir :

1. Pour lutter contre le travail clandestin, le gouvernement va renforcer les . . . . et prendre les sanctions utiles.

   - catégories
   - dispositions
   - jurisprudences
   - dispositifs

2. Le sigle P.N.B. signifie . . . .

   - production nationale brute
   - production normalisée brute
   - produit national brut
   - producteur naturalisé breton

3. La régionalisation aurait pour effet de remédier aux . . . . régionales.

   - égalités
   - parités
   - disparités
   - discussions

4. L'industrie automobile française a enregistré en 1982 un solde . . . . de son commerce par rapport à la Communauté Economique Européenne.

   - déficitaire
   - minoré
   - diminué
   - déficient

5. La . . . . de la production nationale de charbon s'avère nécessaire pour assurer l'indépendance énergétique de la France.

   - reprise
   - relance
   - enjeu
   - relais

6. La . . . . économique n'est pas particulièrement favorable à un relèvement des salaires.

   - conjecture
   - condition
   - conjoncture
   - constitution

7. Actuellement, sur le marché de l'emploi, les plus touchés par le . . . . sont les femmes et les jeunes.
- travail
- pointage
- secteur
- chômage

8. Le ministre de l'Economie et des Finances a pris des mesures . . . . pour juguler l'inflation.
- laxistes
- éminentes
- draconiennes
- bouleversantes

9. Le . . . . est la forme primitive du commerce.
- échange
- troc
- solde
- transfert

10. La majorité des entreprises a désormais pris conscience que . . . . pouvait être un moyen efficace d'accroître sa part de marché.
- le dépôt de bilan
- le travail à la chaîne
- l'investissement publicitaire
- l'autofinancement

2. Mettez au pluriel :

Votre bail expire très bientôt.

3. Bâtissez une phrase à l'aide des mots suivants :

Conjoncture - taux d'intérêt - 12 %.
Etat - mesures économiques - inflation.

4. Complétez la phrase suivante :

. . . . de la conjoncture économique.

5. Lisez la première phrase, puis COMPLETEZ la seconde phrase pour qu'elle ait le même sens que la première :

Ils atteindront les objectifs qu'ils se sont assignés.

Ils atteindront les . . . . . . qu'ils . . . .

6. Donnez deux synonymes des mots suivants :

pénurie = ... = ...
croissance = ... = ...

7. Donnez le contraire de :

récession ≠ . . . .

8. Ecrivez en toutes lettres tous les éléments de l'opération suivante :

$$\frac{174 \times 100}{193} = 90,15 \%$$

9. Choisissez dans la liste ci-dessous le mot qui convient et écrivez-le sur la ligne correspondant à sa définition :

- déflation
- dévaluation
- stagflation
- inflation
- réévaluation

— . . . . : baisse volontaire de la parité d'une monnaie.

— . . . . : nouvelle évaluation, en hausse ou en baisse, d'une valeur.

— . . . . : processus cumulatif, plus ou moins important, de hausse des prix.

— . . . . : politique qui tend à freiner la hausse des prix ou à en provoquer la baisse.

— . . . . : hausse des prix accompagnée d'un arrêt de la croissance de l'activité économique.

- autofinancement
- devise
- numéraire
- régime douanier
- autoconsommation
- autogestion
- besoin
- autarcie

— . . . . : moyens de paiement constitués de pièces et de billets.

— . . . . : financement de ses investissements à l'aide de ses propres ressources.

— . . . . : consommation finale de biens et de services par leur producteur.

. . . . : réglementation applicable aux marchandises traversant la frontière d'un Etat.

— . . . . : gestion d'une organisation assurée par l'ensemble des intéressés.

— . . . . : régime économique se suffisant à lui-même et n'effectuant aucun échange avec les autres.

— . . . . : moyens de paiement libellés dans une monnaie étrangère.

— . . . . : manque ressenti par l'individu ou la collectivité.

10. Rétablissez la ponctuation dans la phrase suivante :

Des revues spécialisées Problèmes économiques Cahiers français traitent régulièrement de ces sujets épargne consommation revenu emploi

11. Version :

1. Le groupe hôtelier NOVOTEL-SOFITEL a des perspectives intéressantes sur le marché américain.

2. La mission de promotion de l'économie confiée aux Chambres de Commerce et d'Industrie les a conduites à créer des services d'assistance technique aux entreprises.

3. Dans les sociétés primitives, l'homme était obligé de recourir au troc pour se procurer ce dont il avait besoin.

4. Un colloque franco-américain sur les économies d'énergie dans l'industrie aura lieu prochainement à Paris.

5. L'économie allemande a augmenté ses placements à l'étranger pour assurer son approvisionnement en matières premières.

6. Les perspectives économiques à court terme sont plutôt décevantes.

7. Cette entreprise marche mal et connaît actuellement de graves difficultés financières.

8. De plus en plus les entreprises misent sur la formation pour créer un nouveau climat social.

9. Notre objectif principal est de faire échec à l'inflation.

10. Des subventions sont accordées dans le cadre du Marché Commun.

12. Thème :

1. The President of the French Chamber of Commerce in Great Britain requests the pleasure of the company of all members at the Annual Dinner to be held on January 21st, 1982.

2. As a new subscriber to the International Herald Tribune you can save up to 46 % of the newsstand price, depending on your country of residence.

3. For details on this special introductory offer write the I.H.T. Subscriptions Department.

4. Attention Businessmen : Publish your message in this newspaper, where more than a third of a million readers worldwide, most of whom are in business and industry, will read it.

5. E.E.C. leaders fail to reach budget compromise pact.

6. The heavy concentration of industry and commerce in and around Lyon has favoured the evolution of the city into one of the major financial centres.

7. Rumania bought four nuclear reactors from Canada.

8. Oil is a source of power which has steadily gained in importance during the last half century.

9. Agriculture is the most important human activity as it supplies both food and clothing.

10. Businessmen are the great advocates of peace and stability.

13. Compréhension de texte :

DISTRIBUTION
LE COMMERCE FAIT LE GROS DOS

Surpris il y a deux ans par une crise qu'il n'avait pas vu venir, le commerce a été rapide à s'y adapter. Qu'il s'agisse de l'emploi ou de création d'entreprises, il est clair qu'en 1981 le commerce a fait le gros dos. Telle est l'impression qui se dégage des données provisoires approuvées la semaine dernière par la Commission des comptes commerciaux de la nation.

Première observation : la conjoncture n'a pas été aussi médiocre qu'on pouvait le penser. Le redémarrage des ventes au second semestre fait qu'au total le chiffre d'affaires du commerce de détail (862 milliards de francs) a augmenté de près de 13 % en valeur et de 1 % en volume. Les mauvais souvenirs de 1980 ont du reste conduit les entreprises à réviser sérieusement leur stratégie au point qu'on assiste, ici et là, à un renversement brutal de la tendance.

Plusieurs "clignotants" sont à cet égard significatifs. La situation de trésorerie des entreprises s'est aggravée. Les défaillances d'entreprises, qui étaient jusque là peu nombreuses, ont augmenté en un an de 23 %.

Moins de commerces. A l'exception des grandes surfaces, les investissements se sont stabilisés, voire réduits, en particulier dans le commerce de gros. Surtout le rythme de création d'emplois salariés a sérieusement baissé : 20 000 emplois avaient été créés en 1980, on n'en recense plus que 12 000. On tombe même à 5 000, si l'on tient compte de l'évolution des emplois non salariés.

Mais ce qui est plus symptomatique encore, c'est l'évolution des ouvertures de commerces. Ces dernières années, l'afflux des nouveaux commerçants avait été tel qu'on avait assisté à un gonflement sans précédent de l'appareil commercial. Pour la première fois, le mouvement s'est inversé. Au vu d'un premier comptage, il apparaît qu'il y aurait eu plus de disparitions de commerces que de créations.

Cela étant, si la distribution est restée l'an dernier empêtrée dans la crise — elle a quand même amélioré nettement sa productivité —, la récession a, malgré tout, donné un coup de fouet aux formes modernes de commerce. Tout s'est passé en définitive comme si le consommateur, obligé de faire davantage attention, s'était porté plus souvent qu'avant vers la grande surface. La part de marché détenue par le grand commerce s'est en effet élargie d'un point, pour atteindre 27,3 %. Cette poussée est surtout sensible pour les hyper et super-marchés. En revanche, les grands magasins plafonnent et on constate un léger recul des magasins populaires. Quant au petit commerce, son poids relatif dans les dépenses des ménages est toujours en diminution (53,3 %).

A une exception près, toutefois : l'épicerie traditionnelle a regagné un peu du terrain perdu. C'est un signe que la concurrence des grandes surfaces s'est faite plus au détriment du grand commerce que du petit. Si on en juge par les travaux de l'I.N.S.E.E. (*), l'opposition désormais classique entre les détaillants traditionnels et la grande distribution apparaît quelque peu artificielle.

J. Ph. V.
(Les Echos - Février 1982)

(*) I.N.S.E.E. : Institut National de la Statistique et des Etudes Economiques.

[A] RÉPONDEZ aux questions suivantes :

1. La crise qui affecte aujourd'hui le commerce est apparue en (cochez la réponse choisie) :

1968	☐	1978	☐
1973	☐	1980	☐

2. Complétez le tableau ci-dessous en indiquant pour chaque "clignotant" s'il est "en hausse" ou en "baisse" :

Clignotants significatifs	en hausse	en baisse
1.		
2.		
3.		
4.		
5.		

3. Malgré la crise du commerce, quelles sont les deux conséquences positives pour la distribution ?

4. Quelles sont les différentes formes de commerces citées dans cet article ? Classez-les dans le tableau ci-dessous :

GRAND COMMERCE	PETIT COMMERCE

5. Repérez dans le texte et écrivez ci-dessous l'expression qui désigne l'ensemble des circuits de distribution et les différentes formes possibles de celle-ci.

6. Donnez un autre titre à cet article.

B CHOISISSEZ parmi les mots (ou groupes de mots) proposés celui dont le sens est le plus proche du mot (ou groupe de mots) souligné. Cochez la réponse choisie.

— « Faire le gros dos » signifie :

☐ abandonner, dédaigner
☐ accuser, attaquer
☐ se moderniser, se développer
☐ subir, se résigner

— Plusieurs "clignotants" sont à cet égard significatifs

☐ catalyseurs, détonateurs
☐ fonctions, actions
☐ indicateurs, indices
☐ potentiomètres, tensiomètres

— "Telle est l'impression qui se dégage des données provisoires approuvées la semaine dernière..."

☐ possibilités
☐ chiffres
☐ particularités
☐ vérités

C RÉSUMEZ l'essentiel de cet article en quelques lignes (8 à 10 maximum).

14. Correspondance :

Vous voulez créer une nouvelle entreprise et vous écrivez à la Chambre de Commerce et d'Industrie de votre ville pour demander des renseignements et quelle aide on peut vous apporter. Vous préciserez le genre d'entreprise que vous entendez créer.

TRAVAIL A FAIRE

Votre lettre à la C.C.I. et la réponse à votre lettre.

LE CIRCUIT ÉCONOMIQUE

1. Mettez en évidence le circuit qui va de la production à la consommation.

2. Mettez en évidence quelques égalités macro-économiques.

Dico éco et social (Hatier)

Le réveil de la consommation

Après les frémissements constatés au début de l'été, l'économie française effectue sa rentrée sous de bons auspices. « La reprise qui a commencé va se poursuivre », diagnostique un conseiller du ministre de l'Economie et des Finances.

Le moral des industriels déjà bon avant les vacances remonte d'un cran. L'enquête de septembre effectuée par l'INSEE auprès des chefs d'entreprise confirme l'éclaircie annoncée en juillet. La production s'est accrue dans les derniers mois et les prévisions restent orientées à la hausse. Dans l'industrie, les perspectives générales n'ont jamais été aussi bonnes depuis cinq ans. Les carnets de commandes se sont regonflés atteignant le niveau enregistré en 1982. La production industrielle s'élève dans toutes les branches sauf dans l'automobile. Dans les biens d'équipement, l'activité reste bonne, en dépit d'un léger repli par rapport au haut niveau atteint au premier semestre. Les biens intermédiaires retrouvent un nouveau souffle. Le redressement est surtout très net pour les fabricants de biens de consommation.

« Rien d'étonnant à cela, car la demande intérieure est forte », explique-t-on Rue de Rivoli. Le redémarrage de l'investissement observé en 1984 devrait connaître un coup de fouet en fin d'année avec l'arrivée à échéance de l'amortissement exceptionnel.

Mais par dessus tout, il semble que toutes les professions placent leur espoir dans la relance du pouvoir d'achat décidée par le gouvernement. Une relance qui amplifiera la bonne tenue de la demande intérieure. En dépit des déclarations sur la rigueur, la consommation des ménages, en particulier en produits industriels, a dépassé toutes les prévisions. « Le marché intérieur a été très soutenu, contrairement à nos prévisions », reconnaît-on à l'INSEE. La consommation de produits manufacturés a progressé de 2,5 % au premier semestre au lieu du 1 % prévu. L'effet d'annonces de réductions fiscales a donc bien joué son rôle. De même, les banques moins sollicitées par les entreprises, ont plus facilement distribué les crédits aux particuliers en début d'année. En plus, les ménages ont largement puisé dans leur bas de laine. Apparemment, la fringale d'achat de biens durables (équipements ménagers, audiovisuel) ne s'est pas apaisée. Les achats par les ménages de produits manufacturés en juillet-août sont nettement au-dessus du niveau de juin, contrairement à ce qu'on observait les années précédentes.

Les allégements fiscaux du second semestre et le rattrapage salarial dans la fonction publique vont ranimer le pouvoir d'achat. La baisse des prélèvements obligatoires (10 milliards de francs environ) est perceptible sur les feuilles d'impôts à l'occasion du versement du dernier tiers provisionnel et le sera en novembre pour les ménages qui ont opté pour le paiement mensualisé...

La consommation pourrait également être stimulée par les dispositions du projet de loi de finances pour 1986. D'une part, la baisse de l'impôt sur le revenu de 3 % (environ 6 milliards de francs), qui s'appliquera dès le début de l'année, et le remboursement dès le 15 janvier de l'emprunt obligatoire de 1983 (18 milliards de francs) en faveur des ménages. L'effet d'annonce ayant déjà joué au début de 1985, on peut s'attendre (à ce) que le phénomène se reproduise. Certes, la remontée du pouvoir d'achat fera progresser le taux d'épargne, mais il se traduira sans aucun doute par des achats supplémentaires. Et le partage se fera à coup sûr plus en faveur de la consommation que de l'épargne. La reprise des achats des ménages et de l'investissement risque des conséquences non négligeables sur notre commerce extérieur, qui patine depuis le début de l'année. La baisse du dollar et du prix du pétrole allègera certes notre facture énergétique, mais elle ne stimulera pas nos exportations de biens manufacturés. En juillet et en août, notre excédent industriel était largement en retrait par rapport au niveau moyen atteint fin 1984.

La chute du billet vert a déjà redonné un gain de compétitivité à certains producteurs américains (papier, chimie, par exemple). L'industrie française, qui a déjà des problèmes de compétitivité outre-Rhin, va se voir confrontée à une situation inconfortable : une monnaie américaine qui se dévalue sans que le mark remonte face au franc. En revanche, la baisse du dollar permettra de poursuivre le mouvement de désinflation. Le niveau de 5,2 % - 5,3 % semble un objectif raisonnable pour la fin de l'année.

Extrait de l'article d'Agnès Richert
dans La Vie Française
du 30 septembre au 6 octobre 1985 n° 2103.

Notes sur la lecture :

un frémissement : une agitation.

de bons auspices (m. pl.) : avec de bonnes chances de succès.

un cran : un degré.

une éclaircie : une amélioration du temps, un peu de ciel bleu dans un ciel nuageux...

regonfler : remplir à nouveau.

rue de Rivoli : siège du Ministère des Finances.

un coup de fouet : a shot in the arm.

le bas de laine : jadis les Français avaient la réputation de mettre leurs économies dans un bas de laine (et non à la banque).

la fringale : une faim subite et pressante. (an urge)

patiner : manquer d'adhérence en tournant, comme une roue de voiture sur une route verglacée, la roue tourne mais la voiture n'avance pas.

143

LEXIQUE

FRANÇAIS-ANGLAIS

A

abonnement (m)	a subscription (10) (14)
abonner (s')	to subscribe to (14)
absenter (s')	to leave, to be gone (2)
acceptation (f)	acceptance (2)
accepter une traite	to accept a bill of exchange (4)
accrochage (m)	minor accident, ''fender bender'' (9)
accroître	to increase (5)
accusé de réception (m)	acknowledgment of receipt (2) (8)
achat (m)	buying (4)
acheminement du courrier (m)	mail forwarding (8)
acheteur (m)	a buyer (4)
actif (m)	the assets (3)
action (f)	share, stock (1)
actionnaire (m)	a stock holder (3)
ad nutum	on demand (without explanation) (3)
aérogramme (m)	an airgram (8)
affiche (f)	a poster (10)
affiché	posted (2)
à force de...	by dint of, by means of (2)
affranchir (machine à) (f)	a postage meter (8)
agence de publicité (f)	an advertising agency (10)
agent de change (m)	a stock broker (12)
agent en douane (m)	a customs broker (11)
agio (m)	agio, exchange premium (1)
agrafeuse (f)	stapler (2)
A.I.	Air Inter (domestic airline) (2)
à la longue	in the long run (5)
Allo, qui est à l'appareil ?	Hello, who's speaking ? (8)
amende (f)	a fine (1) (11)
amortissable	redeemable (12)
amortissement (m)	depreciation (6)
annonce (f)	an advertisement, a classified ad (2) (10)
annuaire téléphonique (m)	a directory, a telephone book (8)
annuler une commande	to withdraw, or cancel an order (4)
appel téléphonique (m)	a telephone call (2)
application (f)	attention, care (2)
appointements (m)	salary (13)
approvisionnement (m)	supply, procurement (4)
approvisionner	to supply (4)
archiver	to file (2)
argent liquide (m)	cash (1)
arrhes (f)	deposit (6)
arriéré (m)	overdue (6)
armateur (m)	shipowner (7)
Assemblée Générale (f)	General Meeting of shareholders (3)
assermenté	sworn (in) (6)
assiette fiscale (f)	taxable income (13)
associé (m)	a partner, an associate (business) (3)
atelier (m)	a workshop (4)
attirer l'attention de... sur...	to call sb's attention to... (1)
au comptant	cash (6)
augmentation (f)	an increase (3)
autofinancement (m)	self financing (14)
autogestion (f)	self management (14)
avancement (m)	promotion (2)
avenant (m)	additional clause, addendum (9)
avis d'expédition (m)	a delivery note (2)
avoir (m)	a credit (4)
avoir l'œil	to have an eye for (2)

B

bail, des baux (m)	a lease (14)
baissier (m)	a bear (12)
balance commerciale (f)	trade balance (11)
balance déficitaire (f)	negative trade balance, trade deficit (11)
balance excédentaire (f)	positive trade balance, balance surplus (11)
barème (m)	the table (13)
B.D. (une bande dessinée) (f)	a cartoon, a comic (10)
bénéfice (m)	profit (3)
bénéficiaire (m)	the beneficiary (1)

bijou (m)	a jewel (11)
bilan (m)	the balance sheet (3)
blessé (m)	an injured person, a casualty (9)
« boîte » (f)	one's firm, or office, or shop (fam.) (4)
bon de livraison (m)	delivery order (4)
bon de réception (m)	notice of receipt, of delivery (4)
Bon du Trésor (m)	a Treasury bond (12)
bonne affaire (f)	a real bargain (5)
bordereau de versement (m)	a deposit slip (1)
Bourse (f)	The Stock Exchange, the stock market (12)
Bourse de commerce (f)	the commodity exchange (12)
Bourse des marchandises (f)	the commodity exchange (12)
bout du fil (au)	on the line, on the phone (8)
brochure (f)	a booklet, a leaflet, a brochure (10)
B.T.S. (m)	un brevet de Technicien Supérieur (2)
bulletin (m) de paie	wage sheet, payroll stub (6)
Bureau des douanes (m)	Customs house (11)
bureau de placement (m)	employment bureau, agency (2)

C

cachet (m)	artist or performer fee (13)
cadran (m)	the dial (8)
cadre (m)	an executive (2)
C.A.F. (coût, assurance, fret)	Cost, insurance, freight, C.I.F. (7)
caisse (f)	the casier's window (1) crate, wooden box (4)
caisse d'épargne (f)	(national) savings bank (in the post-offices) (8)
caissier (m)	the cashier (1)
calé(e) en...	knowledgeable, well up in... (2)
ça marche (fam.)	it's working (2)
cambiste (m)	foreign exchange dealer/broker (12)
cambrioleur (m)	burglar (9)
camionnette (f)	a pick-up truck (7)
campagne (publicitaire) (f)	advertising campaign, a publicity drive (10)
candidature (f)	a candidacy, an application (2)
C.A.P. (m)	Certificat d'Aptitude Professionnelle (a proficiency certificate) (2)
capital social (m)	nominal capital, stock holder's equity, capital stock (3)
cargo (m)	a cargo boat (4) (7)
carnet de chèques (m)	a check-book (1)
carrossier (m)	the body shop man (9)
carte de crédit (f)	a credit card (1)
carte d'identité nationale (f)	an I.D. card issued by the Police Headquarters (Préfecture de Police) (1)
carton (m)	a box (4)
case (f)	a compartment, a pigeonhole (4)
catalogue (m)	a catalog (5) (10)
cautionnement (m)	caution money, security (12)
céder	to let somebody have (4)
C.E.E.	Communauté Économique Européenne : E.E.C. (11) (14)
centre commercial (m)	a shopping center (5)
centre de groupage (m)	a collection center (7)
certificat de domicile (m)	is delivered by the Police station to verify your address (1)
certificat d'origine (m)	a certificate of origin (11)
cessible	transferable (3)
C.E.T.U.P.	Centre de T.U.P. (8)
C.F.D.T.	Confédération Française Démocratique du Travail (13) French Trade-union
C.F.T.C.	Confédération Française des Travailleurs Chrétiens (13) French Trade-union
C.G.C.	Confédération Générale des Cadres (13) French Trade-union
C.G.T. (f)	Confédération Générale du Travail (13) French Trade-union
change (m)	exchange (12)
changer	to exchange (12)
charge (f)	an office, a practice (12)
chargement (m)	loading (7)
chargeur (m)	shipper (7)
chariot (m)	a cart, a trolley, a fork lift truck (4)
charte-partie (f)	charter-party (7)
chauffeur (m)	the chauffeur, the driver (2) (9)
chaussée (f)	the roadway (9)
chemise (f)	a folder (2)
chèque en blanc (m)	a blank check (1)
chèque omnibus (m)	a counter check (1)

chèque postal (m)	a post office check (no real equivalent) (8)
chèque sans provision (m)	a check with insufficient funds (1)
chéquier (m)	a check-book (1)
chiffre d'affaires (m)	the turnover (3) (5)
chômage (m)	unemployment (13)
chômeur (m)	unemployed worker (13)
circulaire (f)	a circular (letter) (10)
clavier (m)	a keyboard (8) (10)
clignotant (m)	a turn signal (on a car) an indicator (14)
C.N.P.F.	Conseil National du Patronat Français (13) Trade-union
C.N.P.M.E. (m)	Conseil National des Petites et Moyennes Entreprises (13) Trade-union
colis (m)	a parcel (4)
colis en port payé (m)	a prepaid parcel (7)
colloque (m)	a colloquium (14)
combiné (m)	the receiver (8)
comité d'entreprise (m)	Works Committee (6) works council (13)
commande (f)	an order (4)
commande à titre d'essai (f)	a trial order (4)
commande (annuler une)	to cancel, to withdraw an order (4)
commanditaire (m)	the sleeping partner (3)
commandite (f)	limited partnership (no real equivalent) (3)
commandité (m)	active partner (3)
commerçant (m)	trader, merchant (3)
commission (f)	a commission (5)
commotionné	suffering from concussion (9)
compétitif	keen, competitive (5)
composer le numéro	to dial the number (8)
comptant (m)	cash (5)
compte (m)	an account (1)
conditionnement (m)	packaging (5)
congé de maladie (m)	sick leave (6)
congé de maternité (m)	maternity leave (6)
congés payés (m)	paid leave, paid vacation (13)
congressiste (m)	a convention participant (10)
conjoncture économique (f)	the economic situation (3)
connaissement (m)	bill of lading (7)
Conseil d'Administration (m)	The Board of Directors (3)
Conseil de Surveillance (m)	a board of supervisors (3)
conseiller fiscal (m)	a tax consultant (13)
consentir un découvert	to grant an overdraft (1)
console (f)	monitor (8)
consommateur (m)	a consumer (5) (13)
contribuable (m)	the tax payer (13)
contrôle (m)	auditing (13)
contrôle des changes (m)	exchange control (11)
conventions collectives (f)	collective bargaining agreement (13)
convoquer	to call (2)
corbeille (f)	the trading floor (12)
correspancier/ correspancière	a correspondance clerk (2)
correspondant (m)	the correspondent, the party (8)
cotation à la criée (f)	quotation by oral bid (12)
cotation par casier (f)	quotation by written bid (12)
cote (f)	quotation (12)
coté	quoted (3)
côté (mettre de)	to set aside (2)
cotisation (f)	dues (9)
coupon (m)	a coupon (12)
courant (mettre au)	to put up to date, to fill (sb) in (6)
courrier (m)	mail (2) (8)
cours (m)	quotation, price (12)
cours de l'or (m)	the rate of gold (12)
courtage (m)	a broker's commission (12)
courtier (m)	a broker (12)
courtier d'assurances (m)	an insurance broker (9)
crédit (m)	credit, credit side (6)
crédit documentaire (m)	documentary credit (7)
curriculum vitae (m)	C.V., or resume (2)

D

dactylographie (f)	typing (2)
dactylographier	to type (2)
dateur (m)	date stamp (2)
débit (m)	debit, debit side (6)
décacheter	to open letters (2)
déclaration d'accident (f)	an accident report (9)

déclaration d'impôt (f)	income tax return form (13)
déchargement (m)	unloading (7)
découvert (m)	an overdrawn account (1)
décrocher	to take the receiver off the hook, to pick up the receiver (8)
dédouaner	to clear through customs (11)
déduire	to deduct (13)
défectueux	defective (5)
déformation professionnelle (f)	professional idiosyncrasy (2)
défrayer	to defray, to pay (5)
dégât des eaux (m)	water damages (9)
dégâts (m)	damage (9)
dégrèvement (m)	a tax cut, tax relief (13)
délai de livraison (m)	lead time (4)
délai de préavis (m)	term of notice (9)
délai de réflexion (m)	time for consideration (4)
délégué du personnel (m)	personnel representative (3) (6) (13)
délégué syndical (m)	a union delegate (13)
demande d'emploi (f)	a job application (2)
demandeur d'emploi (m)	a job applicant (13)
demeure (mise en) (f)	formal notice (of summons) (8)
démission (f)	resignation (2)
dénoncer un forfait	to denounce the agreement (13)
denrée (f)	produce, commodity (10)
dépense (f)	an expense (13)
dépliant (m)	a folder, a leaflet (10)
déposer sa signature	to give an authorized signature (1)
dépouiller	to analyse, to sort (12)
détaillant (m)	a retailer (3)
devis de réparation (m)	repair cost estimate (9)
devises (f)	foreign money, currency (5)
diminuer	to lower, to diminish (5)
directives (f)	the general lines (of a policy) (2)
Directoire (m)	a directorate (3)
disponibilités (f)	available funds, liquid assets (1)
dispositif (m)	a device (14)
disquette (f)	a diskette (10)
dissoudre	to dissolve (3)
distribuer (le courrier)	to remit, deliver (2)
distributeur automatique de billets (m) D.A.B.	automatic teller machine (1)
dividende (m)	a dividend (12)
documentation (f)	information, "literature" (4)
donner sa démission	to resign (2)
dossier (m)	a file, a record, dossier (2)
douane (f)	customs (11)
douanier (m)	customs officer (11)
droit au bail (m)	the right to the renewal of the lease (14)
droit de douane (m)	a customs duty (11)

E

échantillon (m)	a sample (4) (10)
échéance (f)	date of maturity (3)
écran (m)	a screen, a monitor (10)
effondrer (s')	to collapse (12)
emballage (m)	a container, pack (7)
emballage consigné (m)	returnable container (7)
emballeur (m)	a packer (5)
embaucher	to engage, to hire (6)
embouteillage (m)	a traffic jam, a bottle neck (8)
emboutir	to crash into... (9)
émission de chèque sans provision (f)	(writing) bad checks (1)
émoluments (m)	salary, fee (13)
encaissement (m)	collection (6)
encaisser	to cash (1)
en cas de litige	in case of litigation (2)
endossataire (m)	an endorsee (1)
endosser	to endorse (1)
en franchise	duty-free (11)
enlever un marché	to get a contract/a deal (11)
en panne	down, out of order (2)
en partance	outward bound (for ship or train) (7)
en réclame	special offer (5)
enregistrer	to record, to enter (incoming mail) (2)
entamer des poursuites judiciaires	to initiate legal proceedings (6)
entraver	to impede, to hinder (4)
entrepôt (m)	a warehouse (4)

entreprise (f)	a firm (2)
entreprise de pointe (f)	high technology firm, leading firm (3)
épargne-logement	a special savings plan to buy a house (1)
épargner	to save (10)
escompte (m)	a discount (5) (bills for) discount (6)
escroquerie (f)	swindling (1)
ESSEC	Ecole Supérieure de Sciences Economiques et Commerciales (2)
établir	to draw up (13)
étiquette (f)	a label (5)
être à court de	to be short of/out of (10)
être à la tête de	to be head of (4)
être en mesure de	to be in a position to (5)
être témoin	to witness (9)
excursion (f)	an outing (13)
exécution de la commande (f)	the handling of the order (4)
exercice (m)	fiscal year (6)
exercice comptable (m)	financial year (3)
exercice fiscal (m)	a financial year (13)
exonération (f)	an exemption (13)
expédier	to ship, to forward (7)
expéditeur (m)	a dispatcher (5)
expert-comptable (m)	C.P.A. (6)
exposant (m)	an exhibitor (10)
exposer	to exhibit (10)
exposition (f)	a show, an exhibit (of goods) (10)

F

fabricant (m)	a maker, a manufacturer (4)
fabrique (f)	manufacture, a factory (2)
facilités de paiement (f)	easy terms (5)
facture (f)	an invoice, a bill (1) (4)
facture d'avoir (f)	a credit note (4) (7)
facture d'essence (f)	a gas (gasoline) bill (5)
facture "pro forma" (f)	a pro forma invoice (11)
facture rectifiée (f)	a revised bill (4)
facturer	to bill (4)
faillite (f)	bankruptcy (3)
faire face à la concurrence	to meet competition (5)
faire la preuve	to show proof (1)
faire la queue	to stand in line, to queue up (1) (8)
F.A.S. (franco à quai)	free alongside ship (7)
fente (f)	the slot (8)
fermeture (f)	closing time (1)
ferroviaire	pertaining to the railways (7)
feuille (f) de paie	wage sheet, salary sheet, payroll sheet (1) (6)
fiable	reliable (14)
fiche (f)	a memo (2)
fiche (f) de paie	wage sheet, salary sheet (6)
fin de série (f)	close-out, oddment (5)
fisc (m)	internal revenue service (13)
fixe mensuel (m)	a fixed monthly salary (5)
F.M.I.	Fonds Monétaire International : I.M.F. (14)
F.O.	Force Ouvrière (13) a French Trade-union
F.O.B. (franco à bord)	Free on board (7)
foire (f)	a fair (10)
fonctionnaire (m)	a civil servant (13)
fondé de pouvoir (m)	proxy, signing clerk (6)
fonds d'état (m)	government stocks/securities (12)
F.O.R. franco rail	free on rail (7)
forfait (m)	a flat rate (13)
forfait vacances (m)	a "package holiday" (7)
formalités (douanières) (f)	formalities/customs formalities (11)
formation professionnelle (f)	employee training (13)
formulaire (m)	a form (1) (2) (9)
fournisseur (m)	a supplier (4)
fourniture (f)	supply (4)
frais (m)	expenses (5)
frais (m) de déplacements	travel expenses (2)
frais de port	delivery charges (7)
frais de transport (m)	delivery charges (7)
frais généraux (m)	overheads (6)
frais portuaires (m)	port charges (7)
franchise postale (f)	postage free status, franking (8)
franco de port et d'emballage	free shipping and handling (7)
franco sur place	carriage forward (am.) F.O.B. plant (7)
frein (m)	the brake (9)

freiner	to curb, to restrain (11)
fret (m)	freight (7)
frontière (f)	the border (11)
fusion (f)	a merger (3)

G

gages (m)	wages, salary (13)
gagner	to earn (13)
gagner du temps	to save time (7)
gamme (f)	a line, a range (5)
gérant	manager (2)
grade (m)	a rank (4)
grande surface (f)	a hypermarket (5)
grève (f)	strike (6)
grossiste (m)	a wholesaler (4)
groupeur (m)	a forwarding agent (7)
guelte (f)	commission (on sales) (6)
guichet (m)	a window (in a bank) (1)
guichetier (m)	the teller (1)

H

haussier (m)	a bull (12)
haut de gamme	among the best in the range of products (5)
H.E.C.	Ecole des Hautes Etudes Commerciales, one of the most famous French graduate schools of business (1)
heure supplémentaire (f)	overtime (6)
honoraires (m)	fees (13)
honorer	to honor, meet, accept (1)
hors-taxe (H.T.)	exclusive of tax (5)
hypermarché (m)	hypermarket (huge supermarket) (5)

I

image de marque (f)	a brand/corporate image (10)
imposable	taxable (13)
imprimante (f)	a printer (10)
incendie (m)	a fire, a conflagration (9)
incoterme (m)	incoterm (7)
indemnité (f)	compensation (9)
indicateur (m)	an (economic) indicator (14)
informatique (f)	computer science (3)
Inspection des Contributions Directes	Direct Taxation Office, I.R.S. (13)
intérêt (m)	an interest (1)
intermédiaire (m)	a middleman (4)
inventaire (m)	an inventory, a stock-list (4)
investissement (m)	an investment (1)
I.R.P.P.	Impôt sur le Revenu des Personnes Physiques (13)

J

jeton (m)	a token (8)
jeton de présence (m)	director's fees (3)
jurisprudence (f)	the law (14)

K

kiosque (m)	a newsstand (14)

L

lancer sur le marché	to launch (a new product) on the market (5)
lancer un emprunt	to issue/to float a loan (12)
lancer un mot d'ordre de grève	to call a strike (13)
lettre de change (f)	bill of exchange, draft (2)
lettre de rappel (f)	a reminder (2)
liasse (f)	set of multipart forms (6)
libre-échange (m)	free trade (11)
libre-service (m)	self-service (5)
licence d'exportation (f)	an export licence (11)
licencié(e) en droit	bachelor of laws (2)

licenciement (m)	*lay-off (13)*
liquidation des biens (f)	*liquidation (3)*
liquider	*to sell off (5)*
litige (m)	*litigation, dispute, law suit (2)*
livraison (f)	*delivery (7)*
livreur (m)	*a delivery man (7)*
local (m)	*premises, building (5) (9) (14)*
locataire (m)	*the tenant (14)*
louche	*shady (adjective) (3)*
loyer (m)	*rent (1) (13) (14)*

M

M.A.A.I.F.	*Mutuelle d'Assurance Automobile des Instituteurs de France (9)*
machine à affranchir (f)	*a postage meter (8)*
machine à décacheter (f)	*letter opening machine (2)*
machine à traitement de textes (f)	*word processor (2)*
magasinier (m)	*the warehouse supervisor (4)*
majorer	*to increase (5)*
mandat (m)	*a money order (8)*
manifestation (f)	*an exhibit (10)*
manifeste (m)	*manifest (7)*
manœuvre frauduleuse (f)	*swindling (5)*
manutentionnaire (m)	*a warehouse man, a warehouse hand (4)*
marchandise (f)	*goods, merchandise, commodity (4)*
marché (m)	*the market (4)*
marché à terme (m)	*forward market/options market (12)*
marché de l'emploi (m)	*the job market (13)*
marge bénéficiaire (f)	*profit margin (6)*
matériel roulant (m)	*rolling-stock (7)*
matières premières (f)	*raw materials, commodities (4) (14)*
media (m)	*the media (10)*
membres des professions libérales	*professional people (13)*
mensualité (f)	*monthly payment (5)*
mercuriale (f)	*the market price-list (12)*
messageries (f)	*parcel delivery company (7)*
mettre au courant	*to put up to date, to fill sb in (6)*
mettre de côté	*to set aside (2)*
mettre en mémoire	*to store (in a computer) (2)*
meuble (m)	*a piece of furniture (2)*
micro-ordinateur (m)	*a personal computer (10)*
mise en demeure (f)	*a formal notice (of summons) (8)*
modique	*moderate (2)*
monopole (m)	*a monopoly (5) (12)*
montant (m)	*the amount (1)*
motif (m)	*the cause (9)*
muter	*to transfer (5)*
mutiler (se)	*to injure, maim oneself (9)*
mutuelle (f)	*mutual insurance (9)*

N

net d'impôt	*tax-free (1)*
normaliser	*to standardize, to normalize (2)*
note de service (f)	*a memo (2)*
note d'hôtel (f)	*a hotel bill (5)*

O

obligataire (m)	*a bond holder (12)*
obligation (f)	*a bond (1) (12)*
occuper un poste	*to hold a position (2)*
O.C.D.E.	*Organisation de Coopération et de Développement Economique : O.E.C.D. (14)*
offre (f)	*an offer, a tender (4)*
offre et la demande (l')	*supply and demand (12)*
O.P.E.P.	*Organisation des Pays Exportateurs de Pétrole : O.P.E.C. (14)*
ordinateur (m)	*a computer (1)*
ordre du jour (m)	*agenda (of a meeting) (6)*
organigramme (m)	*an organization chart (2)*

P

paiement au comptant (m)	*a cash payment (5)*
pallier	*to palliate (14)*
panier de la ménagère (m)	*the shopping cart (14)*
papier à en-tête (m)	*letter-head stationery (2)*
part d'intérêt (f)	*a stake, a share (3)*
partenaire (m)	*a partner (sports, games) (3)*
particulier (m)	*a private individual (13)*
passer de (se)	*to do without (4)*
passer en contrebande	*to smuggle in/out (11)*
passer en correctionnelle	*to appear in a district court for criminal cases (1)*
passer en douane	*to clear through customs (11)*
passer une commande d'urgence	*to place a rush order (4)*
passible de	*liable to (1)*
passif (m)	*the liabilities (3)*
P.C.V.	*a PerCeVoir (collect) (reversed charges) (8)*
P.D.G. (Président-Directeur-Général) (m)	*Chairman of the Board of Directors (3)*
peine (f)	*a penalty, punishment, sentence (1)*
péniche (f)	*barge (7)*
pension alimentaire (f)	*alimony (13)*
percepteur (m)	*the collector (13)*
percevoir (à)	*to collect, to levy (13)*
périodique (m)	*a periodical, a magazine (10)*
permanence (f) (être de)	*duties, to be on duty (13)*
pertes et profits	*profit and loss account (6)*
peser	*to weigh (5)*
pétrole (m)	*(crude) oil (14)*
P.&T.	*postes et télécommunications (8)*
pièce justificative (f)	*a voucher (5)*
pièces jointes (f)	*enclosures (2)*
place disponible (f)	*available space, vacancy (10)*
placement (m)	*an investment (1)*
placier (m)	*a door to door salesman (5)*
planification (f)	*planning (14)*
P.M.E.	*Petites et Moyennes Entreprises (2) (Small & Medium Size firms)*
P.M.I.	*Petites et Moyennes Industries (13)*
P.N.B.	*Produit National Brut : G.N.P. (14)*
poids lourd (m)	*heavy truck (9)*
point de vente (m)	*a (retail) outlet, point of sale (5)*
police (f) (d'assurance)	*the policy (9)*
police flottante (f)	*a floater, a floating policy (9)*
port dû (m)	*carriage forward, freight collect (7)*
portefeuille (m)	*portfolio (1)*
porteur (au) (m)	*to the bearer (1)*
position de compte (f)	*statement of account, bank statement (8)*
potentiel (marché)	*potential (market) (5)*
pourboire (m)	*a tip (7)*
préjudice (m)	*detriment, prejudice, loss (4)*
prélèvement à la source (m)	*tax deduction at source/pay as you go (13)*
prélèvement automatique (m)	*automatic deduction (1)*
prendre congé	*to leave (3)*
prendre des contacts	*to make contacts (10)*
prendre en charge	*to take over (2)*
prendre le courrier sous la dictée	*to take dictation (2)*
prendre sa retraite	*to retire (2)*
prendre un verre	*to have a drink (1)*
prescriptions (f)	*the regulations (2)*
présenter une traite à l'acceptation	*to present a bill for acceptance (2)*
prestation (f)	*benefits (2)*
prétentions (f)	*the applicant's expectations (2)*
preuve (f)	*a proof (2)*
prévenir	*to inform (2)*
prime (f)	*a premium (9)*
prix courant (m)	*current price (2) a price-list (4)*
prix d'appel (m)	*a rock bottom price (to attract customers) (5)*
prix de lancement (m)	*an introductory offer/price (10)*
prix de revient (m)	*actual cost, cost price (6)*
prix forfaitaire (m)	*a flat rate (7)*
procédure (f)	*proceedings (6)*
procès-verbal (m)	*the minutes, the report (3)*
producteur (m)	*producer (4)*
produit fini (m)	*finished product, end product (4)*

produit semi-ouvré (m)	*semi-manufactured product (4)*
promouvoir	*to promote (10)*
prononcer une sanction	*to assess a penalty (6)*
propriétaire (m)	*the owner (of the buildings) (14)*
prorata	*proportional part (3)*
prospectus (m)	*a hand-out, a flyer, a leaflet (10)*
protêt (m)	*protest (6)*
P.T.T.	*postes, télégraphes, téléphones (8)*
pub (f)	*short for "publicité" (10)*
publicitaire (m)	*an ad-man (10)*
publicité (f)	*adversiting, advertisement, an ad (10)*

Q

quittance de loyer (f)	*a rent receipt (1)*
quote-part (f)	*a quota (3)*

R

rabais (m)	*a rebate (5)*
raccrocher	*to hang up (8)*
raison sociale (f)	*trade name (2)*
rappeler	*to call back (2)*
rapport annuel (m)	*the yearly report (3)*
rapporter un intérêt	*to bear an interest (12)*
R.A.T.P. (f)	*Régie Autonome des Transports Parisiens (7)*
rattraper le temps perdu	*to make up for lost time (11)*
rayonnant	*beaming (11)*
réacteur nucléaire (m)	*a nuclear reactor (14)*
récépissé (m)	*the receipt (7)*
récépissé-warrant (m)	*industrial-warrant (7)*
réceptionner	*to receive (4)*
récession (f)	*recession (3)*
recette-perception (ou perception) (f)	*the tax collector's office (13)*
réclame (f)	*a special offer (10)*
recommandé	*registered (8)*
recours des voisins (m)	*neighbors claim (9)*
recouvrement (m)	*collection (6) (13)*
reçu (m)	*a receipt (1)*
recyclage (m)	*retraining (13)*
redevance (f)	*tax, dues, rental charge (telephone) (1) (8)*
réduction (f)	*reduction, cutting down (of price) (5)*
règlement (m)	*the settlement (4)*
règlement judiciaire (m)	*judiciary settlement (3)*
relancer	*to revive (to boost) (14)*
relations publiques (f)	*public relations (10)*
relevé bancaire (m)	*a bank statement (1)*
reliquat (m)	*the remainder, the balance (13)*
remise (f)	*discount (6) (10) commission (12)*
remisier (m)	*an intermediate broker (12)*
remplir	*to fill (1)*
rémunération (f)	*salary, remuneration (3) (13)*
rentabiliser	*to make (sthg) show a profit (14)*
rente (f)	*unearned income (13)*
rente (f) (d'état)	*a government bond (12)*
réparateur (m)	*the repair man (2)*
répartir	*to share, to divide (3)*
repasser au bureau (fam.)	*to stop back at the office, to drop by the office (2)*
représentant (m)	*a regional representative (5)*
R.E.R. (m)	*Réseau Express Régional (7) (Fast subway trains)*
réseau (m)	*network (8) (10)*
réservation (f)	*a reservation (7)*
résidence secondaire (f)	*a summer home (week-end home) (7)*
résiliation (f)	*cancellation (9)*
résilier	*to cancel, to terminate (9)*
responsable (m)	*person in charge (2)*
résumé (m)	*a summary (2)*
retenir	*to reserve (7)*
retenue (f)	*deduction (6)*
retirer des affaires (se)	*to retire from business (3)*
retraite anticipée (f)	*early retirement (13)*
rétribution (f)	*salary, reward (13)*
revenu (m)	*revenue (13)*
R.I.B.	*Relevé d'Identité Bancaire (Bank identification) (8)*

rien à déclarer	*nothing to declare (11)*
risques et périls du destinataire (m)	*at owner's risks (7)*
risque locatif (m)	*tenant's risks (9)*
rôle (m)	*the list, record (13)*
roulement (m)	*rotation (13)*
routier (m)	*a trucker (7)*
rupture de contrat (f)	*a breach of contract (4) (9)*
rupture de stock (f)	*stock shortage (4)*

S

s'abonner à	*to subscribe to (14)*
s'absenter	*to leave, to be gone (2)*
sachet (m)	*a small bag (5)*
salaire (m)	*salary, wages (1) (2) (13)*
salon (m)	*a show (10)*
savoir gré à quelqu'un de + inf.	*to be grateful to sb for doing sthg (2)*
secrétaire de direction (f)	*executive secretary (2)*
Sécurité Sociale (f)	*Social Security (but the French system covers much more that the American one) (9)*
s'effondrer	*to collapse (12)*
se mutiler	*to injure, maim oneself (9)*
se passer de	*to do without (4)*
se rendre à	*to go to (2)*
se retirer des affaires	*to retire from business (3)*
SERNAM (m)	*SERvice NAtional de Messageries (7)*
service après-vente (m)	*client servicing, aftersale service (5)*
service de relations publiques (m)	*public relations (10)*
service des achats (m)	*purchasing department (4)*
service du contentieux (m)	*legal department (5)*
service du portefeuille (m)	*investment department (1)*
service routier (m)	*road transport (7)*
se syndiquer	*to unionize (13)*
S.I.C.A.V. (f)	*mutual funds (12)*
S.I.C.O.B.	*Salon des Industries du Commerce et de l'Organisation du Bureau (10)*
S.I.C.O.V.A.M. (f)	*Société Interprofessionnelle de COmpensation des VAleurs Mobilières (12)*
siège (m)	*the head office, the main office (4)*
sigle (m)	*an acronym (14)*
sinistre (m)	*an accident, a disaster (9)*
slogan (m)	*a slogan (10)*
S.M.I.C. (m) Salaire Minimum Interprofessionnel de Croissance	*Index linked guaranteed minimum wage (13)*
s'occuper de	*to take care of, to deal with (4)*
Société Anonyme (f) (S.A.)	*a corporation (no real equivalent) (3)*
Société A Responsabilité Limitée (f) (S.A.R.L.)	*Limited (liability) Company (no real equivalent) (3)*
société de capitaux (f)	*a joint stock company (3)*
société de personnes (f)	*a partnership (3)*
société en nom collectif (f)	*a general partnership (3)*
solde (f)	*soldier's pay (13)*
solde (m)	*sale item (5)*
solder	*to sell off, to clear (5)*
solder un compte	*to balance, to settle an account (6)*
soldes (m)	*sales, stocking sales, end-of-season sales (10)*
sondage (m)	*a poll, a survey (10)*
sortie (f)	*removal (from warehouse) (4)*
sous-développé	*underdeveloped (14)*
sous-traitant (m)	*a subcontractor (4)*
souscrire	*to sign (9)*
specimen (m)	*a complimentary copy (10)*
spot publicitaire (m)	*a short commercial (10)*
stage (m)	*an internship (1)*
stagiaire (m or f)	*an intern (1) a trainee*
stagnation (f)	*stagnation, dullness (3)*
stand (m)	*a booth (10)*
standardiste (f)	*the operator (8)*
sténographie (f)	*short hand (2)*
stock (m)	*supply, stock (4)*
subventionné	*subsidized (2)*
SupdeCo	*Ecole Supérieure de Commerce (2)*
support (m)	*a medium (10)*
syndicat (m)	*trade union (3) (13)*

syndicat d'initiative (m)	*a tourist information office (10)*
système d'alarme (m)	*a burglar alarm (9)*

T

talon (m)	*the stub (8)*
tantième (m)	*a percentage (no real equivalent) (3)*
taper à la machine	*to type (2)*
tarif dégressif (m)	*quantity discount (4)*
taxe (f)	*a tax, a duty (13)*
taxe d'apprentissage (f)	*a training tax (13)*
télex (m)	*telex (2)*
télégramme (m)	*a telegram, a cable, a wire (2)*
téléscripteur (m)	*a teleprinter (2)*
témoin (m)	*a witness (9)*
tenir au courant	*to keep posted (4)*
tenir les comptes	*to keep the accounts (the books) (6)*
terminal (m)	*terminal (8)*
T.G.V. (m)	*Train à Grande Vitesse (speed train) (7)*
tiers (m)	*third party (9)*
Tiers Monde (m)	*the Third World (14)*
tiers provisionnel (m)	*interim tax payment (1/3 of the tax paid the previous year) (13)*
timbre (m)	*a stamp (8)*
tirer à sa fin	*to be drawing to an end (14)*
titre (m)	*stock, security (12)*
titulaire (adj.)	*holder (2)*
tonalité (f)	*the dial tone (8)*
touché	*hit, hurt (13)*
toucher des dividendes	*to receive dividends (3)*
toucher un chèque	*to cash a check (1)*
tous risques	*all-in policy, comprehensive (9)*
traite (f)	*a bill of exhange, adraft (2)*
traitement (m)	*salary (13)*
traitement de textes (m)	*word processing (2)*
tranche d'imposition (f)	*the tax bracket (13)*
transaction (f)	*a deal, a transaction (4)*
transaction boursière (f)	*stock exchange transaction (1)*
transitaire (m)	*a forwarding agent (7) (11)*
transports aériens, (m)	*air transportation (7)*
transports fluviaux (m)	*river transport, inland navigation (7)*
transports maritimes (m)	*marine transport, sea shipping (7)*
travail à mi-temps (m)	*half time employment (13)*
travail à temps partiel (m)	*part time employment (13)*
travail à temps posté (m)	*work in shift (13)*
travail au noir (m)	*moonlighting (14)*
travail clandestin (m)	*moonlighting (14)*
travailleur, les travailleurs (m)	*a worker, labor force (13)*
trier	*to sort (2)*
troc (m)	*barter (14)*
trois étoiles (m)	*a three star restaurant (2)*
trop-perçu (m)	*over payment (13)*
T.T.C. (toutes taxes comprises)	*taxes included (5)*
T.U.P.	*Titre Universel de Paiement (universal document of paiement) (no real equivalent) (8)*
tuyau (m)	*a tip (12)*
T.V.A. (Taxe à la Valeur Ajoutée)	*value added tax (5)*

U

U.R.S.S.A.F.	*Union pour le Recouvrement des cotisations de Sécurité Sociale et des Allocations Familiales (6)*
usine (f)	*a plant, a factory (13)*

V

valeurs mobilières (f)	*stocks and bonds, transferable securities (12)*
vandalisme (m)	*vandalism (9)*
vedette (f)	*name and address of addressee (2)*
vente (f)	*selling (4)*
vente-réclame (f)	*a bargain sale (10)*
vérification par épreuve (f)	*customs examination (11)*
vérifier	*to check (2)*
verser	*to pay (1)*
verso (au) (m)	*on the back (1)*
vignette (f)	*sticker, tax on vehicles (13)*
virer	*to transfer (1)*
visiteur (m)	*a visitor (10)*
voix (f)	*a vote (3)*
vol (m)	*theft (9)*
volet (m)	*a tear-off, a detachable section (8)*
volumineux	*bulky (7)*
voyageur de commerce (m)	*a traveling salesman (5)*
V.P.C. (vente par correspondance)	*mail order business (5)*
V.R.P.	*traveling salesman, representative*

LEXIQUE
ANGLAIS-FRANÇAIS

A

(to) accept a bill of exchange (4)	accepter une traite
acceptance (2)	l'acceptation (f)
accident report (9)	une déclaration d'accident
accident (9)	un accident, un sinistre
account (1)	un compte
account (overdrawn) (1)	un découvert
account (profit and loss) (6)	pertes et profits
account (to settle an) (6)	solder un compte
account (statement of) (8)	relevé, position de compte
acknowledgment of receipt (8)	un accusé de réception
acronym (14)	un sigle
active partner (3)	le commandité
actual cost, cost price (6)	le prix de revient
ad (10)	une annonce
addendum (9)	un avenant
additional clause (9)	un avenant
addressee (2)	le destinataire
addressee's name and address (2)	la vedette
ad-man (10)	un publicitaire
advertisement (2) (10)	une annonce (2), la publicité (10)
advertising (10)	la publicité
advertising agency (10)	une agence de publicité
advertising campaign (10)	une campagne publicitaire
agenda (of a meeting) (6)	l'ordre du jour (m)
agent (forwarding) (7) (11)	un groupeur, un transitaire
airgram (8)	un aérogramme
air transportation (7)	les transports aériens
alarm (burglar) (9)	un système d'alarme
alimony (13)	la pension alimentaire
all-in policy (9)	(une police) tous risques
amount (1)	le montant
(to) analyze (12)	dépouiller
(to) appear in court for criminal cases (1)	passer en correctionnelle (1)
application (2)	une candidature
assets (3)	l'actif
(to) assess a penalty (6)	prononcer une sanction
assets (liquid) (1)	des disponibilités (f)
A.T.M. (1)	D.A.B.
attention (2)	l'application (f)
auction (4)	la vente aux enchères
auditing (13)	le contrôle
automatic teller machine (1)	un distributeur automatique de billets
available funds (1)	les disponibilités

B

bachelor of laws (2)	licencié en droit
bad checks (writing) (2)	l'émission de chèques sans provision
bag (small) (5)	un sachet
balance (13)	le reliquat
balance trade (11)	la balance commerciale
balance (showing a deficit) (11)	une balance déficitaire
balance sheet (3)	le bilan
(to) balance an account (6)	solder un compte
bank identification form (8)	R.I.B. (relevé d'identité bancaire)
bankruptcy (3)	la faillite
bank statement (1)	un relevé bancaire
bargain (5)	une bonne affaire
bargain sale (10)	une vente-réclame
barge (7)	une péniche
barter (14)	le troc
(to) be drawing to an end (14)	tirer à sa fin
(to) be gone (2)	s'absenter
(to) be grateful to sb for (2)	savoir gré à quelqu'un de + inf.
(to) be head of (4)	être à la tête de
(to) be in a position to (5)	être en mesure de
(to) be short of (4)	être à court de
beaming (11)	rayonnant
bear (12)	un baissier
(to) bear an interest (12)	rapporter un intérêt
bearer (1)	le porteur

B (continued, right column)

beneficiary (1)	le bénéficiaire
benefits (2)	une prestation
bill (1) (4)	une facture
bill (gas) (5)	une facture d'essence
bill (hotel) (5)	une note d'hôtel
bill (revised) (4)	une facture rectifiée
bill of exchange (2)	une traite/une lettre de change
bill of lading (7)	un connaissement
(to) bill (4)	facturer
blank check (1)	un chèque en blanc
Board of Directors (3)	le Conseil d'Administration
Board of Supervisors (3)	un Conseil de Surveillance
body shop man (9)	le carrossier
bond (1) (12)	une obligation
bond holder (12)	un obligataire
bond (government) (12)	une rente
book (telephone) (8)	un annuaire (téléphonique)
booklet (10)	une brochure
(to) boost (14)	relancer
a booth (10)	un stand
border (11)	la frontière
box (4)	un carton
box (wooden) (4)	une caisse
brand image (10)	une image de marque
breach of contract (4) (9)	une rupture de contrat
broker (12)	un courtier
broker (insurance) (9)	un courtier d'assurances
broker (intermediate) (12)	un remisier
broker (foreign exchange) (12)	un cambiste
broker (stock) (12)	un agent de change
broker's commission (12)	un courtage
brake (9)	le frein
brochure (10)	une brochure
building (14)	un local
bulky (7)	volumineux
bull (12)	un haussier
burglar (9)	un cambrioleur
burglar alarm (9)	un système d'alarme
buyer (4)	un acheteur
buying (4)	l'achat (m)
by dint of, by means of (2)	à force de...

C

cable (2)	un télégramme
(to) call (2)	convoquer
(to) call a strike (13)	lancer un mot d'ordre de grève
(to) call back (2)	rappeler
(to) call sb's attention to... (1)	attirer l'attention de... sur...
(to) cancel (9)	résilier
cancellation (9)	la résiliation
candidacy (2)	une candidature
call (telephone) (2)	un appel téléphonique
capital stock (3)	le capital social
cargo boat (4) (7)	un cargo
carriage forward (7)	franco sur place, port dû
cart (4)	un chariot
cartoon (10)	une B.D. (une bande dessinée)
cash (1)	l'argent liquide (m)
cash payment (5)	un paiement au comptant
(to) cash	encaisser
(to) cash a check (1)	toucher un chèque
cashier (1)	le caissier
cashier's window (1)	la caisse
casualty (9)	un blessé
catalog (5) (10)	un catalogue
cause (9)	le motif
caution money, (12)	un cautionnement
center (shopping) (5)	un centre commercial
certificate of origin (11)	un certificat d'origine
Chairman of the Board of Directors (3)	un P.D.G. (Président-Directeur Géné
chart (organization) (2)	un organigramme
charter party (7)	une charte-partie
check (blank) (1)	un chèque en blanc
check with insufficient funds (1)	un chèque sans provision
check-book (1)	un carnet de chèques, un chéquier
(to) check (2)	vérifier
circular (letter) (10)	une circulaire
civil servant (13)	un fonctionnaire

classified ad (2) — une (petite) annonce
clause (additional) (9) — un avenant
(to) clear (5) — solder
(to) clear through customs (11) — passer en douane, dédouaner
client servicing, aftersale service (5) — le service après-vente
close-out (5) — une fin de série
closing time (1) — la fermeture
(to) collapse (12) — s'effondrer
collect (8) — P.C.V.
(to) collect (13) — percevoir
collection (6) (13) — le recouvrement, l'encaissement (m)
collection center (7) — un centre de groupage
collective bargaining agreement (13) — les conventions collectives (f)
collector (13) — le percepteur
colloquium (14) — un colloque
comic (10) — une bande dessinée (B.D.)
commercial (short) (10) — un spot publicitaire
commission (5) (12) — une remise, une commission
commission (on sales) (6) — la guelte
commodities (4) (14) — les matières premières, les marchandises, les denrées
commodity exchange (12) — la Bourse de commerce, des marchandises
company (joint-stock) (3) — une société de capitaux
compartment (4) — une case
compensation (9) — une indemnité
competitive (5) — compétitif
complimentary copy (10) — un spécimen
comprehensive (policy) (9) — (une police) tous-risques
computer (2) — un ordinateur
computer (personal) (P.C.) (10) — un micro-ordinateur
computer science (3) — l'informatique (f)
conflagration (9) — un incendie
consultant (tax) (13) — un conseiller (fiscal)
consumer (5) (13) — un consommateur
container (7) — un emballage
convention participant (10) — un congressiste
corporate image (10) — une image de marque
corporation (no real equivalent) (3) — une Société Anonyme
correspondance clerk (2) — un(e) correspondancier/correspondancière
correspondent (8) — le correspondant
cost (actual) (6) — le prix de revient
cost price (6) — le prix de revient
cost, insurance, freight (7) — C.A.F. (coût, assurance, fret)
counter check (1) — un chèque omnibus
coupon (12) — un coupon
C.P.A. (6) — un expert-comptable
(to) crash into... (9) — emboutir
crate (4) — une caisse
credit (4) — un avoir
credit card (1) — une carte de crédit
credit note (4) (7) — une facture d'avoir
credit, credit side (6) — le crédit
(to) curb (11) — freiner
current price (2) — un prix courant
customs broker (11) — un agent en douane
customs duty (11) — un droit de douane
customs examination (11) — la vérification par épreuve
customs house (11) — le bureau des douanes
customs officer (11) — un douanier
cut (tax) (13) — un dégrèvement
C.V. (2) — un curriculum vitae

D

damage (9) — des dégâts (m)
date of maturity (3) — une échéance
date stamp (2) — le dateur
deal (4) — une transaction
dealer (foreign exchange) (12) — un cambiste
debit, debit side (6) — le débit
(to) deduct (13) — déduire
deduction (6) — une retenue
deduction (automatic) (1) — un prélèvement automatique
defective (5) — défectueux
(to) defray (5) — défrayer
delegate (union) (13) — un délégué syndical
(to) deliver (2) — distribuer (courrier)
delivery (7) — la livraison
delivery charges (7) — les frais de transport (ou port)
delivery man (7) — un livreur

delivery note (2) — un avis d'expédition
delivery order (4) — un bon de livraison
(to) denounce the agreement (13) — dénoncer un forfait
deposit (6) — les arrhes (f)
deposit slip (1) — un bordereau de versement
depreciation (6) — un amortissement
detriment (4) — un préjudice
device (14) — un dispositif
dial (8) — le cadran
(to) dial the number (8) — composer le numéro
dial tone (8) — la tonalité
Direct Taxation Office, I.R.S. (13) — Inspection des Contributions Directes
directorate (3) — un Directoire
director's fees (3) — un jeton de présence
directory (8) — un annuaire téléphonique
disaster (9) — un sinistre
discount (5) (6) (10) — un escompte, une remise
discount (bills for) (6) — à l'escompte (m)
diskette (10) — une disquette
dispatcher (5) — un expéditeur
dispute (2) — un litige
(to) dissolve (3) — dissoudre
(to) divide (3) — répartir
dividend (12) — un dividende
dividend (to receive) (3) — toucher des dividendes
door to door salesman (5) — un placier
documentary credit (7) — le crédit documentaire
dossier (2) — un dossier
(to) do without (4) — se passer de
down, out of order (2) — en panne
draft (2) — une lettre de change, une traite
(to) draw up (13) — établir
driver (9) — le chauffeur
(to) drop by the office (2) — repasser au bureau (fam.)
dues (1) (9) — une redevance, une cotisation
dullness (3) — la stagnation
duties, to be on duty (13) — une permanence, être de permanence
duty (13) — une taxe
duty-free (11) — en franchise

E

early retirement (13) — la retraite anticipée
(to) earn (13) — gagner
easy terms (5) — des facilités de paiement (f)
economic situation (3) — la conjoncture économique
E.E.C. (14) — C.E.E.
employee training (13) — la formation professionnelle
employment bureau, agency (2) — le bureau de placement
employment (half-time) (13) — le travail à mi-temps
employment (part-time) (13) — le travail à temps partiel
enclosures (2) — les pièces jointes (f)
end product (9) — un produit fini
(to) endorse (1) — endosser
endorsee (1) — un endossataire
(to) engage (6) — embaucher
(to) enter (2) — enregistrer
equity (stock holders) (3) — le capital social
estimate (9) — un devis
exchange (12) — le change
(to) exchange (12) — changer
Exchange (commodities) (12) — la Bourse de commerce
exchange control (11) — le contrôle des changes
exclusive of tax (5) — hors-taxe (H.T.)
executive (2) — un cadre
executive secretary (2) — une secrétaire de direction
exemption (13) — une exonération
(to) exhibit (10) — exposer
exhibit (10) — une manifestation
exhibit (of goods) (10) — une exposition
exhibitor (10) — un exposant
expectations (2) — les prétentions (f)
expense (5) — une dépense
expenses (5) — les frais (m)
export licence (11) — une licence d'exportation

F

fair (10) — une foire
factory (13) — une usine
fee (artist or performer) (13) — le cachet

fees (13)	les honoraires (m), les émoluments (m)
fees (Directors') (3)	les jetons de présence (m)
fender bender (9)	un accrochage
file (2)	un dossier
(to) file (2)	archiver
(to) fill (1)	remplir
(to) fill (someone) in (6)	mettre (quelqu'un) au courant
financial year (3) (6) (13)	un exercice comptable, fiscal
fine (1) (11)	une amende
finished product, (4)	un produit fini
fire (9)	un incendie
firm (2) (3)	une entreprise
firm (high technology) (3)	une entreprise de pointe
fiscal year (6)	un exercice
fixed monthly salary (5)	un fixe mensuel
flat rate (7) (13)	un forfait, un prix forfaitaire
floater, a floating policy (9)	une police flottante
floor (trading) (12)	la corbeille
flyer (10)	un prospectus, un dépliant
folder (2) (10)	une chemise, un dépliant
F.O.R. (2)	F.O.R. (franco-rail)
foreign exchange dealer/broker (12)	un cambiste
foreign money, currency (5)	des devises
fork lift truck (4)	un chariot (à fourche)
form (1) (2) (9)	un formulaire
formalities/customs formalities (11)	des formalités (douanières) (f)
forward market (12)	le marché à terme
(to) forward (7) (11)	expédier
forwarding agent	un groupeur, un transitaire
franking (8)	la franchise postale
free alongside ship F.A.S. (7)	F.A.S. (franco à quai)
free on board (7)	F.O.B. (franco à bord)
free shipping and handling (7)	franco de port et d'emballage
free trade (11)	le libre-échange
freight (7)	le fret
freight collect	un port dû
funds (available) (1)	des disponibilités (f)

G

gas (gasoline) bill (5)	une facture d'essence
General Meeting of shareholders (3)	une Assemblée Générale
(to) get a contract/a deal (11)	enlever un marché
(to) give an authorized signature (1)	déposer sa signature
(to) go to (2)	se rendre à
G.N.P. (14)	P.N.B.
goods (4)	une marchandise
government bond (12)	une rente
government stocks (12)	des fonds d'état (m)
(to) grant an overdraft (1)	consentir un découvert

H

half time (employment) (13)	(le travail à) mi-temps
hand out (10)	un prospectus
handling of the order (4)	l'exécution de la commande (f)
(to) hang up (8)	raccrocher
(to) have a drink (1)	prendre un verre
(to) have an eye for (2)	avoir l'œil
head office (4)	le siège (social)
Hello, who's speaking ? (8)	Allo, qui est à l'appareil ?
high technology firm (3)	une entreprise de pointe
(to) hinder (4)	entraver
(to) hire (2)	engager, embaucher
hit (13)	touché
(to) hold a position (2)	occuper un poste
holder (2)	titulaire (adj. & nom)
holder (stock) (3)	un actionnaire
home (summer, week-end) (7)	une résidence secondaire
(to) honor, meet, accept (1)	honorer
hotel bill (5)	une note d'hôtel
hurt (13)	touché
hypermarket (5)	une grande surface, un hypermarché

I

I.D. card (1)	une carte d'identité
idiosyncrasy (professional) (2)	la déformation professionnelle
I.M.F. (14)	F.M.I.
(to) impede (4)	entraver
in case of litigation (2)	en cas de litige

income (13)	le revenu
income (unearned) (13)	une rente
income tax return form (13)	la déclaration d'impôt
increase (3)	une augmentation
(to) increase (5)	acccroître, majorer
Index linked guaranteed minimum wage (13)	le S.M.I.C.
indicator (economy) (14)	un clignotant, un indicateur
individual (private) (13)	un particulier
information, "literature" (4)	une documentation
(to) inform (2)	prévenir
(to) initiate legal proceedings (6)	entamer des poursuites judiciaires
(to) injure oneself (9)	se mutiler, se blesser
injured person, a casualty (9)	un blessé
insurance broker (9)	un courtier d'assurances
insurance (mutual) (9)	une mutuelle
interest (1)	un intérêt
intern (1)	un(e) stagiaire
Internal Revenue Service (13)	le fisc
internship (1)	un stage
in the long run (5)	à la longue
introductory offer/price (10)	un prix de lancement
inventory (4)	un inventaire
investment (1)	un investissement, un placement
investment department (1)	le service du portefeuille
invoice (1) (4)	une facture
invoice (pro forma) (11)	une facture pro forma
I.R.S. (13)	Inspection des Contributions Directes
(to) issue/to float a loan (12)	lancer un emprunt

J

jam (traffic) (8)	un embouteillage
jewel (11)	un bijou
job applicant (13)	un demandeur d'emploi
job application (2)	une demande d'emploi
job market (13)	le marché de l'emploi
joint stock company (3)	une société de capitaux
judiciary settlement (3)	le règlement judiciaire

K

keen (5)	compétitif
(to) keep posted (4)	tenir au courant
(to) keep the accounts (the books) (6)	tenir les comptes
keyboard (8) (10)	un clavier
knowledgeable (2)	calé (e)

L

label (5)	une étiquette
labor force (13)	les travailleurs, les ouvriers
(to) launch (a new product) on the market (5)	lancer sur le marché
law (14)	la jurisprudence
law suit (2)	un litige, un procès
lay-off (13)	un licenciement
lead time (4)	un délai de livraison
leading firm (37	une entreprise de pointe
leaflet (10)	un dépliant, un prospectus, une broch
lease (14)	un bail, des baux
leave (maternity) (6)	un congé (de maternité)
leave (sick)	un congé (de maladie)
(to) leave (2) (3)	s'absenter, prendre congé
legal department (5)	le service du contentieux
(to) let somebody have (4)	céder
letter-head stationery (2)	le papier à en-tête
letter opening machine (2)	une machine à décacheter
(to) levy (13)	percevoir
liabilities (3)	le passif
liable to (1)	passible de
limited partnership (no equivalent) (3)	la commandite
line (5)	une gamme
liquidation (3)	la liquidation des biens
list (13)	le rôle
litigation (2)	un litige
loading (1)	le chargement
loan (12)	un emprunt
loan (to issue, to float a) (12)	lancer un emprunt
loss (4)	une perte, un préjudice
(to) lower (5)	diminuer

M

magazine (10)	un magazine, un périodique
mail (2) (8)	le courrier
mail forwarding (8)	l'acheminement du courrier (m)
mail order business (5)	V.P.C. (vente par correspondance) (f)
(to) maim oneself (9)	se mutiler
(to) make (sthg) show a profit (14)	rentabiliser
(to) make contacts (10)	prendre des contacts
(to) make up for lost time (11)	rattraper le temps perdu
maker (4)	un fabricant
manager (2)	le gérant
manifest (1)	le manifeste
manufacture (2)	une fabrique
manufacturer (4)	un fabricant
margin (profit) (6)	la marge bénéficiaire
marine transport, sea shipping (7)	les transports maritimes (m)
market (5)	le marché
market (forward) (12)	le marché à terme
market (job) (13)	le marché de l'emploi
market (options) (12)	le marché à terme
market price-list (12)	la mercuriale
material (raw) (4)	les matières premières (f)
maternity leave (6)	le congé maternité
media (10)	les medias (m)
medium (10)	un support
(to) meet competition (5)	faire face à la concurrence
memo (2)	une note de service, une fiche
merchandise (4)	la marchandise
merchant (3)	un commerçant
merger (3)	une fusion
middleman (4)	un intermédiaire
minor accident (9)	un accrochage
minutes (3)	le procès-verbal
moderate (2)	modique
money order (8)	un mandat
monitor (8) (10)	un écran, une console
monopoly (5) (12)	un monopole
monthly payment (5)	une mensualité
moonlighting (14)	le travail clandestin, au noir
mutual funds (12)	la S.I.C.A.V.
mutual insurance (9)	une mutuelle

N

name and address of addressee (2)	la vedette
network (8) (10)	un réseau
newsstand (14)	un kiosque
nominal capital (3)	le capital social
(to) normalize (2)	normaliser
nothing to declare (11)	rien à déclarer
notice of receipt, of delivery (4)	un bon de réception
notice of summons (8)	une mise en demeure
nuclear reactor (14)	un réacteur nucléaire

O

oddment (5)	une fin de série
O.E.C.D. (14)	O.C.D.E.
offer (4)	une offre
offer (introductory) (10)	un prix de lancement
offer (special) (10)	une réclame
office (12)	une charge
office (head or main) (4)	le siège (social)
oil (crude) (14)	le pétrole
on the back (1)	au verso
on the line, on the phone (8)	au bout du fil
O.P.E.C. (14)	O.P.E.P.
operator (8)	la standardiste
options market (12)	le marché à terme
order (4)	une commande
order (rush) (4)	une commande d'urgence
order (to cancel an) (4)	annuler une commande
order (handling of) (4)	l'exécution de la commande
order (money) (8)	un mandat
order (trial) (4)	une commande à titre d'essai
organization chart (2)	un organigramme
outing (13)	une excursion
outlet (retail) (5)	un point de vente
outward bound (for ship or train) (7)	en partance
overdraft (17	un découvert

overdraft (to grant an) (1)	consentir un découvert
overdrawn account (1)	un découvert
overdue (6)	arriéré
overheads (6)	les frais généraux (m)
over payment (13)	le trop-perçu
overtime (6)	une heure supplémentaire (f)
owner (of the building) (14)	le propriétaire
owner's risk (at) (7)	aux risques et périls du destinataire

P

pack (7)	un emballage
"package holiday" (7)	un forfait vacances
packaging (5)	le conditionnement
packer (5)	un emballeur
paid leave, paid vacation (13)	les congés payés (m)
(to) palliate (14)	pallier
parcel (4)	un colis
parcel delivery company (7)	les messageries (f)
part time employment (13)	le travail à temps partiel
partner (sports, games) (3)	un partenaire
partner (business) (3)	un associé
partnership (3)	une société de personnes
partnership (general) (3)	une société en nom collectif
party (third) (9)	un tiers
(to) pay (1) (5)	verser, défrayer
payment (cash) (5)	un paiement (au) comptant
payroll stub (1)	une feuille de paye
P.C. (personal computer) (10)	un micro-ordinateur
penalty (1)	une peine
periodical (noun) (10)	un périodique
person in charge (2)	un responsable
personnel representative (13)	un délégué du personnel
pick-up truck (7)	une camionnette
(to) pick up the receiver (8)	décrocher (le combiné)
pigeonhole (4)	une case
(to) place a rush order (4)	passer une commande d'urgence
planning (14)	la planification
plant (13)	une usine
point of sale (3)	un point de vente
policy (9)	la police (d'assurances)
policy (all-in) (comprehensive) (9)	une assurance "tous risques"
policy (floating) (9)	une police flottante
poll (10)	un sondage
port charges (7)	les frais portuaires (m)
portfolio (1)	un portefeuille (bancaire)
position (2)	un poste
postage free status (official paid) (8)	la franchise postale
postage meter (8)	une machine à affranchir
posted (2)	affiché
post and telecommunications (8)	P. & T.
poster (10)	une affiche
post office check (8)	un chèque postal
post, telegraph, telephone (8)	P.T.T.
potential (market) (5)	potentiel (marché)
practice (12)	une charge
premises (5) (9) (14)	un local
premium (9)	une prime
prepaid parcel (7)	un colis en port payé
(to) present a bill for acceptance (2)	présenter une traite à l'acceptation
price (introductory) (10)	un prix de lancement
price-list (4)	un prix courant
price (rock bottom) (5)	un prix d'appel
printer (10)	une imprimante
private individual (13)	un particulier
proceedings (6)	la procédure
procurement (4)	l'approvisionnement (m)
produce (10)	une denrée
product (finished) (4)	un produit fini
product (semi-manufactured) (4)	un produit semi-ouvré
professional idiosyncrasy (2)	la déformation professionnelle
professional people (13)	les membres des professions libérales
profit (3)	le bénéfice
profit and loss account (6)	pertes et profits
profit margin (6)	la marge bénéficiaire
pro forma invoice (11)	une facture "pro forma"
producer (3)	un producteur
(to) promote (10)	promouvoir
promotion (2)	l'avancement (m)
proof (2)	une preuve

proportional part (3)	prorata
protest (6)	un protêt
proxy (6)	un fondé de pouvoir
public relations (10)	le service de relations publiques
purchasing department (4)	le service des achats
punishment (1)	une peine
(to) put up to date (6)	mettre au courant

Q

quantity discount (4)	un tarif dégressif
quota (3)	une quote-part
quotation (12)	la cote
quotation by oral bid (12)	la cotation à la criée
quotation by written bid (12)	la cotation par casier
quotation, price (12)	le cours
quoted (3)	coté

R

railways (pertaining to) (7)	ferroviaire
rank (4)	un grade
range (5)	une gamme
rate (flat) (7) (13)	un forfait, un prix forfaitaire
rate of gold (12)	le cours de l'or
raw materials (4) (14)	les matières premières (f)
rebate (5)	un rabais
receipt (1) (7)	un reçu, un récépissé
(to) receive (4)	réceptionner
receiver (8)	le combiné
recession (3)	la récession
record (2) (13)	un dossier, un rôle
(to) record (incoming mail) (2)	enregistrer (le courrier)
redeemable (12)	amortissable
reduction (of price) (5)	une réduction
registered (8)	recommandé
regulations (2)	les prescriptions
reliable (14)	fiable
relief (tax) (13)	un dégrèvement
remainder (13)	un reliquat
reminder (2)	une lettre de rappel
(to) remit (2)	distribuer (le courrier)
removal (from warehouse) (4)	la sortie
rent (1) (13) (14)	le loyer
rent receipt (1)	une quittance de loyer
rental charge (telephone) (8)	une redevance
repair cost estimate (9)	un devis de réparation
repair man (2)	le réparateur
report (3)	le procès-verbal
report (yearly) (3)	le rapport annuel
representative (regional) (5)	un représentant
representative (union) (3) (13)	un délégué syndical
reservation (7)	une réservation
(to) reserve (7)	retenir
(to) resign (2)	donner sa démission
resignation (2)	une démission
(to) restrain (11)	freiner
resume (2)	un curriculum vitae
restaurant (3 stars) (2)	un "trois étoiles"
retail outlet (5)	un point de vente
retailer (4)	un détaillant
(to) retire (2)	prendre sa retraite
(to) retire from business (3)	se retirer des affaires
retraining (13)	le recyclage
returnable container (7)	un emballage consigné
revenue (13)	le revenu
reversed charge (8)	P.C.V.
(to) revive (14)	relancer
reward (13)	une rétribution, une rémunération.
right to the renewal of the lease (14)	le droit au bail
river transport (7)	les transports fluviaux
roadway (9)	la chaussée
road transport (7)	le service routier
rolling-stock (7)	le matériel roulant
rotation (13)	un roulement

S

salary (1) (3) (13)	le salaire, le traitement, les appointements (m), la rémunération, la rétribution, les émoluments (m)
salary (fixed monthly) (5)	un fixe mensuel
sales (10)	les soldes (m)
salesman (door to door) (5)	un placier
salesman (traveling) (5)	un voyageur de commerce
sample (4) (10)	un échantillon
(to) save (10)	épargner
(to) save time (7)	gagner du temps
savings bank (in the post-offices) (8)	la Caisse d'Epargne
savings plan to buy a house (1)	épargne-logement
screen (10)	un écran
season (end-of) sales (10)	des soldes (m)
security (12)	une caution, un cautionnement
self financing (14)	l'autofinancement (m)
self management (14)	l'autogestion (f)
self-service (5)	libre-service
(to) sell off (5)	liquider, solder
selling (4)	la vente
sentence (1)	une peine
service (after-sale) (5)	le service après-vente
servicing (client) (5)	le service après-vente
set of multipart forms (6)	une liasse
set of pigeon-holes (12)	un casier
(to) set aside (2)	mettre de côté
(to) settle an account (6)	solder un compte
settlement (4)	le règlement
settlement (judiciary) (3)	le règlement judiciaire
shady (adjective) (3)	louche
share (3)	une part d'intérêt
share holder (3)	un porteur de parts
share (stock) (1)	une action
(to) share (3)	répartir
(to) ship (7)	expédier
ship owner (7)	un armateur
shipper (7)	le chargeur
shipping (sea) (7)	les transports maritimes
shopping cart (14)	le panier de la ménagère
shopping center (5)	un centre commercial
short hand (2)	la sténographie
show (10)	un salon, une exposition
(to) show proof (1)	faire la preuve
sick leave (6)	un congé de maladie
(to) sign (9)	souscrire
signature (to give an authorized) (1)	déposer sa signature
signing clerk (6)	le fondé de pouvoir
situation (economic) (3)	la conjoncture économique
slogan (10)	un slogan
sleeping partner (3)	le commanditaire
slot (8)	la fente
(to) smuggle in/out (11)	passer en contrebande
Social Security (9)	la Sécurité Sociale
soldier's pay (13)	une solde
(to) sort (2) (12)	trier, dépouiller
special offer (5)	en réclame
stagnation (3)	la stagnation
stamp (8)	un timbre
(to) stand in line (1) (8)	faire la queue
(to) standardize (2)	normaliser
stapler (2)	une agrafeuse
statement (bank) (1) (8)	le relevé bancaire, la position de com
sticker (13)	la vignette
stock (4)	l'approvisionnement
stock Exchange, stock market (12)	la Bourse
stock (security) (12)	un titre
stock broker (12)	un agent de change
stock exchange transaction (1)	une transaction boursière
stock holder (12)	un actionnaire
stock holders' General Meeting (3)	l'Assemblée générale
stock holder's equity (3)	le capital social
stock-list (4)	un inventaire
stock shortage (4)	une rupture de stock
stocking sales (10)	les soldes (m)
stocks, bonds (12)	les valeurs mobilières (f)
stocks (government) (12)	les fonds d'état (m)
(to) stop back at the office (2)	repasser au bureau (fam.)
(to) store (in a computer) (2)	mettre en mémoire
strike (6)	la grève
stub (8)	le talon
subcontractor (4)	un sous-traitant
(to) subscribe to (14)	s'abonner à
subscription (10) (14)	un abonnement

English	French
subsidized (2)	subventionné
suffering from concussion (9)	commotionné
suit (law) (2)	un litige
summary (2)	un résumé
summer home (week-end home) (7)	une résidence secondaire
summons (notice of) (8)	une mise en demeure
supplier (4)	un fournisseur
supply (4)	une fourniture
supply and demand (12)	l'offre et la demande
supply (4)	un approvisionnement
supply (4)	le stock
(to) supply (4)	approvisionner
survey (10)	un sondage
swindling (1) (5)	une escroquerie, une manœuvre frauduleuse
sworn (in) (6)	assermenté

T

table (13)	le barème
(to) take care of, to deal with (4)	s'occuper de
(to) take dictation (2)	prendre le courrier sous la dictée
(to) take over (2)	prendre en charge
(to) take the receiver off the hook (8)	décrocher
taxable (13)	imposable
taxable income (13)	l'assiette fiscale (f)
tax bracket (13)	la tranche d'imposition
tax collector's office (13)	la recette-perception (ou perception)
tax consultant (13)	un conseiller fiscal
tax cut, tax relief (13)	un dégrèvement
tax deduction at source (13)	le prélèvement à la source
tax (dues) (1) (duty) (13)	une redevance (1), une taxe (13)
tax (exclusive of) (5)	hors taxe (H.T.)
tax-free (1)	net d'impôt
tax payer (13)	le contribuable
tax (training) (13)	une taxe d'apprentissage
taxes included (5)	T.T.C. (toutes taxes comprises)
tear-off (noun) (8)	un volet
telegram (2)	un télégramme
telephone book (8)	un annuaire téléphonique
telephone call (2)	un appel téléphonique
teleprinter (2)	un téléscripteur
telex (2)	le télex
teller (1)	le guichetier, la guichetière
tenant (14)	le locataire
tenant's risks (9)	un risque locatif
tender (4)	une offre
term of notice (9)	un délai de préavis
(to) terminate (9)	résilier
theft (9)	le vol
third party (9)	un tiers
Third World (14)	le Tiers Monde
three star restaurant (2)	un trois étoiles
time for consideration (4)	un délai de réflexion
tip (7) (12)	un tuyau, un pourboire
token (8)	un jeton
tourist information office (10)	un syndicat d'initiative
trade balance (11)	la balance commerciale
trade balance showing a surplus (11)	une balance excédentaire
trade (free) (11)	le libre-échange
trade name (2)	la raison sociale
trader (3)	un commerçant
trade representative (5)	un représentant
trade-union (13)	un syndicat
trading floor (12)	la corbeille
traffic jam, a bottle neck (8)	un embouteillage

training (13)	l'apprentissage
transaction (4)	une transaction
(to) transfer (1) (5)	virer, muter
transferable (3)	cessible
travel expenses (2)	les frais (m) de déplacements
traveler (5)	un voyageur de commerce
traveling salesman (5)	un voyageur de commerce
Treasury bond (12)	un Bon du Trésor
trial order (4)	une commande à titre d'essai
trolley (4)	un chariot
truck (2)	un poids lourd
trucker (7)	un routier
turnover (3) (5)	le chiffre d'affaires
turn signal (on a car) (14)	un clignotant
(to) type (2)	dactylographier, taper à la machine
typing (2)	la dactylographie

U

underdeveloped (14)	sous-développé
unearned income (13)	une rente
unemployment (13)	le chômage
(to) unionize (13)	se syndiquer
union (3)	un syndicat
union representative (3) (13)	un délégué syndical
unloading (7)	le déchargement

V

English	French
vacancy (at work) (10)	une place disponible
vacation (paid) (13)	les congés payés
value added tax (5)	T.V.A. (taxe à la valeur ajoutée)
vandalism (9)	le vandalisme
visitor (10)	un visiteur
vote (3)	une voix
voucher (5)	une pièce justificative

W

wage (garanteed minimum) (13)	le S.M.I.C.
wages (13)	le salaire, les gages (domestiques)
wage sheet (6)	bulletin (m), feuille (f), fiche (f) de paie
warehouse (4)	un entrepôt
warehouse hand (4)	un manutentionnaire
warehouse supervisor (4)	un magasinier
warrant (7)	un récipissé-warrant
water damages (9)	le dégât des eaux
(to) weigh (5)	peser
wholesaler (4)	un grossiste
window (in a bank) (1)	un guichet
wire (2)	un télégramme
(to) withdraw an order (4)	annuler une commande
witness (9)	un témoin
(to) witness (9)	être témoin
word processor (2)	une machine à traitement de textes
worker, labor force (13)	un travailleur, les travailleurs
works committee (6)	un comité d'entreprise
works council (13)	un comité d'entreprise
workshop (4)	un atelier
World (Third) (14)	le Tiers Monde

Y

English	French
year (financial) (3) (6) (13)	un exercice comptable.

TABLE DES ILLUSTRATIONS

Couverture Marek IWANSKI

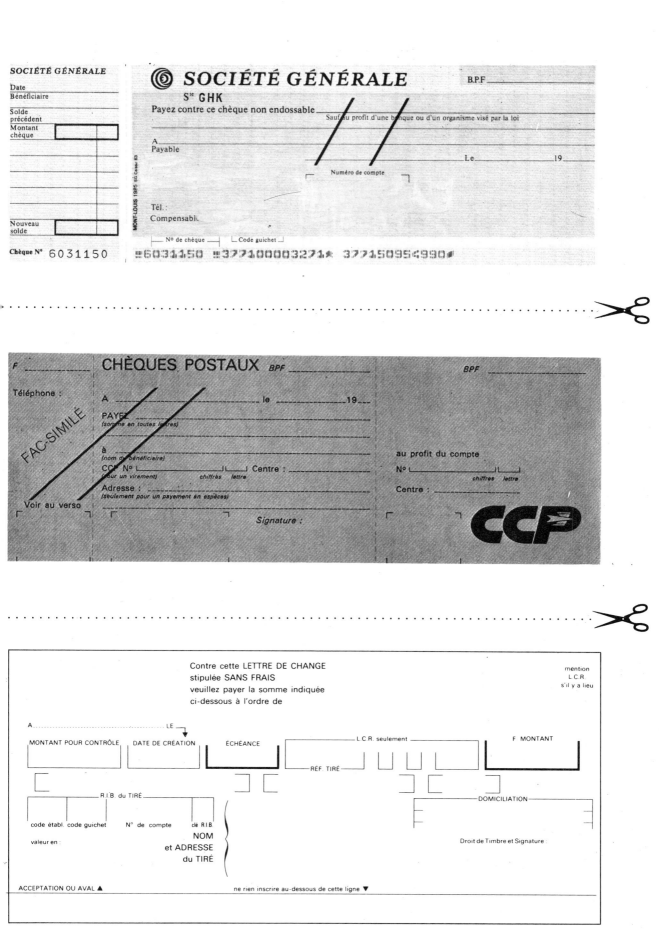

Bénéficiaire   N° d'affaire   Nom du bénéficiaire

Relevé d'Identité
Bancaire
du bénéficiaire   Code banque   Code guichet   Numero de compte   Clé RIB

Libellé (facultatif)

Banque
du bénéficiaire ——————————————————————— Guichet
du bénéficiaire ———————

CORRESPONDANCE   N° à l'état 1427 | Motif du non-paiement :

    Arrivée   PIÈCE D'IDENTITÉ PRODUITE

VU ——————————————————— N° —————————

délivré à ————————————————————————————

le ———————————————— par ——————————

————————————————————————————————————

    Paiement

A ———————————————, le ————————————————

Pour acquit,

Rectifications :

M ————————————————————————————————

est informé que ce mandat est payable au bureau

de ——————————————————————————————

à partir du ——————————————————————————

Se munir du présent avis et de pièces d'identité.

    Rectifications

SIPNOR - Massy

IMPORTANT

Ce chèque vous a été remis par l'un de vos débiteurs.

Avant de l'envoyer pour encaissement au centre qui tient son compte, portez, dans le cadre ci-contre, la mention « bénéficiaire » ou votre cachet ou votre signature.

Dans ce cas, si le chèque est impayé par suite d'insuffisance de provision ou de défense de payer faite par le tireur, il vous sera renvoyé.

Si vous désirez recevoir un certificat de non-paiement dont l'inscription au greffe du Tribunal sera effectuée à vos frais, portez dans le cadre ci-contre la mention contresignée « Avec certificat ».

Payez à l'ordre de :

Cet effet ne peut être endossé qu'aux fins de recouvrement.

N° 698 **TÉLÉGRAMME**

Étiquettes

N° d'appel : ....

INDICATIONS DE TRANSMISSION

Ligne de numérotation

N° télégraphique

Taxe principale. ....

Timbre à date

ZCZC

Taxes accessoires

N° de la ligne du P.V. : ....

Ligne pilote

Total . . ....

Bureau de destination   Département ou Pays

Bureau d'origine   Mots   Date   Heure   Mentions de service

Services spéciaux demandés :
(voir au verso)

Inscrire en **CAPITALES** l'adresse complète (rue, n° bloc, bâtiment, escalier, etc...), le texte et la signature (une lettre par case ; **laisser une case blanche entre les mots**).

Nom et adresse

TEXTE et éventuellement signature très lisible

Pour accélérer la remise des télégrammes indiquer le cas échéant, le numéro de téléphone (1) ou de télex du destinataire

TF _____ TLX _____

Pour avis en cas de non remise, indiquer le nom et l'adresse de l'expéditeur (2) :

728678 Y - Cy. Paris - 7/80.

✂

N° 698 **TÉLÉGRAMME**

Étiquettes

N° d'appel : ....

INDICATIONS DE TRANSMISSION

Ligne de numérotation

N° télégraphique

Taxe principale. ....

Timbre à date

ZCZC

Taxes accessoires

N° de la ligne du P.V. : ....

Ligne pilote

Total . . ....

Bureau de destination   Département ou Pays

Bureau d'origine   Mots   Date   Heure   Mentions de service

Services spéciaux demandés :
(voir au verso)

Inscrire en **CAPITALES** l'adresse complète (rue, n° bloc, bâtiment, escalier, etc...), le texte et la signature (une lettre par case ; **laisser une case blanche entre les mots**).

Nom et adresse

TEXTE et éventuellement signature très lisible

Pour accélérer la remise des télégrammes indiquer le cas échéant, le numéro de téléphone (1) ou de télex du destinataire

TF _____ TLX _____

Pour avis en cas de non remise, indiquer le nom et l'adresse de l'expéditeur (2) :

728678 Y - Cy. Paris - 7/80.

Aubin Imprimeur
LIGUGÉ, POITIERS

Achevé d'imprimer en mai 1989
N° d'édition 11280 / N° d'impression L 31481
Dépôt légal, mai 1989
Imprimé en France